服务型制造网络
模块化质量管理

冯良清　黄大莉　王浩伦 等　著

科 学 出 版 社

北 京

内 容 简 介

本书以适应数字经济时代的制造业与服务业融合发展为背景,从组织模块化与管理模块化视角,围绕服务型制造网络模块化质量基础、质量识别、质量协同、质量优化及质量赋能等方面展开系统研究。主要内容包括:从理论和实证角度分析模块化质量管理基础;从质量行为及质量属性角度提出模块化质量识别方法;基于演化博弈理论揭示模块化质量协同的演化规律,应用熵理论构建协同性评价方法;建立模块化质量优化的多层级决策方案、多目标优化模型;分析服务型制造网络模块化质量的数字化赋能技术、场景及路径。

本书适合从事服务型制造、质量管理、供应链管理等相关研究与实践的科研机构研究人员、政府行业主管人员、企业的技术与管理人员以及相关专业的高校师生参考阅读。

图书在版编目(CIP)数据

服务型制造网络模块化质量管理 / 冯良清等著. —北京:科学出版社, 2024.8

ISBN 978-7-03-074552-1

Ⅰ. ①服… Ⅱ. ①冯… Ⅲ. ①制造工业-经济发展-研究 Ⅳ. ①F407.4

中国版本图书馆 CIP 数据核字(2022)第 252853 号

责任编辑:陶 璇 / 责任校对:姜丽策
责任印制:张 伟 / 封面设计:无极书装

科学出版社 出版

北京东黄城根北街 16 号
邮政编码:100717
http://www.sciencep.com

北京九州迅驰传媒文化有限公司 印刷
科学出版社发行 各地新华书店经销

*

2024 年 8 月第 一 版 开本:720 × 1000 1/16
2024 年 8 月第一次印刷 印张:16
字数:320 000

定价:198.00 元

(如有印装质量问题,我社负责调换)

序

　　质量发展是兴国之道、强国之策，反映一个国家的综合实力，党和国家历来高度重视质量工作，质量强国已上升为我国的国家战略。服务型制造是制造业与服务业融合发展的新型产业形态，是制造业转型升级适应数字经济时代的新型制造模式，服务型制造下的质量管理对质量强国战略的实施具有重要意义。发展服务型制造以产业链供应链为主要抓手，通过对链上的制造流程、服务流程的模块化纵向延伸及横向拓展，实现制造与服务资源的整合，产业链上的制造企业、服务企业及顾客群体共同构成了服务型制造网络这一网络组织形态。进入 21 世纪后，随着互联网及新一代信息技术的发展，质量管理与信息技术深度融合，数据、信息和知识成为该阶段的重要资源，企业合作与竞争加剧，质量管理的范围越来越向企业外部拓展，网络组织的质量管理成为新趋势，服务型制造网络质量管理的研究是顺应时代发展及服务国家战略需求的重要途径，具有重要意义。

　　在此背景下，作者结合多年在网络组织质量管理领域研究的基础和实践，在国家自然科学基金项目、江西省"双千计划"哲学社会科学领军人才项目以及江西省"井冈学者奖励计划"的支持下，撰写了该书。该书从组织模块化与管理模块化的视角，构建了包括质量基础、质量识别、质量协同、质量优化及质量赋能等内容的服务型制造网络模块化质量管理理论与方法体系。书中详细阐述了网络组织及模块化内涵、服务型制造网络的模块化结构、质量管理新的发展演进，以及作者前期对供应链、虚拟企业及服务型制造网络等网络组织质量管理研究的已有理论基础，并通过实证研究揭示了服务型制造网络模块间的质量影响关系；从模块节点质量行为角度建立了多模块质量功能展开模型，给出了节点质量行为关键性度量方法；从质量特性、质量水平、质量行为三个维度综合分析质量属性的结构框架，提出了服务型制造网络模块化质量识别方法；应用演化博弈理论揭示了服务型制造网络模块化质量协同的演化规律及稳态策略，基于熵理论给出了模块节点质量行为的协同性评价方法；针对服务型制造网络的多层级模块化结构特点，结合"质量改善率"和"资源成本"两个目标，建立了多层级质量决策控制模型并给出了求解算法；从网络节点模块的质量特性、质量水平、质量行为三个维度，建立了基于质量损失最小的多目标质量优化模型及匹配方案；针对数字经济环境下服务型制造企业的智慧升级，书中还探讨了服务型制造网络模块化质量数字化赋能的技术、场景及路径问题。研究成果拓展了网络组织质量管理理论与方法，部分成果在汽车制造企业、服务型制造示范企业及政府相关部门得到了推广应用，为中国制造业向服务型制造的转型发展及其质量管理水平的提升提供了理论指导，并得到了省级政府的充分肯定，成果获得了江西省井冈质量奖。

　　该书内容翔实，体系结构完整，不仅阐述了理论基础，还提出了新的理论方法，并通过数值试验及案例分析给出了直观解析，帮助读者理解所构建的模型、理论和方法。书中的研究内容建立了较系统的研究框架，拓展了对传统质量内涵的理解，给出了多个新的研究视角，并集成应用了多种研究方法，为网络组织质量管理研究提供了一种新的思路。作为对网络组织质量管理的探索性工作，该领域还需要作者及更多学者继续深入研究，以呈现出更多有价值的研究成果，以对服务型制造相关企业的发展及质量水平的提升提供更多帮助，助力国家的质量强国战略。

国际质量科学院院士

教育部长江学者特聘教授

2022 年 10 月

前　　言

　　服务型制造是数字化驱动的服务与制造相融合的一种全新的制造模式，是推动全球产业升级的主要驱动力量，成为全球制造业发展的基本趋势，中国制造业正在由生产型制造向服务型制造转变。自 2006 年我国学者提出服务型制造概念后，服务型制造的理论研究及实践探索成为热点问题。国家在发展服务型制造的政策引导上尤为重视：2015～2022 年，国务院及国家相关部委先后出台《发展服务型制造专项行动指南》《关于进一步促进服务型制造发展的指导意见》《"十四五"数字经济发展规划》等多个文件引导重点发展服务型制造；2017～2022 年，工业和信息化部先后四批共遴选服务型制造示范企业 262 家，示范平台 174 个，示范项目 157 个。在服务型制造模式下，分散化的制造企业、服务企业和顾客形成服务型制造网络，协同完成模块化的业务流程，为上下游顾客提供生产性服务和服务性生产，最终提供集成的产品服务系统。服务型制造网络运作过程中的制造过程外包、配套生产、设计服务、物流外包、远程支持、个性化定制、数智制造及数智服务等环节均会对最终的产品服务系统质量产生影响，即其业务流程中的服务性生产模块、生产性服务模块、顾客效用模块及服务集成模块的模块化质量管理是服务型制造网络运作的关键。因此，基于产业融合的制造业转型升级客观上需要解决服务型制造网络的模块化质量管理问题。

　　作者围绕服务型制造网络质量管理问题进行了许多探索性研究，初步建立了服务型制造网络模块化质量管理的理论框架体系。本书针对服务型制造在数字化时代的新特点，基于服务型制造网络的组织与管理模块化视角，研究服务型制造网络的模块化质量基础、模块化质量识别、模块化质量协同、模块化质量优化以及模块化质量赋能等内容。全书共分为 10 章：第 1 章介绍本书的研究背景及意义、国内外研究现状、研究框架及技术路线；第 2 章和第 3 章分别从理论视角及实证视角分析服务型制造网络模块化质量管理基础；第 4 章和第 5 章从质量行为及质量属性角度提出服务型制造网络模块化质量识别方法；第 6 章和第 7 章为服务型制造网络模块化质量协同的演化策略及评价方法研究；第 8 章和第 9 章分别提出服务型制造网络模块化质量优化的多层级决策控制模型及多目标优化模型；第 10 章分析服务型制造网络模块化质量的数字化赋能的技术、场景及路径问题。研究服务型制造网络质量管理问题，对探索数字经济时代的网络组织质量管理新方法有较大的理论意义，对优化改进产业模块化流程、为企业发展提供效率和动力源泉具有一定的实践价值。

本书的写作特点是集成应用多学科方法，注重中国式管理特色的案例研究。应用行为科学、信息熵理论、质量功能展开以及多目标优化方法与智能算法等多种工具和方法，研究服务型制造网络模块化质量识别、协同与优化等科学问题，既丰富和发展服务型制造、网络组织质量管理等前沿理论，又对实践中亟待解决的产业转型升级问题具有重要的指导作用，研究更具科学性；在产业融合发展促进中国制造业转型升级的背景下，结合汽车、航空等战略性新兴产业的典型企业进行案例研究，且考虑了案例数据的可用性及研究的可行性，进行案例的仿真实验分析，有重要的中国式管理特色的应用价值，研究更具实践性。与现有网络组织质量管理研究不同，本书从模块化组织的质量特性、质量水平及质量行为三个方面赋予模块化质量新的内涵，提出针对不同内涵的质量属性识别方法，建立"质量水平-质量行为-质量特性"关联模型、多层级质量控制与基于质量损失的多目标优化方法，是一种新的研究视角。传统方法研究网络组织质量管理问题，多从博弈论、委托代理进行研究，质量系统协同研究较多考虑技术问题，本书从组织与管理模块化的视角，构建了服务型制造网络模块化质量的"识别-协同-优化-赋能"逻辑框架，是对网络组织质量管理理论研究的一种新探索。

本书汇集了作者及其研究团队在网络组织质量管理领域的阶段性研究成果，包括部分前期对虚拟企业质量管理的研究基础，主要聚焦于服务型制造网络质量管理相关的研究成果。希望本书能为服务型制造企业、平台及项目相关主体的管理者提供有益参考，为对服务型制造、质量管理、供应链管理等相关领域感兴趣的研究人员开拓思路。

本书是作者及其研究团队集体智慧的结晶。冯良清教授统筹全书，总负责并与团队成员共同撰写全书各章节内容；黄大莉博士参与撰写第1、8章部分内容；王浩伦博士参与撰写第2、10章部分内容；硕士研究生曾坤坤、张蕾、龚渠、夏超、郭畅分别参与了第3、5、6、7、9章部分内容的撰写；硕士研究生韩梦圆、严文福、闫梓威、康帅、霍亚茹、严雨秋等为本书的出版，从不同程度上做出了贡献。

本书是国家自然科学基金项目"服务型制造网络模块化质量的识别、协同与优化研究"（71862025）、"基于行为度量的服务型制造网络质量控制研究"（71362019）、江西省"双千计划"哲学社会科学领军人才项目"智慧供应链质量管理"（jxsq2019203008）以及江西省"井冈学者奖励计划"资助项目"数字经济时代网络组织质量管理新方法研究"的研究成果。感谢国家自然科学基金委员会、中国共产党江西省委员会、江西省人民政府、江西省教育厅以及南昌航空大学对本书作者及相关研究工作的资助和支持。感谢天津大学何桢教授、美国田纳西大学金明洲教授、杭州电子科技大学雒兴刚教授、南昌大学刘卫东教授和马卫教授对作者的帮助与指导。感谢课题组的教师和研究生多年来的辛勤工作和无私奉献。特别感谢科学出版社对本书在撰写和出版过程中提供的支持和帮助。

　　由于目前对服务型制造网络质量管理研究还处于探索性阶段且涉及专业面广，作者的水平有限，书中难免存在不足之处，恳请读者批评指正。

冯良清

2022 年 10 月于南昌航空大学

目　　录

第1章 绪 论

本章主要介绍研究背景及意义，分析国内外研究现状并提出亟待研究的新问题，提出本书的研究内容及技术路线，厘清研究的逻辑结构。

1.1 研究背景及意义

1.1.1 研究背景

数字经济引领中国产业转型升级，服务型制造网络模块化质量管理问题研究是数字经济时代产业转型发展的客观要求。数字经济以信息通信技术融合应用、全要素数字化转型为重要推动力，是中国产业转型、升级、融合发展的主要方向。服务型制造是服务与制造相融合的一种新的产业形态，是推动全球产业升级的主要驱动力量，将成为全球制造业发展的基本趋势，中国制造业正在由生产型制造向服务型制造转变（Zhen，2012）。国家宏观层面也推出了向服务型制造转型的系列政策：2016 年 7 月，工业和信息化部、国家发展改革委、中国工程院联合发布了《发展服务型制造专项行动指南》，提出发展服务型制造，是顺应新一轮科技革命和产业变革的主动选择，以新一代信息通信技术的深度应用，加速服务型制造的创新发展；2017 年 10 月，国务院办公厅印发《关于积极推进供应链创新与应用的指导意见》，再次提出发展服务型制造是供应链创新的重要任务之一；2020 年 7 月，工业和信息化部、国家发展改革委、教育部、科学技术部等十五部门联合发布了《关于进一步促进服务型制造发展的指导意见》，提出要利用工业互联网等新一代信息技术赋能，加快培育发展服务型制造新业态新模式，促进制造业提质增效和转型升级；2021 年 12 月，国务院印发《"十四五"数字经济发展规划》，提出全面深化重点产业数字化转型，推动产业互联网融通应用，培育供应链金融、服务型制造等融通发展模式，以数字技术促进产业融合发展。在运作模式上，服务型制造是基于制造工艺流程和服务业务流程的模块化协同的结果。在服务型制造模式下，分散化的制造企业、服务企业和顾客协同完成模块化的业务流程，即由服务性生产模块（service production module，SPM）、生产性服务模块（productive service module，PSM）以及顾客效用模块（customer utility module，CUM）形成服务型制造网络（service-oriented manufacturing network，SMN）（孙林岩等，2007）。

因此，SMN 是一种复杂的制造/服务混合供应链，以供应链为行为主体的模块化服务是其运作的典型表现，提供"产品 + 服务"的产品服务系统（product service system，PSS）。SMN 运作过程中的制造过程外包、配套生产、设计服务、物流外包、个性化定制、数智制造及数智集成服务等环节提供的产品或服务模块的质量特性、模块提供商的质量水平及质量行为都将对最终的 PSS 质量产生影响，即模块化质量是 SMN 运作的关键（冯良清，2012）。因此，基于产业融合的制造业转型升级客观上需要解决 SMN 的模块化质量管理问题。

SMN 运作过程中的质量管理具有新的特点：模块化质量更具复杂性，是"产品 + 服务"的全面质量属性的反映，与各模块的行为主体的质量水平形成映射关系；模块化质量更具自组织性，是"生产性服务 + 服务性生产 + 顾客效用"模块的质量协同过程；模块化质量更具行为因素的约束性，是 SMN 中基于人的因素的质量行为优化过程。因此，SMN 中模块间的质量关系、模块节点的质量行为及基于模块化的流程质量控制决策等研究均为亟待解决的重要科学问题。本书以数字经济时代产业融合下的中国制造业转型升级为背景，针对 SMN 模块化质量的新特点，研究 SMN 的模块化质量影响效应、模块化质量属性识别、系统的协同演化规律、质量优化与多层级质量决策控制等问题。

1.1.2　研究意义

研究 SMN 质量管理问题，对于探索数字经济时代的网络组织质量管理新方法有一定的理论意义。数字经济背景下，SMN 是先进制造模式下的新型网络组织，其质量管理问题与传统企业质量管理存在差异。因此研究 SMN 质量管理相关问题，对探索新型组织模式下的质量管理新方法具有重要的理论意义。此外，现有的关于其他网络组织的研究成果尽管很多（如虚拟企业以及供应链等质量管理等），但尚未形成完整的理论体系，对 SMN 质量管理相关问题的研究是对这一理论体系的重要补充。本书从 SMN 各模块内在关联性、协同演化规律的揭示、SMN 质量行为度量、SMN 质量协同评价、优化控制研究入手，引入模块化思想，研究网络组织质量管理理论、方法，对服务科学及质量管理理论的发展具有积极意义。

国家数字经济的发展涉及产业数字化形态的转变，以及产业模块化流程的改进优化。SMN 模块化质量管理研究为企业发展提供效率和动力源泉，具有一定的实践价值。产业数字化在产业融合的管理流程优化方面有更高的要求，SMN 的模块化质量协同对其管理流程的优化具有重要影响。"十四五"期间，国家层面及全国各省市均将发展数字经济作为重要发展方向，数字经济的发展需要"强化全流程数据贯通，加快全价值链业务协同，形成数据驱动的智能决策能力，提升企业整体运行效率和产业链上下游协同效率"。在数字经济发展背景下,本书针对基于产业数字化融合驱动的 SMN,将理论与实践调研相结合,以航空复杂产品或汽车制造企业为研究对象,使研究具有更高的应用价值,从实证的角度研究 SMN 各模块结构的质量管理问题,对国家制造业与服务业融合发展,尤其是复杂产品企业的发展有实践参考价值。

1.2 国内外研究现状

服务型制造是近 20 年来研究的一个热点,代表了全球行业发展的重要方向,在国家自然科学基金委员会的大力支持下,国内学者相继开展了许多关于服务型制造的研究工作,SMN 质量管理的研究也取得了一定的进展。通过对相关文献的梳理,SMN 模块化质量管理研究主要涉及以下四个方面。

(1) SMN 相关概念。
(2) SMN 模块化质量识别。
(3) SMN 模块化质量协同。
(4) SMN 模块化质量优化。

1.2.1 SMN 相关概念

1) 服务型制造模式研究

服务型制造思想起源于 20 世纪 60 年代,早期的美国学者格林菲尔德(H. Greenfield)在研究服务业的发展中提出生产性服务的理论,之后众多学者发现生产性的服务对经济的发展具有促进作用,从生产性服务和制造业互动耦合角度对生产性服务产业形态展开了深入研究(Vandermerwe and Rada,1988)。

服务型制造是一种服务与制造相融合的制造模式,生产性服务业的兴起促进了制造业的服务增强(service enhancement,SE)(Pappas and Sheehan,1998),产业的服务增强使制造业服务化成为全球发展的新趋势(Zhen,2012)。一些发达国家围绕这些新的趋势展开了相关研究(孙林岩等,2007),如美国研究了基于服务的制造(service based manufacturing,SM),日本研究了服务导向型制造(service oriented manufacturing,SOM),英国则开展了产品服务系统的相关研究,这些研究本质上都是研究制造与服务融合的一种制造模式。在国内,相关学者提出了服务型制造的概念,认为服务型制造业是指生产与服务相结合的制造业产业形态,其主要模式是业务流程外包,外包业务可以是生产、营销、设计、开发、信息、保养等各个经营环节(赵晓雷,2006)。服务型制造企业通过相互提供工艺流程级的制造过程服务,合作完成产品的制造,实现服务与制造的有效融合;生产型服务企业通过为制造企业和顾客提供覆盖产品全生命周期的业务流程服务，共同为顾客提供产品服务系统。这种制造与服务的深度融合模式，即为"服务型制造"（孙林岩等，2008），服务型制造模式是中国从制造大国迈向制造强国的有效途径（汪应洛和刘子晗，2013）。实证研究表明，服务型制造企业通过服务有效提升了服务创新绩效（蒋楠等，2016）。

作为一种新型先进制造模式，服务型制造具有资源整合、价值创造、集成创新的作用，同时对协同运作提出了更高的要求。资源的整合需要从资源配置、资源优化等视角寻求决策管理方法。从资源配置视角，对制造企业服务增强的质量弥补的实证研究为质量决策提供了现实依据（蔺雷和吴贵生，2009）。从资源优化视角，赵益维等（2013）提出基于主导因素评判的资源整合决策模式，构建出优化整合决策的数学模型，以求解服务型制造模式下整合决策的优化过程。企业提升竞争力的核心是提升价值创造能力。在服务型制造模式下，企业通过第三方服务和价值诉求网络的形成创造价值（何哲等，2011），通过全周期服务、全方位参与及全需求满足构造其价值创造的价值链体系（程东全等，2011），通过业务流程的模块化服务实现资源价值、顾客价值、绿色价值及服务价值的创造（冯良清，2012），通过面向服务型制造延迟策略实施并增加服务模块，创造顾客价值，从而改善企业绩效（罗建强和杨慧，2012）。集成创新来源于 SMN 资源的动态优化配置，能够在网络各节点间通过对知识资源的整合和对消费者需求信号的采集、处理，通过网络间的分布式资源，根据不断变化的外部条件，不断产生适应新经济环境的知识信息和技术信息，提高整体的网络创新能力（魏江等，2013）。从服务型制造模式的运行机制看，服务型制造是供应链成员协同运作的结果。协同运作需要信息技术的支撑，基于服务能力需求的模块化协同运作是其典型特征（冯良清，2012）。面向服务型制造的柔性生产服务模块，对其生产和服务能力协同分配问题，需要确定最优服务能力分配策略（王康周等，2014）。制造业与服务业的深度融合，必将对生产者与消费者的角色进行重新定位，对生产者与生产者及生产者与消费者之间的链接关系重构解析（张富强等，2018）。制造企业基于研发、制造产品的能力提供增值服务的现象或商业模式，即为服务型制造（李晓华，2021）。其在传统产品的基础上融入了相关的服务，形成了"产品＋服务"的模式，并且产品全生命周期中都有相应的服务与制造过程相融合（张凯等，2018）。采用先进技术，对优化生产组织形式、运营管理方式和商业模式进行创新，不断增加服务要素在投入和产出中的比重，服务型制造从产品制造为主向"制造＋服务""产品＋服务"转型，从而形成制造业与服务业深度融合发展的新产业形态（祝树金等，2021）。以顾客为中心，服务型制造利用信息技术，通过与其他企业、顾客及企业内部的高效协作，对企业内外部资源进行整合重组，实现各生产要素在产业链内各生产环节之间和各生产环节内企业间的流动，形成新的生产要素的组合，为用户提供使其个性化需求得到满足的产品服务方案，实现用户价值和持续盈利的目标（徐佳宾和孙晓谛，2022）。

2）SMN 研究

江志斌研究团队认为 SMN 是一种混合供应链，包含了制造供应链和服务供应链节点，网络节点具有高度的动态性和自治性，不同的节点之间在非线性互动中凸显出 SMN 的结构和协作模式（林文进等，2009；王康周等，2013）。服务型制造的组织模式主要是基于模块化协作的 SMN，是由制造企业、服务企业和顾客自发聚集形成的网络聚合体，包括 SPM 节点、PSM 节点以及 CUM 节点，其业务模式主要通过生产性服务的模块化外包与服务性生产的模块化流程协作进行（李刚等，2010）。因此，SMN 是服务型制造的组织模式，是一种基于顾客、制造企业和服务企业等价值模块协同化运作组成的网络组织（单子丹等，2019），是在服务需求及服务能力的驱动下，由制造企业、服务企业的相关部门或人员以及顾客等价值模块节点单元构成的一种能力与需求合作网络，是产品供应链与服务供应链的整合（冯良清，2012；武柏宇等，2020）。SMN 的模块内涵如图 1.1 所示。

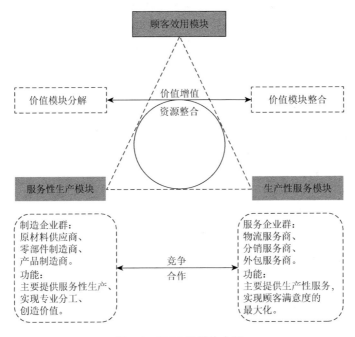

图 1.1　SMN 的模块内涵

SMN 中的模块节点之间形成多重联结，包括有主导企业的支配型价值模块集成模式及无主导企业的平等型价值模块集成模式两种结构形态。针对两种结构形态的 SMN 节点能力差异，冯良清（2012）提出了 SMN 节点质量行为理论分析框架，从模块化服务的视角提出 SMN 的结构及本质特性，系统研究了 SMN 节点"适应性质量协作-合约化质量协调-模块化质量协同"质量行为机制，建立了基于声誉激励的 SMN 节点质量行为动态模型，实现了有效的声誉激励（Feng et al.，2016）。许多学者还在 SMN 运营管理方面做出了积极贡献，如面向 SMN 的优化服务选择和组合方法（Huang et al.，2011），采用复杂加权网络理论分析 SMN 的构建和管理（李冀和莫蓉，2012），SMN 的利益协调机制、组织协调机制（刘炳春，2012），服务型制造系统的制造服务模型框架（Quintanilla et al.，2016）、服务型智能制造工程框架（Giret et al.，2016）、服务需求匹配（Cheng et al.，2017）等。

　　3）模块化趋势的 SMN 研究

　　早期国外模块化研究偏向于标准化和通用化，模块化研究多聚焦于产品的结构设计，20 世纪 90 年代以后，模块化思想备受关注。对于模块化这一概念，引用最多的是青木昌彦和安藤晴彦（2003）的定义：模块化指可组成系统的具有某种确定独立功能的半自律性子系统，可以通过标准化的界面结构，与其他功能的半自律性子系统按照一定的规则相互联系而构成更加复杂的系统。后来，模块化越来越多地运用于企业组织和管理层面，其中模块化外包开始成为一个被广泛讨论的话题。模块化可以影响厂商边界的定位，独立的组件供应商可以利用规模和范围经济为多顾客生产通用模块，模块化的这种特征可以解释垂直外包和水平整合的共同演进（Sturgeon，2003）。相关研究也证明了产品模块化如何促进在中间产品市场上垂直外包和水平整合的共同演进（Van Assche，2004）。模块化理论的发展经历了从技术模块化到产品模块化，再到产业链模块化几个阶段，SMN 的出现是产业链模块化发展的必然结果，其运行过程以服务性生产价值模块、生产性服务价值模块、顾客效用价值模块以及将各个价值模块功能集成的服务集成价值模块之间的分工协作为整合力，以顾客参与机制为拉动力，以技术和知识的创新机制为推动力，以政府和社会服务为支撑力（董华，2016）。

　　SMN 的节点由许多价值模块构成，其运作特征是模块化外包，包含了模块化设计、模块化制造及模块化服务的业务流程，这些模块化的业务流程外包及合约关系对产品的质量将产生影响。研究表明，模块化设计和制造的产品服务战略对产品的关键质量特性有积极和消极的重要影响（Arnheiter and Harren，2006）。模块化外包生产中，前端业务流程外包质量、信息及顾客合约，与产品最终质量存在强相关关系（Balakrishnan et al.，2008），因此无论购买商还是供应商承担质量相关的成本，都可以提高双方质量改进的努力水平（Zhu et al.，2007）。模块化外包关系构成了供应链的合约关系，因此，模块化外包质量问题包含了合约化质量（王海燕，2005）的属性。从制造商和供应商分担产品回收成本的角度，设计促使质量改进的质量合约，可有效提高产品质量（Chao et al.，2009）。在道德风险存在时，设计质量合同控制供应链中的产品质量问题也是有效途径（Zhu and You，2011）。基于合约关系，模块化外包往往会从质量损失的角度来约束 SMN 中模块集成商与模块提供商之间的质量行为（Feng et al.，2013）。

在混合制造单元中，用户需求的相关质量约束通过面向大规模定制的模块化质量控制实现（Hassan et al.，2011），PSS 是服务型制造模式下向顾客提供的综合产品形态，模块化是 PSS 设计包含的主要思想之一（顾新建等，2009），也是对复杂系统进行结构化设计和层次分析的一种方法或思想，这种特殊的设计思想应用到服务科学领域，便是模块化服务问题。模块化外包本质上就是一种服务，在 SMN 中，业务模式主要是生产性服务的模块化外包与服务性生产的模块化流程协作。因此，SMN 的本质是一种能力需求导向的模块化服务网络（冯良清和马卫，2011）。基于对 SMN 本质、模块化思想及 ISO 9000：2015《质量管理体系 基础和术语》标准中质量概念的理解，SMN 的模块化质量定义为：SMN 中的服务性生产（如制造过程外包、配套生产）、生产性服务（如设计、物流等业务流程外包）、顾客效用服务（如个性化定制、售后集成服务）等环节提供的产品或服务模块的质量特性、质量水平及质量行为满足要求的综合程度（冯良清，2012）。SMN 模块化质量属性与顾客要求的符合性程度、适应性程度、满意性程度以及合同约定程度相关。因此，模块化质量综合了前人提出的符合性质量、适用性质量、适应性质量、满意性质量以及合约化质量等质量观的观点，是质量观发展的高级阶段。在这一高级阶段的质量形态下，SMN 的模块化质量协同表现为 SMN 中具有核心能力优势的质量行为主体质量合作与模块质量特性的自适应过程（冯良清等，2015）。

1.2.2　SMN 模块化质量识别

ISO 9000：2015《质量管理体系 基础和术语》标准对质量的定义是"一组固有特性满足要求的程度"。因此，质量识别问题的研究包含了质量特性的属性确定研究以及质量特性的识别方法研究。

1）质量特性的属性确定研究

不同类型的产品或服务，其固有特性存在差异，研究者关注较多的是关键质量特性及多元质量特性问题。对于关键质量特性，基于人工神经网络技术的复杂产品关键质量特性提取是一种有效的方法（张根保等，2010a）。对于多元质量特性问题，多质量特性及多影响因素的因果关系是直接和间接因果关系的实现过程（耿修林，2012）。对于服务产品的质量特性，其特性构成包括理解性、设计性、执行性、沟通性以及体验性（邓富民，2004）。不管是复杂产品还是服务产品，由于受到技术、管理及环境等因素的影响，都存在质量特性的波动。在 SMN 的模块化质量特性中，模块间的质量特性波动与传递关系更为复杂（冯良清，2012）。质量的问题本质上可以理解为质量特性波动超出了容量本身的阈值，传统的理论思想认为质量特性具有独立且正态分布的特点，但是在实际操作过程中，某些质量特性数据呈现出一种复杂的、系统性非随机的相关关系，违背了休哈特控制图独立性假设，传统的控制图不能准确、有效地反映质量波动情况。不少学者提出利用质量特性关联关系建模，控制质量波动（邓富民，2012），为了有效消解质量特性的波动、解决质量问题，通过引入链接对象作为质量特性关联关系的基本封装单元，并构建链接矩阵和链接网络模型对质量特性波动传播与消解进行建模与分析（王洋和段桂江，2014），少数学者从产品质量特性关联关系与系统结构等角度出发（李昇平和张恩君，2013），分析了复杂产品质量特性多维多过程非线性关系（任显林和张根保，2011）。也有学者从基于模型的系统工程（model-based systems engineering，MBSE）角度着手，通过形式化的建模手段使产品研制流程和通用质量特性的设计分析评估过程充分融合，以产品功能作为通用质量特性的输入，有效避免了重复工作（李娇等，2021）。以上研究对解决"产品 + 服务"特性的 SMN 模块化质量识别问题具有参考价值。

　　2）质量特性的识别方法研究

　　传统的方法是产品层级展开后结合定性与定量的方法进行识别（Lee and Thornton，1996），如通过对顾客需求逐层展开的质量功能展开方法。但对于复杂产品及多类型服务质量特性，展开后具有高维度特点，质量特性的多维性及复杂性使传统的方法及质量功能展开方法难以适应（St Pierre and Tuv，2011）。针对这一问题，高维度特性的复杂产品以及多级制造过程的质量特性识别方法成为近年来学术界研究的热点。利用数据挖掘、机器学习的特征选择方法，可以有效解决高维数据的质量特性识别问题（Hua et al.，2009）。国内的何桢团队对该方面进行了有效探索，如基于信息增益（information gain，IG）、基于分类期望值最大化算法的信息增益（classification expectation-maximization algorithm-information gain，CEM-IG）的复杂产品关键质量特性识别方法（闫伟等，2014）、基于过滤（filter）算法与包裹（wrapper）算法的复杂产品关键质量特性识别方法（李岸达等，2014）、基于特征选择算法（Relief-F 算法）和 k-modes 聚类的复杂产品关键质量特性识别方法（谢荣琦等，2014），和 IG 等方法相比，基于最小绝对值收敛和选择算子（least absolute shrinkage and selection operator，LASSO）方法所获得的关键质量特性的分类精度有显著提高（王化强和牛占文，2014）。针对多级制造过程的质量特性问题，状态空间波动传递模型应用于多级过程的关键质量特性识别（Jin et al.，2010），以及将最小二乘回归方法与状态空间模型相结合（王宁等，2013）都是有效的多级制造过程关键质量特性识别方法。另外，李岸达等（2019）从对高维数据进行特征降维的角度展开研究，提出基于多目标鲸鱼优化算法（multi-objective whale optimization algorithm，MWOA）的特征选择算法，用于对非平衡制造过程数据进行关键质量特性识别。王宁等（2019）从多工序串并联制造过程的角度展开研究，提出上述成果虽然可以有效处理高维数据关键质量特性识别问题，但在解决多工序过程关键质量特性识别时，会存在不同程度的失效。因此，王宁等（2019）根据多工序过程各工序及工序间质量特性存在多重相关性、数据维度大、类型复杂、建模可用样本数据不足等特点，提出了基于改进的自适应 LASSO（improve adaptive LASSO，IA-LASSO）方法的多工序串并联制造过程关键质量特性识别方法。Choi 等（2019）从模块化外包的组织视角对外包质量进行了评价，Ren 等（2010）从感知外包效益、外包准备、人的特性和环境技术不确定性等因素确定模块化外包质量特性。然而，鉴于 SMN 的模块化质量识别既包括模块间组织传递的质量识别，又包括模块内的质量特性识别，既包含复杂产品质量特性，又包含服务质量特性，因此上述研究方法对 SMN 的模块化质量识别有一定借鉴意义，但难以识别模块的关键质量特性。

1.2.3 SMN 模块化质量协同

协同是系统各部分之间相互协作的过程，使整个系统形成新的特质结构和特征。质量协同首先是系统本身固有的质量特性形成无序的非稳定态到有序的稳定态的质量系统协同，其次是系统为达到这一稳态过程的相关质量行为协同（冯良清等，2015）。

1）质量系统协同研究

质量系统协同研究的目的是使质量系统的特质结构满足质量特性需求，需要从技术层面寻求解决方案。基于企业内部网（Intranet）/外联网（Extranet）/因特网（Internet）和应用服务提供商（application service provider，ASP）方式的协同质量管理信息系统，可为产品协同质量管理提供一个完整的信息平台（吕庆领和唐晓青，2004）；面向产品生命周期管理（product lifecycle management，PLM）的协同质量系统框架，是 Java 2 平台企业版（Java 2 Platform Enterprise Edition，J2EE）技术体系下的协同质量管理系统（collaborative quality management system，CQMS）实现方法（吴军等，2006）；基于三层质量计划体系与环状-树形逻辑拓扑结构的多层协同质量计划过程模型，可以满足复杂产品质量计划的层级协同-对等协同混联运行需求（段桂江和熊耀华，2010）。基于协同成熟度模型（collaboration maturity model，Col-MM）的适用于组织层面的组织间协同质量的测量方法，可以从多个维度对组织间协同质量进行分析和测量，拓展了协同成熟度模型的应用范围（李玥，2018）。从协同学的角度看，质量协同是质量系统中质量序参量共同作用的结果。所以，序参量的识别是研究系统协同的关键环节。协同学中常利用微观方法，找到线性失衡点并区分出快、慢两类变量，消去快变量，得到序参量方程（刁晓纯和苏敬勤，2008）。在一些研究中，学者根据经验判断设定相关变量为系统协同的序参量，如在企业价值网实现低碳共生演化的序参量控制机理研究中，以企业价值网的创新能力、总价值增长能力和组织间学习能力为序参量（卜华白，2010）。也有学者运用主旋律分析法进行序参量识别，如引入基于目标规划评价模型的主旋律分析方法，识别系统协同的序参量（温馨等，2011）。

2）质量行为协同研究

质量行为协同研究主要指对质量的行为主体为满足产品质量特性需求所采取的方法策略研究，需要从管理层面提出解决办法。对于多行为主体的网络组织，其质量水平、质量努力程度以及所承担的质量风险因素均会对最终产品的质量产生影响（Tapiero，2007）。现有的对多行为主体的质量行为协同研究表现在以下几方面：基于委托代理模型的质量行为协同，如考虑供应商质量努力、自身检验水平信息隐匿及两者都隐匿的供应链协同质量控制问题（张翠华和鲁丽丽，2009）；基于合约监督机制的组织间质量行为协同，如对外包制造的合约激励与监督机制的使用（Handley and Gray，2013）；基于谈判实力和谈判策略的质量行为协同，如通过研究质量行为主体针对不同的谈判策略，给出产品质量协同选择的最优解（陈瑞义等，2014）；基于演化博弈模型的原材料生产企业与产品加工企业的质量协同控制，如通过采用不同的质量预防策略研究质量行为主体，回答质量协同控制的实现条件等（吴强等，2020）。

1.2.4 SMN 模块化质量优化

从质量的定义来看，质量优化研究是对产品或服务的质量特性满足要求程度的提升。近年来，学者关注两个方面的质量优化问题：一方面是质量特性优化方法的研究；另一方面是质量特性参数的优化设计研究。

（1）质量特性优化方法的研究。产品设计方法的重要组成部分是稳健性设计，为了满足顾客需求的变化，质量特性由原来的单一化转变为多元化，质量特性的最优化设计不再是一味地追求产品的质量，更多的是关注"稳健性——相对成本效率最高"的最优方案设计。例如，多元质量特性稳健性设计方法（何桢和吕海利，2007；万良琪等，2018）、不确定条件下的多响应曲面优化设计方法（He et al.，2012）、基于成对比较多响应面优化的交互式方法（Lee et al.，2012）以及在田口参数优化方法的设计基础之上，采用主成分分析和灰色关联分析法的多目标优化方法（刘春景等，2013），基于主成分分析与逼近理想解排序法

（technique for order preference by similarity to ideal solution，TOPSIS）模型相结合的优化方法（许静等，2016）。

（2）质量特性参数的优化设计研究。对于复杂产品的参数设计，仅仅依靠单独的质量特性优化已经满足不了产品结构的稳健性需求（Pongcharoen et al.，2004），且复杂产品的质量特性是复杂的，不同的构件、质量特性和设计参数相互交叉。传统的田口参数优化方法不能解决复杂产品设计问题。为了解决在产品质量特性优化设计过程中，当设计参数变差时，最优解成为一个不可行的、违反约束条件解的问题，学者开始将田口参数优化方法引入复杂产品的质量结构设计中，并将信噪比转换为标准质量损失进行优化（徐兰和方志耕，2011），还有部分学者对质量特性稳健性进行建模：高一聪等（2010）构建了基于最小敏感区域估计的产品质量特性鲁棒优化模型；张根保等（2010b）构建了基于制造过程的产品多关键质量特性优化模型；汪建均等（2011）对相关多质量特性的优化设计；崔庆安（2012）对多极值质量特性的过程参数进行全局式优化设计；刘远等（2013）对复杂产品外购系统质量特性的容差进行优化设计；顾晓光等（2014）对多元质量特性的满意参数进行设计；张斌等（2019）对因质量特性退化引起均值和方差发生漂移的问题，提出了单位时间效益模型的参数优化设计。除以上两个方面外，有学者开始探索服务型制造网络物理系统的数据质量优化问题，通过设计两阶段优化模型和算法，以找到适合本地和全局管理目标的最优策略（Song et al.，2017）。

1.2.5 研究发展趋势

数字经济背景下，制造业发展呈现服务化趋势，服务型制造是服务与制造相融合的新产业形态，是适应国际产业分工新形势、促进制造业转型升级的重要方向，也是全球制造业发展的新趋势。结合服务型制造模式发展现状及现有研究成果来看，对服务型制造网络质量管理相关研究具有以下趋势。

1. 研究趋势

1）理论研究方面

相比传统制造模式，服务型制造模式下的各行为主体间的关联关系更加复杂，因此对组织间的协同运作提出了更高的要求。现有研究主要从资源优化、资源配置等宏观视角研究服务型制造，针对如何提高服务型制造质量以及各行为主体间（模块）的内在机理的研究还处于探索阶段。因此，研究服务型制造模块化质量的协作机理、厘清不同行为主体间的质量影响因素和协同规律及质量优化控制问题，是服务型制造研究及发展的重要理论方向。

2）实践研究方面

服务型制造的发展为制造业创新商业模式适应需求的新变化提供了新机遇，同时也是制造业转型升级、增强核心竞争力、实现高质量发展的重要途径。现有关于服务型制造的研究主要聚焦于服务型制造模式下的制造业服务化转型、服务型制造运作管理模式、服务型制造供应链优化管理等内容，较少涉及服务型制造的质量发展问题。因此，研究服务型制造如何赋能制造业高质量发展、如何构建SMN 质量管理体系是服务型制造研究的重要实践方向。

3）研究方法方面

服务型制造研究范围的广泛性以及研究内容的复杂性，决定了需要采用理论与实践相结合、定性与定量相结合、传统工具与智能化工具相结合的研究方法。在服务型制造的网络组织中，产品或服务模块的行为主体的质量水平及人的行为因素均对服务型制造的质量提升产生了重要影响。因此，结合服务型制造模块化运作的行为特点、质量水平、产品或服务模块的质量特性以及模块间的关联关系等，基于行为因素及质量水平约束的综合质量识别及优化方法研究服务型制造质量是重要的发展趋势。

2. 待解决的关键问题

从现有研究情况及发展趋势，结合企业实际情况，为了实现服务型制造高质量发展，我们亟待解决以下关键问题。

1）SMN 模块化质量的影响机理研究

现有研究大多从宏观视角研究 SMN 的运行特点和机制，较少涉及 SMN 模块之间的内在质量影响机理。因此，亟须梳理 SMN 模块化质量的影响机理，厘清SMN 网络组织中不同模块对质量的影响，度量 SMN 不同模块的关键行为对服务型制造质量的关键影响程度。

2）SMN 模块化质量的属性及识别方法研究

SMN 是由 PSM、SPM 及 CUM 组成的网络组织，提供"产品＋服务"的模块实体，模块的行为主体即模块提供商的质量水平、质量行为对最终质量存在较大的影响。因此，需探索一套质量行为关键性度量方法以及质量属性识别方法，通过度量 SMN 模块化服务质量行为的关键性，识别节点质量行为、质量属性对服务质量的关键影响程度。

3）SMN 模块化质量协同优化设计及控制方法研究

服务型制造是包含服务及制造在内的多个行为主体的复杂系统，提供的产品或服务质量仅靠单方努力难以维系，需要依靠 SMN 各模块、要素之间的协同运行才能高效地发挥作用，实现 SMN 整体质量的改进。因此，对 SMN 的模块化定量描述，建立协同评价模型研究 SMN 节点模块化质量协同问题，根据 SMN 模块化质量系统的协同演化规律，寻找模块化质量优化改进的方向尤为必要。此外，考虑到 SMN 质量目标的可传递性和资源限制，需要研究协调质量效率与资源成本的关系。

1.3　研究框架与技术路线

1.3.1　研究内容

本书针对服务型制造在数字化时代的新特点，基于服务型制造组织与管理的模块化视角，研究 SMN 的模块化质量影响效应、模块化质量识别、模块化质量协同、模块化质量优化，以及数字化对模块化质量赋能等内容。本书共分为 10 章，具体包含六部分研究内容。

第一部分为绪论，包含第 1 章内容。主要介绍本书的研究背景及意义，梳理国内外研究现状，提出本书的研究框架及技术路线，理顺研究的逻辑结构。

第二部分为模块化质量基础，包含第 2 章、第 3 章内容。其中，第 2 章为服务型制造网络模块化质量管理理论基础，主要基于理论视角，梳理 SMN 模块化质量管理的相关理论基础。第 3 章为服务型制造网络模块化质量影响机理，主要基于实证视角，介绍 SMN 模块化质量的影响机理，厘清 SMN 网络组织中 PSM、SPM 以及 CUM 对质量的影响。

第三部分为模块化质量识别，包含第 4 章、第 5 章内容。其中，第 4 章为服务型制造网络模块化质量行为识别，主要基于行为的视角，通过度量 SMN 模块化服务质量行为的关键性，识别节点质量行为对服务质量的关键影响程度。第 5 章为服务型制造网络模块化质量属性识别，主要基于模块化质量的多元属性特征，提出基于模糊层次分析-决策试验与实验评估（fuzzy analytic hierarchy process-decision making trial and evaluation laboratory，FAHP-DEMATEL）的多模块递阶质量识别方法，识别模块化质量关键属性间的关联关系。

第四部分为模块化质量协同，包含第 6 章、第 7 章内容。其中，第 6 章为服务型制造网络模块化质量协同演化，基于 SMN 的组织结构功能，通过构建模块化质量协同演化博弈模型，分析模块化质量协同演化策略形态及其影响因素。第 7 章为服务型制造网络模块化质量协同性评价，主要针对 SMN 各个模块之间的质量协同管理问题，通过构建 SMN 质量行为协同性分层评价和整体评价相结合的评价方法，度量质量行为的协同度。

第五部分为模块化质量优化，包含第 8 章、第 9 章内容。其中，第 8 章为服务型制造网络模块化质量的多层级控制，基于航空装备研制的服务型制造项目的多层级特征和多层级研发项目中方案的可传递性，研究模块化质量方案决策优化问题。第 9 章为服务型制造网络模块化质量的多目标优化，基于模块化质量的质量特性（quality character，QC）、质量水平（quality ability，QA）和质量行为（quality behavior，QB）三个维度，建立 SMN 模块化质量多目标优化模型，并通过非支配排序遗传算法（non-dominated sorting genetic algorithm-Ⅱ，NSGA-Ⅱ）确定最优配置方案。

第六部分为模块化质量赋能，包含第 10 章内容。主要通过分析质量大数据技术、自适应控制技术、人工智能技术、区块链技术对 SMN 的数字化赋能效果，提出模块化质量管理数字化的两种场景，并探索数字化赋能的路径优化。

1.3.2　本书框架

本书的研究框架如图 1.2 所示。

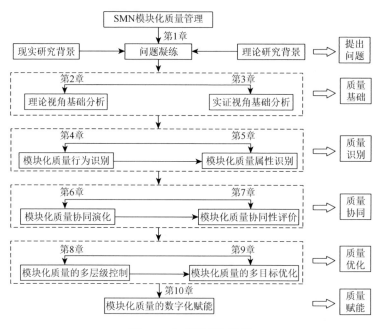

图 1.2　本书的研究框架

1.3.3　技术路线

本书从 SMN 的组织模块化与管理模块化视角，遵循"模块化质量基础—模块化质量识别—模块化质量协同—模块化质量优化—模块化质量赋能"的研究思路，技术路线如图 1.3 所示。

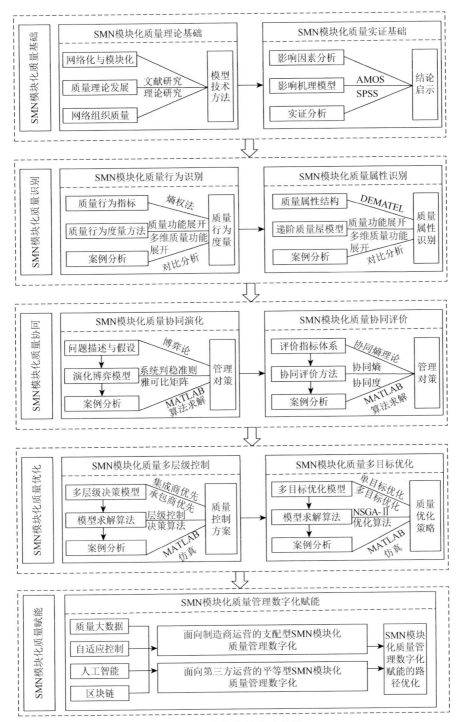

图1.3 本书的技术路线图

1.4　本　章　小　结

　　本章介绍了本书的研究背景及意义,梳理了国内外关于 SMN 的相关概念、模块化质量识别、模块化质量协同以及模块化质量优化的研究现状,明确了本书的研究内容、框架及技术路线,包括 SMN 模块化质量基础、模块化质量识别、模块化质量协同、模块化质量优化及模块化质量赋能等内容,理顺了本书研究的逻辑结构。

第 2 章　服务型制造网络模块化质量管理理论基础

本章将介绍本书研究内容相关理论与概念及前期研究的相关基础内容。首先，阐述网络组织与模块化理论；其次，介绍本书研究中所考虑的 SMN 的价值模块节点和模块化结构类型；最后在质量管理理论发展的基础上分别论述供应链质量管理、虚拟企业质量管理和 SMN 质量管理等基础内容。

2.1　网络组织与模块化理论

2.1.1　网络组织

网络组织是指企业之间基于市场或非市场关系形成的网络结构，它是独立企业之间的一种特定的组织形态（阮平南和杨小叶，2010）。网络组织中不存在必然的上级和下属，只有独立的节点（何方，2014）。从组织行为学的角度来看，网络组织是"企业间契约关系的形态"，可以从四个维度定义其内涵（Maillat et al.，1994），具体内容如表 2.1 所示。

表 2.1　网络组织的四个维度定义

维度	定义
经济维度	网络组织是超越市场与企业的一种混合组织形态
历史维度	网络组织是各种行为者之间基于信任、认同、互惠及优先权行使等所组成的长期关系系统，它处于不断演进中
认知维度	网络组织是大于个别行为者诀窍总和的集体决策的存储器，它使集体学习过程在更广阔的范围内展开
规范维度	网络组织由旨在确定每个成员的义务与责任的一套规则所定义

学术界从不同视角讨论了网络组织的类型：从网络组织的节点结构关系来看，网络组织分为"领导型"网络组织（如企业集团）、"平行型"网络组织（如企业集群网络）；从网络组织的业务合作模式来看，网络组织分为产业集群、基于分包形成的网络组织、企业集团、虚拟企业、战略联盟等。上述两个角度的分类，从本质上看都是网络组织中的"节点"依靠共同目标或兴趣自发聚合起来形成相互

关联的特定形态，是基于节点合作的供应链网络。本书基于供应链视角，主要讨论传统供应链（产品供应链）、虚拟企业（动态供应链）、SMN（混合供应链）等供应链网络组织的结构关系及其质量管理问题。

1）传统供应链（产品供应链）

传统供应链即为一般情况下学术界所指的产品供应链，供应链的概念经历了"经济链—价值链—供应链"的演变，即最早源于彼得·德鲁克提出的"经济链"，经迈克尔·波特发展成为"价值链"，最后演变为"供应链"。Houlihan（1985）最早使用供应链（supply chain）一词，早期的观点认为供应链是制造企业中的一个内部过程，迄今为止没有形成统一的定义。Stevens（1989）较早给出了供应链的定义，认为供应链是一个系统过程网络，是通过价值增值过程和分销渠道控制从供应商的供应商到用户的用户的整个过程。后来的观点认为，从始端供应商到终端分销商及最终用户的各个环节均是通过产品或服务创造最终价值的，企业之间的合作呈现为网络状态结构（Christopher and Ryals，1999），这一结构由供应商、核心企业及经销商之间互相链接，组成一环扣一环的紧密闭合回路（Chopra and Meindl，2002），是一种互动与合作的网络，通过合作网络上的信息集成与共享，使各个关联企业之间协同发展，合作共赢，最终实现对共同利益的追求（Pagell，2004）。Jüttner 等（2007）在已有研究的基础上引入了价值增值的思想，指出供应链是贯穿于上下游企业之间的组织网络，产品及服务均能通过供应链的中间活动实现增值。Simchi-Levi 等（2009）则认为供应链是一种物流网络，由供应商、制造中心、仓库、配送中心和零售网点组成，原材料、在产品及产成品均在这个物流网络中流动。Joshi（2022）认为供应链是一个产业的重要组成部分，它涵盖了供应商、制造商、生产中心、配送中心和仓库的网络，制造商采购原材料，将其转化为成品，分发给顾客，并通过供应链交付。国内学者韩坚等（1998）认为，供应链是描述商品需—产—供过程中各实体和活动及其相互关系动态变化的网络。马士华等（2000）则认为，供应链是围绕核心企业，对原材料采购—生产—销售全过程的信息流、物流、资金流的控制，将供应商、制造商、分销商、零售商直到最终用户作为一个整体的功能网链结构模式。我国国家标准《物流术语》（GB/T 18354—2021）对供应链的定义是：供应链是生产及流通过程中，围绕核心企业的核心产品或服务，由所涉及的原材料供应商、制造商、分销商、零售商直到最终用户等形成的网链结构。

综合国内外学者的观点，传统的供应链定义经历了从"链"到"网络"的描述过程，产品供应链的本质是一个基于产品形成到使用过程的供应链网络。供应链的形成是基于上下游企业能力需求与合作，实现价值增值的结果。因此，产品供应链是产品形成到使用过程中，围绕核心企业，由多个节点企业构成的能力需求与合作组织，是一种网链结构的网络组织（冯良清，2012）。

2）虚拟企业（动态供应链）

1991 年，美国国会要求国防部拟定一个适应本国工业发展的生产模式。为此，美国国防部委托利哈伊大学的艾柯卡研究所（Iacocca Institute）递交了一份名为 "21st Century Manufacturing Enterprises Strategy：An Industry-Led View" 的报告（Preiss et al.，1991）。这份报告首次提出了"虚拟组织"（virtual organization）一词。随着这一概念的提出，虚拟企业成为国内外学术界和业界研究与应用的热点领域，许多学者和企业家从不同的角度对虚拟企业的相关管理工作进行了探索，如认为虚拟企业是指由若干个具有一定资源优势和独有技术的企业成员，为了赢得某个市场机遇而临时组成的动态联盟网络（Su and Poulin，1996）。当某企业面临资源缺乏或能力限制而导致无法独立完成某项生产任务时，就可以以盟主企业身份通过构建虚拟企业来完成该任务（Mowshowitz，1997）。Martinez 等（2001）提出，虚拟企业是由一些通过不同纽带建立联系的独立公司所形成的动态网络环境中形成的一条单一产品的全球化供应链。他们认为，虚拟企业的主要目标是迅速建立一个共同的工作环境，并管理参与企业为实现共同目标而提供的资源库。徐晓飞等（1999）认为虚拟企业是不同地域、不同工作性质的若干个企业借助互联网技术，针对某个具体生产任务所组成的暂时的动态联盟结构。张旭梅等（2003）认为虚拟企业是指多个自治的、变化的、地理上分散的企业，为了赢得某一商业优势，相互合作而形成的一种有时间限制、互惠互利的合作组织。张艳和史美林（2003）认为虚拟企业的动态性、离散性、合作性等组织特性，决定了知识共享与转移对虚拟企业成功运作的重要性，激励和促进虚拟企业知识转移的顺利进行成为提高联盟企业自主创新能力、增强竞争优势的关键。包国宪和李文强（2005）认为虚拟企业是指以市场经济为起点，以计算机网络为运营平台，以契约为合作基础，以共赢为目的的若干个独立厂商的核心能力的动态联合体。杨波和徐升华（2010）认为虚拟企业是指分布在不同地区的多个常规企业，利用信息和网络技术，为快速响应需求和环境变化而组建的动态联盟，是组织、人力、技术和信息等资源在完善的网络组织结构基础上的有效集成。

综合国内外学者的观点，虚拟企业源于企业间的合作动力及资源优势，是供应链网络发展的一种形态，是一些独立的企业组织或个人为了抓住快速变化的市场机遇，通过信息技术联系起来的临时性网络结构组织，是一种动态供应链形式。

3）SMN（混合供应链）

SMN 是服务型制造的组织模式，实质上是对传统供应链运行模式的变革，它通过建立服务企业与制造企业之间的联盟，整合各自所占有的资源和能力，以谋求在更大范围内提升整体的核心竞争力以及实现价值增值空间的拓展，并最终为顾客提供新的产品形式——产品服务系统（刘炳春，2012）。在 PSS 的生产过程中，顾客、生产性服务厂商（金融、法律、保险、会计、管理咨询、物流、分销、售后服务），以及服务性生产厂商（原材料供应商、零部件制造商、产品制造商）等价值模块，相互之间基于标准化的界面结构和业务流程协作，嵌入价值增值网络，形成具有资源整合、价值增值和创新功能的生产协作聚合体（孙林岩，2009）。这一聚合体融合了产品供应链的模块化外包以及服务供应链的模块化服务价值功能。一方面，由于服务型制造是制造业与服务业融合发展的一种先进制造模式，因此，SMN 与产品制造及服务提供的相关组织形态的概念发展紧密相连，即是产品供应链与服务供应链概念演进的结果；另一方面，由于服务型制造是基于制造工艺流程和服务业务流程的模块化分工协作的结果，因此，SMN 和模块化生产与制造的相关概念即模块化组织的演变紧密相关。综合来看，SMN 是产品供应链、服务供应链及模块化组织综合演进的结果。产品供应链、服务供应链及模块化网络组织的运行均是建立在节点能力基础上的，能力需求链贯穿各类组织的全过程，SMN 的概念演化如图 2.1 所示。

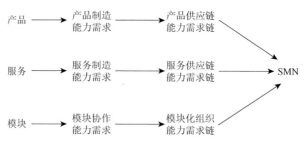

图 2.1　SMN 的概念演化（冯良清，2012）

　　服务型制造模式下，模块化的生产方式是典型特征，产品的模块化设计、模块化生产与服务流程的模块化是制造业和服务业融合的基础，许多制造企业、服务企业和顾客共同参与，为各模块的价值创造提供支持，组成了 SMN。因此，SMN 是制造业和服务业融合发展过程中，在服务需求及服务能力驱动下，由制造企业、服务企业的相关部门或人员以及顾客组成的价值模块节点单元构成的一种能力与需求合作网络，是一种混合供应链形式的网络组织（冯良清，2012）。

2.1.2　模块化理论

1）模块与模块化

模块（module）和模块化（modularity）的概念均来自产品生产领域。模块通常可以理解为组合系统的、具有某种确定功能的、典型的通用独立单元。它可以通过标准的界面结构与其他功能的半自律性的通用独立单元按照一定的规则相互联系而构成更加复杂的系统（胡晓鹏，2004）。模块化理论最早源于 Simon（1962）提出的"近可分解性"（near-decomposability）概念。Simon 认为大多数系统是具有"近可分解性"的复杂系统，它们因为某种目的，由许多子系统组成，而其子系统又有它们自己的子系统。在这些系统中可以区分子系统之间的相互作用和子系统内部的相互作用，而不同层次的相互作用的强度又是不同的，各子系统内部与不同子系统之间的相互作用，形成了模块化的雏形。而后 Starr（1965）提出模块是可以单独进行设计和制造的部件，这些部件又可以以多种方式进行组合。后来，Baldwin 和 Clark（1997）在 *Harvard Business Review* 上发表经典论文"Managing in an age of modularity"，认为模块化是指可以独立设计的、更小的子系统作为一个整体一起工作最终构建一个复杂产品的过程。至此，学术界对于模块化的研究开始突破产品层面的设计研究，进入了系统性研究的阶段。Schilling（2000）提出，"模块化"是一个通用的系统概念，它是一个连续的系统，描述了一个系统的各个组成部分可能被分离和重组的程度。它既指组件之间耦合的紧密性，也指系统体系结构的"规则"允许（或禁止）组件混合和匹配的程度。Langlois（2002）提出模块化是管理复杂性的一套非常通用的原则，通过将一个复杂系统分解成离散的各个部分，这些部分只能通过标准化体系结构中的标准化接口相互通信。美国斯坦福大学经济学教授青木昌彦和安藤晴彦（2003）提出了至今被广泛接受的关于模块化的定义，认为模块化是指半自律性的子系统，通过和其他同样的子系统按照一定的规则相互联系而构成的更加复杂的系统或过程。

国内学者童时中（1995）也对模块化进行了相关研究，他认为模块化是为了取得最佳效益，从系统观点出发，研究产品（或系统）的构成形式，用分解和组合的方式建立模块体系，并运用模块组合成产品（或系统）的全过程。胡晓鹏（2004）则认为模块化是与分工经济相联系的经济现象，是经济系统演进的结构性表现，是依据功能原则对专业化分工做出的整合。朱瑞博（2004）提出模块化是一个把复杂的系统或过程根据联系规则分解为能够独立设计的半自律性子系统的过程（即模块的分解），或者是按照某种联系规则将可进行独立设计的子系统（模块）统一起来，构成更加复杂的系统或过程（即模块的集中或模块的整合）。李海舰和聂辉华（2004）提出，模块化是指各个高度自律性、灵活性和创新性的实体，用模块协调代替传统行政协调，在管理上引入科层机制来提高交易效率和降低交易费用。孙晓峰（2005）认为模块化是在劳动分工和知识分工的基础上，通过模块分解和模块集中的过程，把复杂系统分解为相互独立的组成部分，再通过即插即用的接口把各独立的部分联结为一个完整的系统。闵宏（2017）通过研究认为，模块化是专业化分工与一体化整合的统一。

基于以上国内外对模块化相关主题的概念研究，本书总结模块化思想是复杂系统内不同层级间的专业化分工与同一层级内的一体化整合，使各个可被独立设计、生产且能作为一个整体运行的子系统整合为一个运行良好的复杂系统。

2）产品模块化

根据产品模块的构成，Starr 认识到模块化生产（modular production）的重要意义，并于 1965 年在 *Harvard Business Review* 上正式提出了这个全新的概念。模块化生产通常被理解为"以模块化技术为主导、信息技术为基础、成熟的管理方法为手段，将复杂的生产过程进行分解和再整合，借助模块的选择和模块间的组合实现产品的多样性，以满足顾客个性化需求的生产过程"（牟小俐等，2007）。这个概念对后来被广泛使用的"产品模块化"概念产生了较大的影响。

Ulrich（1995）认为产品模块化体系结构与整体体系结构之间的根本区别在于指定组件之间的解耦接口的情况不同。其中，产品模块化体系结构为从功能结构中的功能元素到产品的物理组件的一对一映射，并指定组件之间的解耦接口，即"紧耦合"；而整体体系结构为从功能元素到物理组件和/或组件之间的耦合接口的非一对一映射，即"松耦合"。而模块化产品设计允许松散耦合的一系列变化，模块化组件可以通过多个松散耦合的"模块化"组织结构同时连接（Sanchez，1995）。在此之后，Sanchez 和 Mahoney（1996）从标准化组件和组织接口的产品与组织设计的角度扩展产品模块化概念，他们扩展了分解原理，进一步提出模块化产品架构的创建不仅可以创建灵活的产品设计，还可以实现松散耦合、灵活的"模块化"组织结构的设计。随后，Schilling（2000）提出产品模块化是指产品的各个部件通过建立明确的标准接口实现快速交互，并通过给予使用顾客对最终产品的功能和规模更大的决定权，创造出更符合顾客特异性需求的最终产品。Jacobs 等（2007）基于 Ulrich（1995）、Sanchez 和 Mahoney（1996）等的研究，总结归纳得出模块化与标准化之间存在着一定的联系，其概念是不可分割的。Jacobs 等（2007）预先假定松耦合、易分解、异质输出以及功能与模块的一对一匹配等概念，最终将产品模块化定义为使用标准化的和可互换的部件或组件，配置各种各样的终端产品。Schilling（2000）根据源自产品模块化相关文献的概念，提出产品模块的分离性主要受系统的协同特异性程度影响。除了分离性特征外，产品模块化还具有专一性（Ulrich，1995）、可转移性（Starr，1965）等特征。部分学者综合了多个特征对产品模块化提出新的理解，具体如表 2.2 所示。

表 2.2 部分学者对产品模块化的理解

学者	定义	产品模块的内涵特征
Lau 等（2007）	产品模块化是内含部件具有分离性、专一性以及可转移性等特征的连续系统，即产品部件在不损失性能的前提下可分离的程度、从功能元素到物理组件的映射情况以及交互物理组件之间的接口的规范程度、可由其他产品系统转移和应用的程度	分离性 专一性 可转移性

续表

学者	定义	产品模块的内涵特征
刘志阳等（2007）	产品模块化是指通过产品模块分解和集中来构成不同产品，以满足市场不同需求的一系列活动的集合，产品模块化包括技术模块化与服务模块化。首先是从产品设计标准化开始，然后延伸到产品开发、品牌营销和售后服务等全过程	分离性 匹配性 标准化 过程性
陈建勋等（2009）	产品模块化是一个系统化的过程，将产品模块化定义为通过标准化的界面或规则相联系的各个子系统所组成的复杂产品系统	系统性 标准化
刘会等（2015）	将产品模块化分为以功能性产品为主的产品模块化与以创新性产品为主的产品模块化。以功能性产品为主的模块化产品能够满足顾客的基本需求，并且产品构造较为稳定，产品改型变异程度小。以创新性产品为主的模块化产品增加了特殊功能或技术，并且产品改型变异程度大	功能性 匹配性 创新性

综合以上国内外学者提出的观点，本书认为产品模块化是指一个连续的系统，其部件具有单元标准化特性及可互换性，在产品系统中具有明确、唯一和确定的产品功能，能够在不丧失功能的前提下通过移除、添加或组合等方式实现终端产品的多样化和个性化。

3）服务模块化

关于服务模块化的概念最初出现在服务业领域，它已逐步扩展到研究生产性或服务性的服务系统。早期的服务趋向于标准化和大规模生产，Sundbo（2002）通过对丹麦服务企业案例的研究，分析出服务可以按照与制造业相同的方式发展，结合服务本身相对制造有形产品更为复杂的特点，提出服务模块化是将服务产品以及背后的输入元素和流程标准化，再由几个标准要素组合形成服务产品的过程。然后，Hyötyläinen 和 Möller（2007）从顾客对交付服务质量的感知出发，指出服务模块化是使用混合技术（即硬件技术与软件技术的结合），将服务中独特的功能模块打包，形成各类满足特定需求的服务包，再通过模块重组持续为顾客提供服务的过程。硬件技术是指用基于技术的过程取代人类活动；软件技术是指对服务中涉及的人类活动进行合理化和专业化的划分，并且对其重新打包和模块化。de Blok 等（2014）首次提出了服务接口的概念，用来规定模块化系统中的组件或者服务提供者之间如何交互，de Blok 等指出服务模块化将给定集合中提取的组件进行重组和匹配，以获得不同的产品配置，而接口使这些组件的替换和交换成为可能，其中接口应包括人员、信息和管理信息流的规则。

与产品模块化类似，服务模块化问题也引起了学者的关注，部分学者对服务模块化特征也有新的理解，如表 2.3 所示。

表 2.3　部分学者对服务模块化的理解

学者	定义	服务模块的内涵特征
方智勇和张荣耀（2013）	服务模块化是将供应商提供的单一功能服务标准化，并封装成一个服务模块，每一个服务模块包括：服务接口、服务活动、服务目标、服务资源	系统性 标准化 可封装
陶颜和魏江（2015）	服务模块化是企业运用模块化思想与方法，架构服务产品与服务流程系统，提高服务质量与服务效率，为顾客提供有服务价值选择权的创新活动	系统性 创新性 流程性
雒兴刚等（2021）	服务模块化的概念与产品模块化的概念类似，即将复杂服务分解成相对独立的模块，模块内包含功能相似但服务特性不同的元素，以便形成多样化的服务	分离性 功能性 多样化
沈淦和李倩（2022）	服务模块化的本质是把流程复杂的服务系统按照规则和标准切分成功能独立且互不影响的半自律子模块，并通过一定的方式将系统流程切分成功能独立的模块流程，形成以某种标准的形式存在的子模块，各子模块又可以通过某种规则重组，形成全新的服务流程，满足多元化需求	分离性 独立性 流程性 标准化

　　基于上述国内外学者的观点，本书认为服务模块化是运用模块化的思想与方法，对产品和服务流程进行解构使之形成可以独立运作的标准化服务流程模块，从而提高顾客的选择权以及服务质量的过程。

　　4）组织模块化

　　从 20 世纪 90 年代中期开始，陆续有学者将模块化思想应用于组织设计和管理领域，其中 Sanchez 和 Mahoney（1996）最早开始研究产品和组织设计中的模块化，他们认为，虽然组织表面上设计产品，但也可以认为产品设计组织，因为具体产品设计中隐含的协调任务在很大程度上决定了开发和生产这些产品的可行组织设计。另外，他们提出一个复杂的系统，无论产品设计还是组织结构，都由在某种程度上相互作用和相互依赖的部分组成，即为按产品模块设计的组织。

　　青木昌彦和安藤晴彦（2003）正式提出组织模块化的概念，他们认为组织模块化的过程是指企业对其工作进行拆分，由经营管理层将工作分配给独立的队伍，同时为每个队伍赋予一个远大的目标并制定详细的业务运行框架和明确的作业规则，以此来规定各个队伍的活动范围和确保有效创新所必需的自由度。被分开的每一个队伍独立操作，负责子模块的设计、生产，以及各个子模块的开发及改进的过程。Baldwin 和 Clark（2007）进一步指出，组织模块化是将一个系统划分为独立进行设计和生产的不同部分，定义模块接口，并测试各模块集成实施和各个模块执行工作的效果，最终作为整体性系统来发挥作用。Hoetker（2006）指出组织模块化意味着产品设计过程中涉及的各个单元是松散耦合的，可以实现自主操作和重新配置。随着组织变得模块化，紧密集成的层次结构被松散耦合的组织参与者网络取代。

吴秀鹏等（2010）结合 Daft 和 Lewin（1993）提出的"新"组织形式理论，指出组织模块化是通过相互关联的组织间的协调和自组织过程，形成具有灵活性的学习型组织，以实现提高大规模生产效率且能对等级组织和小范围活动提供中央控制的一种新型组织范式。陶颜（2016）基于 Sinha 和 Van de Ven（2005）、Furlan 等（2014）的研究，总结归纳得出组织模块化是将组织系统设计成可由一个或多个不同组织单元执行的、相对独立的子系统，它与组织间信息共享的复杂性、强度和频率有关。

还有些学者也提出了对组织模块化的理解，如表 2.4 所示。

表 2.4　学者对组织模块化的理解

学者	定义	组织模块化的内涵特征
荀昂和廖飞（2005）	组织模块化的重点在于对已有企业或部门进行模块化封装，即设计符合需要的接口和联系的规则，各个模块制造商自行设计、制造各个产品或功能模块，由核心企业根据需要进行匹配。模块制造商也有多个核心企业可以选择	封装性 设计性 组织性 匹配性
余东华（2008）	组织模块化就是将一个企业组织解构成若干个小的模块化单位，并使这些模块化单位之间实现关系契约化	分解性 契约性
郝斌和 Guerin（2011）	组织模块化是将原有组织分割成许多可以独立设计的、承担单个或多个模块生产的子系统，并制定主导规则以进行子系统整合的过程	系统性 分解性 整合性
王海军和温兴琦（2018）	从管理成本角度衡量，提出组织模块化基于资源需求和资源交换而形成的互依关系，以及松耦合效应来消除或缓解资源的过度依赖问题；同时基于模块化的协调机制，降低了合作契约中所产生的协调成本	耦合性 契约性 协调性

基于以上观点可以看出，在产品设计过程中，组织模块化是通过组织间的协调，将松散耦合的各个独立子单元进行重新配置的过程；在管理领域，组织模块化将企业组织以一定的协调规则和运行框架，分割为具有条理性和层次化的若干个组织单位，并使这些模块化单元之间实现关系契约化的过程。组织模块化单元根据界面结构组成新的网络组织，而界面结构本身是功能需求的结果。因此，各模块化单元协作过程中，围绕模块价值功能的集成，由多个价值模块单元作为节点构成了能力与需求合作网络形态的模块化组织结构。

5）产品服务系统模块化

SMN 是服务型制造模式下的网络组织，1988 年，桑德拉·范德墨菲（Sandra Vandermerwe）和胡安·拉达（Juan Rada）发现越来越多的公司正在通过服务为其核心企业产品增值，这一运动被 Sandra Vandermerwe 和 Juan Rada 称为"服务化"（servitization），即管理者将顾客的需求视为一个整体，提供以顾客为中心的商品、服务、支持、自助服务和知识相结合的更完整的市场包或"捆绑包"。这一发现引发了许多学者对产品服务系统模块化的思考，2000 年，联合国环境规划署提出了 PSS 的概念，指出 PSS 的设计和销售思想就是为了为顾客提供特定的结果或功能（如干净的衣服、移动能力、温暖等），且顾客不必为了达到这个结果去购买实体产品（如洗衣机、汽车、燃料等）。PSS 的设计可能涉及开发或使用"生态效率"产品，它表明需要将技术和社会、产品和服务等硬问题和软问题联系起来，并从系统的角度看待现有的环境问题。

　　被广为接受的 PSS 分类为产品导向（product-oriented）、使用导向（use-oriented）与结果导向（result-oriented）三类。产品导向 PSS 是指在已存在的产品服务系统中加入服务，这些服务主要体现在制造商对产品的维护及回收利用方面；使用导向 PSS 中服务所占比重比产品导向 PSS 多，旨在通过共享所需产品的方式来提高物质产品的使用率；结果导向 PSS 中服务所占比重最多，旨在通过卖"结果"来代替卖产品的方法以减少物质需求（江平宇和朱琦琦，2008）。

　　基于模块化有助于实现产品定制化、增加生产灵活性等功能，产品服务系统模块化引起了众多学者的关注。在面向大规模定制设计方面，Welp 等（2008）认为实现顾客需求的物理产品与服务的模块化是解决个性化与低成本矛盾的关键，同时产品与服务的模块化可以降低 PSS 的复杂度；通过建立一系列标准的物理模块和服务模块，实现内部模块的少样化，降低生产成本和减少对环境的影响；通过模块化组合实现物理产品与服务外在的个性化和多边形，满足顾客的个性化需求（Li et al.，2011）；Song 等（2015）提出一种基于改进的服务蓝图和模糊图的 PSS 模块化方法来解决服务组件识别和模块划分的问题；李浩等（2018）提出面向大规模个性化的 PSS 模块化设计框架，通过物理与服务的内部模块组合实现顾客需求的大规模、个性化、低成本与快速提供。在提升产品与服务集成后的潜能方面，Aurich 等（2009）在 PSS 领域首先提出了 PSS 系统的模块化设计框架、原理和配置设计方法；Wang 等（2011）在 PSS 并行模块化开发和理解物理产品与服务的关系等方面做了深入研究，提出了一个面向 PSS 的模块开发框架，认为模块化过程可以分为三个部分，即功能性、产品和服务模块化。在集成物理产品与服务的 PSS 模块化设计中，针对厘清物理模块与服务模块的关系以及交互设计的问题，Li 等（2012）建立了 PSS 模块化过程模型，并提出了一个三阶段的交互式集成服务型产品模块划分方法。金运婷和耿秀丽（2020）针对结果导向的 PSS 提出一种基于模糊设计结果矩阵的 PSS 流程模块化设计方法。

　　基于对产品服务系统的研究，本书认为产品服务系统模块化是通过物理模块和服务模块的整合实现的。其中，物理模块是指可以通过标准化的界面结构与其他功能的半自律性子系统，按照一定的规则相互联系而构成更加复杂的系统；服务模块是指服务中的各独立功能模块重组形成的能满足特定需求的服务包。

6）SMN 模块化

SMN 是服务型制造模式下的网络组织形态，为顾客提供产品服务系统。从产品/服务的角度看，SMN 的模块化是基于产品形成与服务提供的流程模块化运作；从组织运行的角度看，SMN 的模块化是基于价值模块节点单元的分解与耦合的组织模块化运作。因此，SMN 模块化演变过程包含了产品模块化与生产流程模块化、服务模块化与服务流程模块化、产品供应链与服务供应链的组织模块化、产品服务系统模块化与产品服务系统流程模块化的演进。SMN 模块化演变过程要素如表 2.5 所示。

表 2.5　SMN 模块化演变过程要素

模块化演变	模块	接口	模块质量属性	模块结构图
产品模块化	元件、零件、组件	元件、零件与组件之间的接口；顾客与产品之间的接口；标准化硬件与技术接口；弱耦合	产品固有质量特性	产品设计图
生产流程模块化	生产子过程、标准化管理模块、生产业务模式模块	员工任务分工说明书；生产过程之间的接口；员工与（软件、硬件）技术之间的过程接口；弱耦合	生产过程质量水平	生产流程图
产品组织/产品供应链模块化	产品供应链成员、组织单位、战略业务单位	组织与组织单位之间的接口；软件与人员之间的接口；标准化合同；弱耦合	产品固有质量特性；生产过程质量水平；产品供应链质量行为	组织结构图；产品供应链结构图
服务模块化	服务类型、服务功能、服务特征	员工任务分工说明书；顾客与服务之间的接口；员工与（软件、硬件）技术之间的过程接口；弱耦合	服务固有质量特性	服务设计图
服务流程模块化	服务子过程、标准化管理模块、服务业务模式模块	员工任务分工说明书；服务过程之间的接口；员工与（软件、硬件）技术之间的过程接口；弱耦合	服务过程质量水平	服务流程图
服务组织/服务供应链模块化	服务供应链成员、服务业务单元、服务业务模块	组织与组织单元之间的接口；软件与员工之间的接口；标准化合同；弱耦合	服务固有质量特性；服务过程质量水平；服务供应链质量行为	组织结构图；服务供应链结构图
产品服务系统模块化	产品服务系统类型、产品/服务功能、生产性服务/服务性、生产特征	员工任务分工说明书；产品与服务之间的接口；员工与（软件、硬件）技术之间的接口；顾客与产品之间的接口；顾客与服务之间的接口；弱耦合	产品/服务质量特性	PSS 设计图

模块化演变	模块	接口	模块质量属性	模块结构图
产品服务系统流程模块化	生产子过程、服务子过程、标准化管理模块、生产性服务业务模块/服务性生产业务模块	员工任务分工说明书;生产与服务过程之间的接口;员工与(软件、硬件)技术之间的过程接口;弱耦合	生产性服务/服务性生产过程质量水平	PSS 流程图
SMN/混合供应链模块化	SMN 节点单元、SPM、PSM、服务集成模块(service integration module,SIM)、CUM	模块节点之间的接口;技术与员工之间的接口;标准化合同;弱耦合	SMN 模块质量特性;SMN 模块质量行为;SMN 模块质量水平	组织结构图;SMN 模块化结构图

资料来源:部分内容参考姚树俊等(2012)的文献,增加 PSS、SMN 等内容后整体修改整理。

2.2　SMN 的模块化结构

2.2.1　SMN 的价值模块节点

在 SMN 中,包括制造企业、服务企业及顾客三类行为主体,通过其全部或部分机构和人员的价值感知,在互利协作的过程中形成相对动态稳定的服务型制造系统。基于模块化组织的原理,SMN 的价值模块是服务型制造系统进行动态分解和整合的结果,具有特定的功能需求和自律性要求。SMN 的模块化协作形成了其基本的价值模块节点,包括 SPM 节点、PSM 节点、CUM 节点以及将各价值模块功能集成的 SIM 节点(冯良清,2012)。

1)SPM 节点

SPM 节点即为提供制造服务的服务模块提供商。服务性生产是指企业通过制造工艺流程外包的方式,进行产品零部件加工、制造装配等制造业务流程的协作,共同完成物理产品实体的加工制造(孙林岩等,2007)。服务性生产过程强化了传统的产品供应链的中游节点企业之间的分工协作,相互之间的协作从传统的提供零部件的制造,转向更为紧密的模块化的制造流程的合作,即构成了服务性生产的价值模块节点。从事生产工艺流程某个环节的价值模块节点并不需要开发自己品牌的产品,而是通过借助网络其他节点中具备优势的生产流程,主动获取价值利益,从而发展成为生产服务的供应商。

2)PSM 节点

PSM 节点即为提供生产性服务的服务模块提供商。生产性服务是指市场化的中间投入服务,即可用于商品和服务的进一步生产的非最终消费服务。生产性服务包括科研开发、管理咨询、工程设计、金融、保险、法律、会计、运输、通信、市场营销、工程和产品维修等多个方面（李刚等，2010）。制造企业将生产性服务从制造业中分离出来，外包给专业化的生产性服务企业。生产性服务企业的职能机构基于自身能力为制造企业提供基于流程的模块化服务，成为 SMN 的节点，即 PSM 节点。

3）CUM 节点

顾客效用是产品满足顾客需求时表现的内在力量，即顾客在消费商品时所感受到的满足程度。而 CUM 是指在模块化服务过程当中，顾客亲身参与到产品的设计、制造等模块中，能够最大限度地按照顾客所需来提高产品的价值，顾客的参与即构成了网络的 CUM 节点。

4）SIM 节点

SIM 节点是将 PSM、SPM 及 CUM 进行集成的服务模块集成商。SMN 中，模块化的服务合作使模块的集成成为必然，具有集成能力优势的节点针对自身企业、合作企业及顾客的具体要求，对 PSM、SPM 及 CUM 进行集成，扮演了 SIM 节点的角色。模块之间的联系以市场需求为前提，具有临时性，能够根据不同的技术环境及市场环境及时进行动态调整，使各价值模块节点能够及时调整，获得利益。

2.2.2　SMN 的模块化结构类型

SMN 的模块化结构在实际中表现为两种类型：一种是有主导企业的支配型价值模块集成模式，中小企业通过为大企业提供配套的制造流程或服务流程模块功能，与大企业实现协作；另一种是无主导企业的平等型价值模块集成模式，制造及服务企业自发聚集的价值模块协同模式，各企业相互之间功能互补、分工合作，实现低成本、高效率的分散化价值模块协同功能。两种模块化结构如图 2.2 所示。

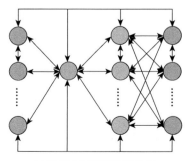
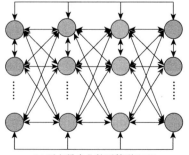

(a) 有主导企业的支配型SMN　　　　　　　　(b) 无主导企业的平等型SMN

图 2.2　SMN 的两种模块化结构类型（冯良清，2012）

2.3　质量管理理论的发展

2.3.1　质量的内涵及演进

"质量"一词最早用来描述人的品质、德行。三国时期，魏刘劭在《人物志·九征》中写道："凡人之质量，中和最贵矣。中和之质，必平淡无味。"其中的"质量"即人之品德。随着物理学的快速发展，质量又用来描述物体所具有的一种物理属性，是物质惯性大小的量度。而质量管理学中所指的质量是对事物的特征属性的表述，国际标准化组织（International Standardization Organization，ISO）发布的 ISO 9000 族相关标准中对质量的定义是"一组固有特性满足要求的程度"。这一定义隐含了"什么的质量"与"满足什么要求的质量"两个方面内涵，即质量的主体与质量的客体不同时，对质量的理解存在差异。

1）主体视角的质量内涵演进

从质量概念的主体看，质量主体是指"什么的质量"，其属性范围从"产品的质量"扩展到"产品和服务的质量"，现在发展为"产品、服务、过程和体系的质量"（何桢，2014）。

（1）产品的质量。质量管理学兴起后，质量用来形容物品的某类特性，包括性能、可靠性等事物质量。例如，汽车零部件的技术特性、可靠性技术要求的满足程度等。统计质量管理先驱休哈特（W.A.Shewhart）定义的质量是"产品好的程度"。最初人们心目中所指的质量一般指产品的质量，ISO 9000：2015《质量管理体系　基础和术语》标准中，产品被划分为硬件、软件、服务和流程性材料四种类型，所以产品的质量内涵包括了硬件产品、服务产品、流程性材料产品及软件产品四类产品的固有特性满足要求的程度。

（2）产品和服务的质量。ISO 9000：2015《质量管理体系　基础和术语》国际标准中，服务是指在组织和顾客之间需要完成至少一项活动的组织的输出。服务可能涉及顾客提供的有形产品、无形产品、无形产品的交付、创造氛围等活动的输出。即质量问题不仅涉及产品的质量，还包括与产品相关的服务质量，如汽车产品的质量除汽车的物理属性、技术特性要满足要求外，汽车的准时交付、寿命周期等均为满足要求的程度的体现，即产品和服务的质量。

（3）产品、服务和过程的质量。产品的形成及其服务的提供过程涉及人、机、料、法、环等多个要素，其过程质量是产品实物质量、成本、交付、环境及安全等要素关联工作质量的综合体现。所以，过程质量需同时满足要求，即质量的内涵是"产品、服务和过程的特性满足要求的质量"。

（4）产品、服务、过程和体系的质量。体系质量是管理系统的质量，是一个

组织的经营管理质量，也可以是跨组织运行体系质量。对于质量管理体系，质量
的载体不仅是产品（硬件、流程性材料、软件和服务），也可以是产品形成过程、
体系及其组合。即所谓"质量"是大质量的概念，既可以是零部件、计算机软件
或服务等产品的质量，也可以是某个过程的工作质量，还可以是企业运行的体系
质量（如企业的信誉、体系的有效性等）。

2）客体视角的质量内涵演进

从质量概念的客体看，对"满足什么要求的质量"的内涵理解是质量要求的
对象标准，质量的内涵经历了从技术性标准、经济性标准、心理性标准到价值性
标准的深化和发展过程，在这个过程中，质量的概念经历了符合性质量、适用性
质量、满意性质量、体验性质量以及合约化质量的演化过程（冯良清，2012）。

（1）符合性质量。19 世纪初，泰勒提出了科学管理思想，把计划职能与执行
职能分开，并独立设立质量检验职能，这一职能在 20 世纪初福特制大批量流水线
生产中得到充分应用，即质量概念最初为符合性质量。基于这一事实，Crosby
（1979）认为"质量就是符合规定的技术标准"。这一概念建立在检验质量管理、
统计质量管理两种管理模式的基础上，其主要理念是"质量是检验出来的，质量
是生产出来的"，注重事后检验的层层把关及数理统计方法的综合应用，将符合技
术文件的要求作为管理的目标。章帆和刘建萍（2007）将符合性质量归纳为"依
据标准对对象做出合格与否的判断"。对象最初为零部件或制成品等实物产品，标
准主要为产品标准和技术标准，判断方法为检验或试验，且经历了单件小批量生
产下的全数检验到大批量生产下的抽样检验。由于产品是过程的结果，所以符合
性质量概念的对象进一步扩展到过程，符合性质量的概念被应用到企业的所有过
程的合格与否的判断中，判断的方法也由检验与试验发展为确认、监视与验证，
标准也从单纯的技术标准、产品标准发展为基于管理规范性的技术标准，即包含
了产品本身的对应技术标准、产品标准以及管理通用的管理标准三大类，即质量
管理体系标准（章帆和刘建萍，2007）。质量管理体系标准本身也属于技术性标准
范畴，因此，从广义的角度，符合性质量的判断标准为技术性标准。可见，符合
性质量是站在组织立场，以符合技术性标准的程度为依据来判断产品质量的优劣
性，即"满足组织的技术性标准要求的质量"。

（2）适用性质量。20 世纪初开始的第二次工业革命推进了生产技术的进步，
推动了质量管理的进步和发展，质量管理由质量检验阶段发展为统计控制的质量
管理，质量的概念也由符合性质量发展为适用性质量。适用性质量的概念最早由
质量管理大师朱兰提出，朱兰认为"质量就是产品在使用时能够成功地满足顾客
要求的程度，包括外部顾客和内部顾客"。这一概念是"主观性的质量"，体现了
全面质量管理的思想脉络，其管理理念是"质量是设计出来的，质量是管理出来
的"，注重应用零缺陷管理法与 6σ 管理法等，将零缺陷和顾客满意作为管理的目

标。这一概念的判断标准是顾客提出的要求，顾客满意度是适用性质量评价的关键指标，所有的质量管理活动均围绕使顾客满意展开，根据"朱兰三部曲"理论，质量策划、质量控制和质量改进均在顾客满意的基础上进行，而这些质量管理活动的绩效最终体现为质量花费的多少，即质量成本的高低，顾客满意的标准实际体现为经济性标准。因此，适用性质量是站在顾客的立场，以符合经济性标准的程度为依据来判断质量的一致性，即"满足顾客的经济性标准要求的质量"。

（3）满意性质量。20 世纪 60 年代，西方发达国家在社会、经济、技术及文化等方面均发生了巨大变革，基于这一背景，费根鲍姆（A.V. Feigenbaum）提出了全面质量管理（total quality management，TQM）的概念，认为质量是"产品和服务在市场营销、工程、制造、维护的各个方面综合的特性，要通过各方面的使用来满足顾客的期望"。这一概念确认了朱兰的主观性质量，在继承适用性质量的基础上提出质量是全面的、动态的、多维的，必须通过多方面的因素综合确定。1961 年费根鲍姆出版著作《全面质量管理》，标志着质量管理的发展历程进入全面质量管理阶段，质量的概念由适用性质量发展为满意性质量。满意性是指让顾客和相关方满意，管理理念是"质量是顾客选择出来的"，注重应用过程方法、系统方法、决策方法以及水平比较法等，将零缺陷、顾客及相关方满意以及创新的数量和质量作为管理的目标。所以，满意性质量是站在顾客及相关方立场，以符合心理性标准的程度为依据来判断质量的满意程度，即"满足顾客和相关方的心理性标准要求的质量"。

（4）体验性质量。自 20 世纪 90 年代以后，摩托罗拉、美国通用电气公司（General Electric Company，GE）等世界顶级企业相继推行 6σ 管理模式，体验性质量的新理念得到推广。体验性质量即"顾客对质量的感知价值超过顾客期望价值的程度"。这一概念涵盖了顾客价值体现的思想，注重卓越管理、营销管理的方法，将为顾客提供卓越的、富有魅力的质量作为管理的目标。这一质量理念是建立在顾客的立场，以符合体验的价值性标准为依据来判断质量的满足程度，即"满足顾客的体验价值性标准要求的质量"。

（5）合约化质量。合约化质量是指一种由供应方将满足某种约定要求的产品在约定时间内的所有权或使用权让渡给另一方的承诺而形成的合约关系（王海燕，2005）。这是从现代经济学的角度去定义质量的。在现代经济学中，"所有市场交易都是一种合约"，由于产品或服务从供方到需求方的过程中，实现了所有权和使用权的转换，所以产品和服务在这一转换过程中就形成了合约化质量，是一种"满足供应链组织的法理性标准要求的质量"。

3）模块化质量的提出

模块化质量概念是由冯良清（2012）结合模块化理论与质量理论内涵的理解提出的一种新的质量概念，它是指一组由产品或服务通过标准界面分解形成的产品模块或服务模块所具有的固有特性满足要求的程度，形成过程如图 2.3 所示。

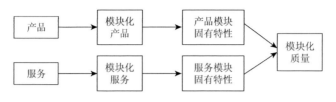

图 2.3　模块化质量的形成

　　模块化质量的形成是伴随产品或服务模块化分解的动态过程，对模块化质量的理解应包括以下几个方面（冯良清，2012）。

　　（1）模块化质量是产品或服务模块分解的动态结果。产品或服务的模块化是当前及未来发展的主流趋势，模块界面的确定与系统结构有关，模块的分解与整合随模块界面及系统结构的变化而变化，因此，模块分解的结果不同，伴随的模块特性满足要求的程度存在差异，模块化质量是一个动态的结果。

　　（2）模块化质量是产品或服务模块固有特性的表现形式。固有特性是事物本身所具有的特性，模块固有特性是产品或服务模块本身质量参数的抽象概括。这些参数与顾客要求的符合性程度、适应性程度、满意性程度以及合同约定满足程度相关，模块化质量是对这些特性参数满足要求的表现形式。

　　（3）模块化质量是质量观发展的高级阶段。质量观的发展经历了符合性质量、适用性质量、满意性质量、体验性质量以及合约化质量等形式。这些质量观点都伴随特定的背景或约束条件，模块化质量是这些质量观的综合。模块化是标准符合与适用的结果，需满足符合性质量与适用性质量的要求；模块分解不仅需要适应标准的需求以及界面结构的安排，而且需要更大程度地让顾客满意；产品或服务模块任务由相关模块化组织完成，合同的约束是主要表现形式。因此，模块化质量综合了前面所有质量观的观点，是质量观发展的高级阶段。

　　综合上述对质量概念内涵的理解，其判断标准及观点立场的对比如表 2.6 所示。

表 2.6　质量概念内涵的对比

质量概念	提出者	判断标准	观点立场
符合性质量	菲利普·克罗斯比（Philip Crosby）	技术性标准	组织
适用性质量	朱兰	经济性标准	顾客
满意性质量	费根鲍姆	心理性标准	顾客、相关方
体验性质量	摩托罗拉、美国通用电气公司	价值性标准	顾客

续表

质量概念	提出者	判断标准	观点立场
合约化质量	王海燕	法理性标准	供应链组织
模块化质量	冯良清	协同性标准	模块化组织

2.3.2　质量管理的发展演进

质量管理理念随着时代发展经历了多次的演变，无论是"符合规定要求"，还是"达到顾客满意"，质量管理本质上都是"关于质量的管理"，是组织在质量方面，为了使顾客和相关方满意，通过计划、组织、指挥、协调、控制等一系列活动最终达成目标的过程。随着质量研究的深入，以及质量管理核心内容的不同，结合现有对质量管理三阶段划分的一般认识，本书将质量管理发展总体分为四个阶段，各阶段的对比见表 2.7。

表 2.7　质量管理发展的四阶段对比

对比项目	QI	SQC	TQM	NTQM
时间进程	20 世纪初至 20 年代末	20 世纪 30～50 年代	20 世纪 60 年代至 20 世纪末	21 世纪至今
生产特点	手工/半机械化	大批量生产	现代化大生产	数字化、智能化生产
管理范围	生产现场	生产现场	生产全过程	产品全生命周期
管理对象	产品质量	过程质量	全面质量	全产业链质量
管理特点	事后把关	把关＋预防	把关＋预防＋持续改进	把关＋预防＋持续改进＋智能控制
管理依据	产品技术标准	质量控制标准	顾客＋相关方要求	顾客＋相关方要求＋数字化标准
管理方法	技术检验	数理统计	集成管理	集成＋智能管理
管理主体	企业质检人员	企业技术人员	企业全体人员	网络组织

注：QI 为质量检验（quality inspection）；SQC 为统计质量控制（statistical quality control）；NTQM 为新技术质量管理（new technology quality management）。

1）质量检验阶段

20 世纪初到 20 年代末，质量管理的核心内容是通过"事后检验"来控制质量，质量管理第一次从生产管理中独立出来，企业主体依据产品技术标准，在生产现场对产品质量进行事后把关，生产特点主要为手工作业或半机械化，这一阶段被称为质量检验阶段。

2）统计质量控制阶段

20 世纪 30～50 年代，休哈特发明了控制图，并提出了"事先控制，预防废品"的概念，质量的核心内容是运用数理统计的方法对质量进行控制，企业主体依据质量控制标准，在生产现场对产品的生产过程质量进行把关和预防控制，其生产特点多为大批量生产，这一阶段被称为统计质量控制阶段。

3）全面质量管理阶段

20 世纪 60 年代到 80 年代，费根鲍姆提出"全面质量管理"概念后，质量管理的核心内容扩展为组织内全员参与，在全过程中进行全面的质量管理，因此，这一阶段被称为全面质量管理阶段。20 世纪 80 年代以后，基于全面质量管理，国际标准化组织发布了第一个国际质量标准——ISO 9000 标准，并在此基础上建立了 ISO 9000 族标准；摩托罗拉实施 6σ 管理；以美国波多里奇奖为背景形成的卓越绩效模式等，将质量管理推向了高潮。无论是 ISO 9000 族标准还是卓越绩效模式，都是在全面质量管理的基础上发展起来的集成质量管理体系与方法，因此，20 世纪 80 年代后又被称为后全面质量管理阶段。全面质量管理模式下，企业全体人员依据顾客及相关方的要求，应用集成多种质量管理方法，对产品形成的全过程的全面质量进行把关和预防，并进行持续改进，生产特点发展为现代化大生产。

4）新技术质量管理阶段

进入 21 世纪后，随着互联网及新一代信息技术的发展，质量管理与信息技术深度融合，数据、信息和知识成为该阶段的重要资源，企业合作与竞争加剧，质量管理的范围越来越向企业外部拓展，网络组织（供应链、虚拟企业、服务型制造网络等）的质量管理成为新趋势，质量管理向供应链质量管理（supply chain quality management，SQM）、数字化质量管理（digital quality management，DQM）、智能化质量管理（intelligent quality management，IQM）等新技术条件下的质量管理模式迈进，本书统一称其为新技术质量管理阶段。在这一阶段，多个企业主体构成的网络组织依据顾客、相关方要求及数字化标准，集成多种质量管理方法，融合云计算、大数据技术、物联网、人工智能等智能管理技术，对产品全生命周期涉及的全产业链质量进行把关、预防、持续改进及智能控制，生产特点是先进的数字化、智能化生产。

2.4　供应链质量管理基础

2.4.1　供应链质量管理战略框架模型

在供应链环境下，产品的生产、销售、售后服务需要由供应链成员企业共同完成，产品质量客观上是由供应链全体成员共同保证和实现的，但产品质量的形成和实现过程实际上分布在整个供应链范围内。因而供应链质量管理就是对分布在整个供应链范围内的产品质量的产生、形成和实现过程进行管理，从而实现产品质量控制与质量保证（麻书城和唐晓青，2001）。

Robinson 和 Malhotra（2005）提出，供应链质量管理是业务流程的正式协调和集成，涉及供应渠道中的所有合作伙伴组织，以测量、分析和持续改进产品、服务和流程，以创造价值并使市场中的中间顾客和最终顾客满意。而后 Foster Jr（2008）将供应链质量管理定义为一种基于系统绩效的改进方法，通过有效管理上下游与供应商和顾客之间的关系创造价值。朱晓宁和李岭（2009）借鉴 ISO 9000 中质量管理的定义提出，供应链质量管理就是对分布在整个供应链范围内的产品质量的产生、形成和实现过程进行管理，从而实现供应链环境下产品质量控制与质量保证。张异（2010）结合西南铝业（集团）有限责任公司的案例认为，供应链质量管理是指对供应链上各个环节（包括合作伙伴）的质量管理，意味着核心企业不仅要对企业自身的产品设计制造过程进行质量管理，而且要对供应商、分销商和零售商等相关企业进行质量管理，从而做到对产品和服务形成的全过程进行严格的管理和控制。蒲国利等（2011）尝试从流程的角度对供应链质量管理下定义，他们认为供应链系统内所有成员面向直接顾客和最终顾客，通过上下游企业运作流程的整合以及协同管理，分析和持续改进质量，从而达到改进供应链绩效和获得顾客满意度的目的。郁玉兵等（2013）综合已有研究（Robinson and Malhotra，2005；Foster Jr，2008；Kuei et al.，2008）提出供应链质量管理是指通过供应链渠道成员之间的协调与整合来使顾客满意并提升供应链整体绩效以及单一企业绩效的过程。供应链质量管理理论把现有的质量管理理论从企业内部聚焦扩展到了企业的外部整合，它强调企业与供应链所有伙伴进行合作与互动来持续不断地改善质量和绩效（侯海涛，2022）。

张以彬等（2016）从质量战略和供应链管理的角度，将企业内部的质量管理和供应商的质量管理与顾客质量管理联系起来，形成了一种集成的供应链质量管理战略框架，如图 2.4 所示。

在供应链战略框架下，供应链质量管理从参与主体角度进行划分，主要涉及供应商质量系统、内部质量系统及顾客质量系统三个方面。

1）供应商质量系统

供应商质量系统旨在通过合理选择和管理供应商，实现在与供应商建立长久合作关系的同时，信息共享、互联互通，形成清晰、确定、一致的质量目标与质量方针，提升企业绩效，最终实现顾客对产品质量满意。

供应商质量管理主要涉及两个方面，即供应商的选择与供应商的管理。在过去的研究中关于合理选择供应商的问题，主要采用调查供应商信息、建立供应商的评价指标体系及绩效测量体系的方式。根据与质量控制的相关性及轻重程度，

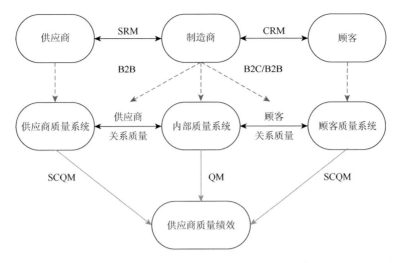

图 2.4　供应链质量管理的一般战略框架（张以彬等，2016）

SRM 为供应商关系管理（supplier relationship management）；CRM 为客户关系管理（customer relationship management）；B2B 为公司对公司（business-to-business）；B2C 为公司对消费者（business-to-customer）；SCQM 为供应链质量管理（supply chain quality management）；QM 为质量管理（quality management）

结合企业对供应商所需具备特性的要求，通过分析研究为每个指标赋予适当的权重，形成科学、合理的供应商评价指标体系，对供应商进行评估和选择（刘治宏和刘冬梅，2010）。供应商的管理则是指把握预控过程、实控过程及检控过程三个关键环节。预控过程主要包括签订产品质量协议、质量保证条款、原材料使用的具体标准，商定质量联保程序，规定生产流程等；实控过程主要包括派驻质量代表，供应商购入原材料检验，进行生产过程监督，启动质量联保程序等；检控过程包括对供应商的产品整个生产过程进行检查检验以及对供应商发来的产品进行严格的质量检验（钟瑶，2007）。

2）内部质量系统

内部质量系统旨在通过企业内部各功能过程之间的整合与协调，提升产品质量、降低质量成本，同时缩短产品交付周期、灵活响应顾客的需求（郁玉兵等，2014）。企业的内部质量管理是一个系统工程，是通过企业的内部控制评价体系及质量管理体系的融合与共同作用来实现的。企业内部控制评价体系旨在采用系统的、规范的方法，明确企业战略，评价并改善风险管理、控制和治理程序的运行效果，帮助企业实现经营目标；质量管理体系旨在发现存在的问题，持续改进，确保企业的质量活动有效实施，相关结果符合组织计划的安排（陈留平和丁雯卉，2017）。赵团结（2020）提出对于以产品生产为主的规模化企业，除内部控制体系与质量管理体系之外，还应引入信息及相关技术的控制目标（controlled objectives for information and related technology，COBIT）体系，使企业关注信息安全，形成完善的支撑系统，确保企业健康运行，进而促进企业治理的规范和完善，最终达到企业治理、风险管理和合规性的有效统一。

3）顾客质量系统

顾客质量系统旨在通过收集及时、真实、准确的顾客信息，精准获取顾客的需求，为顾客提供具有针对性、定制化的产品和服务，制定合适的顾客关系管理策略，为顾客提供高质量产品，使顾客满意（谢刚等，2015）。大数据背景下，企业可以采用企业 CRM 系统，加工、管理企业顾客信息，深入挖掘顾客信息中的潜在信息，同时企业可以基于企业 CRM 系统建立成熟度模型与顾客信息质量管理评价体系，在评定企业顾客信息管理成熟度的基础上，为企业顾客管理的持续改善提供依据（谢刚等，2015）。

除此之外，供应链上下游各个阶段之间的关系质量也是企业需要关注的重要环节。在供应链质量管理研究中，对于关系质量的关注多聚焦于其与企业绩效之间的关系（郁玉兵等，2014）。企业通过与供应商，特别是关键供应商，建立互利合作的伙伴关系形成战略联盟，可以帮助双方有效沟通合作、减少损失，获得更多的发展机会（刘治宏和刘冬梅，2010）。同时，企业通过与顾客建立良好的关系，能够帮助企业精准识别顾客的需求，更大限度地使顾客满意。

2.4.2　供应链质量管理的关键技术与方法

1）基于过程管理的关键技术与方法

（1）质量数据感知技术。随着各类信息技术的发展，通过对大数据的分析挖掘获取企业内部深层信息的方法逐渐被重视起来，数据感知技术应运而生。数据感知技术是通过数据清洗和数据校正，进而进行数据分析和预测的技术。

数据清洗主要针对的是无关数据、缺失记录等冗余或不完整数据，对供应链数据集进行清洗，能对现实中的真实结果有更加清晰、准确的描绘，方便企业评价实际绩效，有助于供应链质量控制；数据校正技术针对供应链数据集中与现实相悖的离群数据，实现错误数据的修复与校正，使供应链数据集在数据校正之后可以挖掘出正确的知识和信息价值，为供应链质量改进提供真实、可靠的统计依据；数据分析针对各供应链平台汇入的数据，进行集成、分析、服务和应用，实现各平台数据融合及全面共享，同时通过开展数据预测、分析与平台间数据对比、统计，实现供应商全息画像认知，帮助企业进行供应商的选择与决策，提高供应链运行的稳定性（陈广等，2021）。

（2）质量需求预测技术。质量需求预测技术主要包含产品质量需求识别技术及产品质量预测技术。

产品质量需求识别技术主要依靠大数据技术与云计算。大数据技术收集产品生产过程中的全部质量数据及产品运行过程中的信息反馈，帮助企业在实时在线分析产品生产各级信息的同时，准确把握顾客的需求，优化产品设计及生产过程，提高企业的再造能力；云计算基于云的平台和大数据，协调优化企业之间和企业内部的各项工作，同时利用云平台大量用户信息涌现出的产品特性挖掘产品质量问题，改善产品特性、降低质量成本、提高服务质量（刘心报等，2022）。

产品质量预测技术则主要通过采集和分析供应链上的各种质量数据，预测最终产品的质量状况，评估和预测供应商的质量保证能力，以便为供应链结构和组成的调整提供决策依据，帮助供应链各企业提供高质量产品，最终满足供应链中间顾客及最终顾客的需要。常用的预测方法按照预测模型使用信息的不同可分为两类。一类是通过输出特性历史数据预测未来的输出特性，建立输出特性历史数据的自回归（auto regressive，AR）模型或自回归移动平均（auto regressive moving average，ARMA）模型，也就是对输出特性的时间序列进行分析，此方法适用于输出特性变化平缓的情况。另一类是通过实时的过程控制参数和输入特性进行预测，通常建立工艺参数和输入特性与过程输出特性的相关模型（唐晓青和麻书城，2002）。

（3）质量事件管理技术。供应链事件管理（supply chain event management，SCEM）是在供应链实践活动中产生和发展的一种新的技术和方法。供应链事件管理技术的发展围绕五项功能进行：供应链活动和状态监视、必须采取行动的通知、行动的选择和过程效果的仿真、从主动变化到预先决策的控制、战略绩效指标的不间断评估（王勇和陈俊芳，2004）。借助供应链事件管理技术，企业可以实现对供应链活动全过程的监督控制，减少异常事件损失及关键过程波动，防止企业生产活动产生负面改变，实现更有效的过程控制。供应链事件管理方法是企业结合供应链事件管理技术形成的一套科学的持续改进方法，其考虑所有水平的供应链事件，并与已存在的质量管理方法如全面质量管理、6σ 管理等方法相互补充，应用于供应链环境下的多个领域。供应链事件管理技术为供应链合作提供了有力的工具，结合供应链事件管理方法的有效应用，可以为企业带来收益，并提高供应链运作绩效（王勇和陈俊芳，2004）。

（4）协同整合技术。目前，供应链协同管理的研究主要涉及战略层协同、策略层协同和协同技术三个方面，其中协同技术是供应链实现协同的基础和关键，它主要研究的是如何实现供应链的同步运作和信息协同（张翠华等，2005）。在供应链环境下实现供应链上各企业的协同与整合可以采用电子数据交换（electronic data interchange，EDI）技术与企业应用集成（enterprise application integration，EAI）技术。

EDI 技术是一种信息管理或处理的有效手段，它在充分利用现有计算机及通信网络的基础上，将供应链上各成员之间的数据按照一套通用的标准格式进行格式化，实现数据信息在不同计算机之间的传输，从而提升供应链上各企业间的信息互联，提高供应链的运行效率（郑淑蓉，2002）。

EAI 技术是指将业务流程、应用软件、硬件和各种标准联合起来，在两个或更多的企业应用系统之间实现无缝集成，使它们像一个整体一样进行业务处理和信息共享。EAI 技术涉及企业内部应用系统和组织的集成以及企业之间的集成，帮助企业实现企业之间的信息交换、商务协同、过程集成并组建虚拟企业和动态联盟等（谢小轩等，2002）。

通过供应链质量管理协同整合技术，企业可以实现供应链所有成员信息的互联共享，为供应链各个节点的中间顾客及最终顾客提供满足其质量需求的产品，使顾客满意。

（5）基于 ISO 9000 族标准的供应链质量管理。ISO 9000 族标准作为质量管理的国际标准，在全球已经得到了广泛的应用。

ISO 9000：2015《质量管理体系 基础和术语》的引言中提出了八项质量管理原则：一是面向顾客，即关注顾客的需求和期望，并将其准确、完整地转化为产品、服务和过程的规范，减少质量问题，提高顾客的满意度水平；二是领导作用，即核心企业发挥领导作用，建立清晰的、可达到的、协调一致的总体目标，在供应链各个层次上培养能够主动承担相应责任的领导者；三是人人参与，即提高员工的积极性，在整个供应链内营造积极向上、不断进取的工作环境；四是过程管理，即识别并管理众多相互关联的过程，有效发挥过程之间的作用，通过供应链各节点活动的协调运行与全面控制，使所有过程达到高质量；五是系统管理，即运用系统方法，把供应链质量管理体系作为一个大系统，打破各成员之间的界限，协调整合各个过程，合理配置资源，以最佳的运作方式，实现供应链的整体目标；六是连续改进，即不断在供应链内部和外部寻找提高绩效的方法和活动，实现整个供应链全体成员的持续改进；七是面向事实，即在真实可靠的数据基础上进行分析，科学评估决策方案是否理想，实现企业的有效决策；八是供方关系，即企业与供应商建立良好的合作关系，由供应链全体成员共同保证产品、销售和售后服务等的质量水平。基于该八项原则的供应链质量管理更加规范化、系列化和程序化，并能够对供应链全过程实施有效的质量控制，最终提供可接受的产品或服务质量（常广庶，2004）。

朱兰博士曾经将质量策划、质量控制和质量改进称为质量管理三部曲。ISO 9000 族标准中又加入了质量保证。上述四个方面构成了质量管理的四大基石，基于此四大基石，可以从供应链质量策划、供应链质量控制、供应链质量改进和供应链质量保证四个方面进行供应链质量管理，每一个方面均有其具体的理论、实施方法以及可利用的工具（朱晓宁和李岭，2009）。

2）基于博弈论的关键技术与方法

供应链质量管理方法的核心是供应链质量控制与协调，在现有的质量管理研究过程中，多将供应链质量控制与协调分为供应链双方非合作博弈和合作情形下的质量控制与协调研究。

供应链双方非合作的情形下，双方利用不可观测参数实现自身利润的最大化，所对应的分析工具是非合作博弈利润模型和委托-代理利润模型，在该情况下，根据研究内容的不同可将其划分为双方质量控制与协调策略和基于产品质量的合同设计两个方面。供应链双方合作的情形下，双方将通过谈判的形式，实现自身的利益最优化，核心问题是供应链的整体利润的合理分配，此时探讨的重点是基于产品质量的供应链合同设计，采用矩阵博弈论模型、纳什议价博弈（Nash bargaining game）模型等作为分析工具（刘强和苏秦，2010）。

2.5　虚拟企业质量管理基础

2.5.1　虚拟企业的生命周期集成质量管理模型

虚拟企业是一种动态的供应链，在敏捷动态环境下的虚拟企业中存在许多"隐性"条件，而传统的质量管理方法也将动态企业之间的质量信息渗透到过程中进行全面诊断，且不涉及企业生命周期的阶段特性约束条件。一般来讲，虚拟企业从产生到解体可分为生成期、运行期、发展期和终止期四个阶段（陈剑和冯蔚东，2002）。基于虚拟企业生命周期的集成质量管理系统，为虚拟企业质量管理的实际运作提供了参考（冯良清和马卫，2012b）。

在虚拟企业生命周期的各个阶段，其质量管理具有各自的阶段性任务，具有不同的特征，各阶段整合组成一个全过程的虚拟企业质量管理系统，即基于虚拟企业生命周期的质量环（冯良清和刘卫东，2005），如图 2.5 所示。

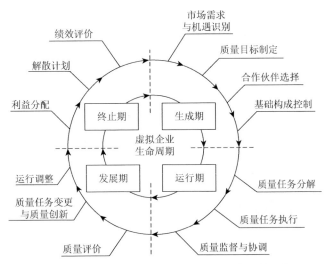

图 2.5　基于虚拟企业生命周期的质量环（冯良清和刘卫东，2005）

虚拟企业的质量系统将质量控制、质量保证的功能由产品制造阶段向前延伸到产品设计开发阶段，向后延伸到产品销售及服务阶段，其质量系统的载体由产品的质量扩展到与产品相关的企业的质量，产品质量不仅取决于制造、设计过程，也取决于虚拟企业的形成与运作过程。因此虚拟企业的质量系统是一个多维的质量管理集成系统（冯良清和马卫，2012b），主要包括纵向过程集成、横向过程集成以及生命周期的集成，如图 2.6 所示。

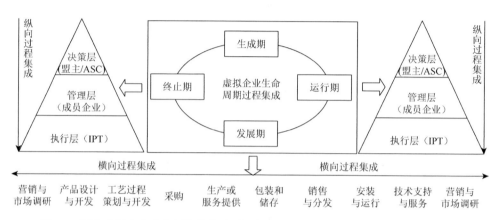

图 2.6　面向虚拟企业生命周期的集成质量管理系统模型（冯良清和马卫，2012b）

虚拟企业集成质量系统中，纵向过程集成是以信息流为核心的组织协调过程集成质量子系统，即由决策层[盟主/联邦协调委员会（Alliance Steering Committee，ASC）]、管理层和执行层组成的纵向过程集成；横向过程集成是以产品为核心的产品质量形成过程集成质量子系统，即由虚拟企业的集成化工作团队（Integrated Product Development Team，IPT）执行的营销与市场调研、产品设计与开发、工艺过程策划与开发、采购、生产或服务提供、包装和储存、销售与分发、安装与运行、技术支持与服务、营销与市场调研的横向过程集成；生命周期过程集成是以虚拟企业生命周期为核心的各阶段质量过程所构成的集成质量子系统，即虚拟企业的生成期、运行期、发展期及终止期的质量特征过程集成。三者之间以生命周期过程为基础，相互交融。纵向过程的组织协调与横向过程的产品实现贯穿于生命周期的各阶段，横向过程的实现是纵向协调过程的结果。

2.5.2　虚拟企业质量管理的技术与方法

1）集成质量诊断技术与方法

在虚拟企业生命周期的集成质量管理系统中，生命周期过程集成子系统是基础，必须识别生命周期各阶段的过程特性，并给予区分界定，以采取不同的诊断与控制措施。如果某一过程（如虚拟企业中单个成员企业内的一些活动）具有与传统企业相似的特征，则宜采用过程集成的方式进行诊断；如果相关过程关联很强（如由多个成员企业完成的活动），则为动态网络过程，应采用具有联想记忆、自学习等功能的智能诊断技术进行诊断。无论过程的方法还是智能的方法，都应该体现虚拟企业这一复杂动态组织的集成性，即基于虚拟企业生命周期的集成质量管理系统模型的集成，并在这个基础上进行诊断与控制。其诊断方法框架如图 2.7 所示。

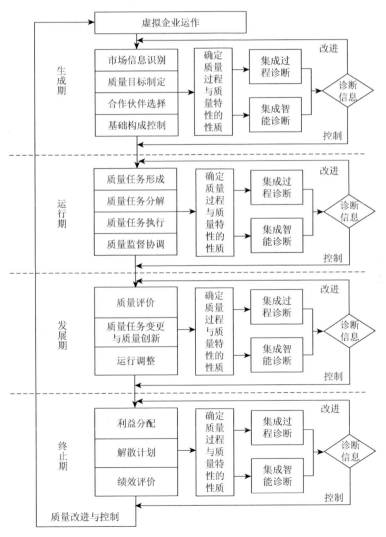

图 2.7　集成质量诊断方法体系集成质量诊断框架（冯良清和马卫，2012b）

根据虚拟企业生命周期理论，分解其各阶段的过程任务。通过对质量过程网络的度量，识别各子过程的质量特性，并确定各子过程的相互关系，最终确定各质量过程与质量特性的性质，即要对质量子过程的信息交互性、动态变化性、因果关系的清晰度、隐性因素范围与强度进行度量。确定过程性质就是要确定质量过程网络中各子过程与子网络相互的结构关系，明确其系统影响因素，找出可度量的指标体系，并确定重点过程。可以采用工程系统可靠性技术的可靠性框图以及集成计算机辅助制造定义函数建模方法（integrated computer-aided manufacturing definition function modeling method，IDEF0）结构化模型建立方法来确定其结构关系，采用头脑风暴法来确定过程的显性与隐性程度，采用 Kueng（2000）提出的过程性能度量系统（process performance measurement system，PPMS），并将其特征化为一个信息系统来找出可度量的指标体系，结合帕累托（Pareto）的 80/20 规则，确定重点过程。针对确定的质量过程与质量特性的性质，来进行分类诊断。常用的诊断方法有以下几种。

（1）集成过程诊断技术与方法。具有明确的过程结构关系的质量过程网络，其特性是相对稳态的，影响因素是"显性"的，可以集成多种过程诊断方法来进行诊断。对于有线性关系的过程，采用因果关系分析和统计分析即可进行诊断；对于非线性复杂关系的情况，可以利用质量功能展开（quality function deployment，QFD）方法，利用其相关矩阵进行诊断，或借助软件工程中的结构化方法，设计数据流图（data flow diagram，DFD）进行查询诊断，还可以利用失效模式影响分析（failure mode and effects analysis，FMEA）以及故障树分析（fault tree analysis，FTA）等技术进行集成诊断；对于虚拟企业中单个 IPT 实体的制造过程诊断，可利用传统的统计工序控制（statistical process control，SPC）技术；对于合作伙伴选择过程的诊断，利用 ISO 9000 质量管理体系的第二方、第三方质量体系审核性评价诊断方法。

（2）集成智能诊断技术与方法。具有复杂的、模糊的网络结构关系的质量过程网络，其特性是动态的，质量信息的交互性强，且影响因素是"隐性"的。此时，传统的统计方法和简单的定性方法就失去了作用，集成过程诊断方法也难以界定其影响因素并找出原因，可采用人工神经网络与专家系统结合的智能方法进行综合集成诊断。人工神经网络是由大量简单的神经元相互连接而成的自适应非线性动态系统。各种神经元在信息共享的基础上，各自独立地从与其输入端连接的其他神经元采集输入，并计算输出，再将其传递给上一层（或其他）的神经元，作为它们的一个输入，或作为整个模型的输出，从而赋予模型较强的容错抗错性能和联想能力。但由于神经网络推理过程的不透明性，用户只能看到输入和输出，而看不到中间的分析推理过程和依据，无法回答用户的问诊，不利于用户理解和使用推理结果，所以还必须结合专家系统来进行诊断。因为专家系统适合解决自动计算、问诊和启发式推理等基于规则的问题。虚拟企业的质量信息是典型的分布式存储与并行处理,两种系统的结合能解决虚拟企业的动态质量过程网络的"隐性"问题和处理过程的不透明性、复杂性与动态性。

2）虚拟企业的质量过程网络控制技术与方法

（1）显性质量过程网络的控制技术与方法。对具有明确的过程结构关系的显性质量过程网络,其控制原则与方法可借助工程系统可靠性设计的思想,控制虚拟企业可靠性系统的每一个节点,即控制过程网络的每一个实体 IPT 的可靠性,对系统中各节点 IPT 的可靠性估计计划采用基于语义的模糊评价方法给出,并通过虚拟企业系统故障模式影响分析,有针对性地提出控制方案。

（2）隐性质量过程网络的控制技术与方法。对具有动态的、复杂的隐性问题的质量过程网络,为了保持技术上的一致性和可行性,同样可采用集成智能诊断研究中使用的人工智能技术,开发神经网络技术与专家系统相结合的集成智能控制方案来监控具有正态分布或非正态分布特性的过程均值和波动。同时分析神经网络控制方案的三种性能标准（平均运行长度、分类的正确率、平均运行长度曲线）,根据变化趋势预测未来样本点的状况,揭示存在的长期的周期性漂移,以此为依据制定改进措施,将过程网络控制在应有的水平上。此时的神经网络训练采用监控学习算法,即在给定的输入下按照网络实际输出和期望输出的差距调整内部神经元连接的权重或强度。

2.6　SMN 质量管理基础

2.6.1　SMN 的节点质量行为框架模型

SMN 的节点质量行为是节点能力差异情况下对价值模块质量合作的直接反映,是节点能力选择行为以及节点能力合作行为的综合表现,是研究 SMN 质量管理的基础问题。为此,冯良清（2012）提出了能力差异的 SMN 节点质量行为框架,包括基础能力优势节点的适应性质量协作、竞争能力优势节点的合约化质量协调、核心能力优势节点的模块化质量协同。该质量行为框架模型如图 2.8 所示。

1）SMN 的适应性质量协作

从符合性质量观到适用性质量观,体现为站在组织的立场以及顾客的立场分析质量管理行为的合理性。具有基础能力优势的 SMN 节点,其质量行为首先是建立在自身能力的基础上满足顾客的需求,即需要同时从组织单元的自身能力及顾客的立场分析。同时,基础能力优势节点具备与其他节点合作的能力,可

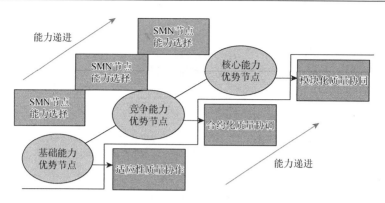

图 2.8　能力差异的 SMN 节点质量行为框架模型（冯良清，2012）

以为服务模块集成商提供满足顾客效用价值的基本服务能力，从合作行为的角度看，其服务能力的提供是基本能力的分工与再集合过程，因此，基础能力优势节点的质量行为是适应性质量协作行为。企业的适应性质量管理行为是企业在制定和执行质量战略时，根据企业面对的资源、产品、消费者以及质量环境的整体变化，灵活变通地运用质量策略、方法和实践经验，贯彻"随品制宜"以及"随机制宜"的管理思想（王卉，2000）。SMN 节点的适应性质量协作行为观点延续了符合性质量与适用性质量的理念，以节点的能力约束为基本条件，在模块单元质量损失、质量成本最小化的基础上满足价值模块节点间的服务能力需求及顾客质量标准，即"适应性"体现为对节点能力变化的适应、顾客需求变化的适应以及损失最小的适应，在此基础上提高节点服务质量改进水平。

　　2）SMN 的合约化质量协调

　　从合约经济学理论的角度看，所有市场交易都是一种合约，质量是一种合约关系。王海燕（2005）提出了合约化质量概念，认为质量是一种由供应方将满足某种约定要求的产品在约定时间内的所有权或使用权让渡给另一方的承诺而形成的合约关系。从符合性质量、适用性质量到满意性质量，经历了技术标准、经济标准与心理标准对质量的衡量，合约化质量则是在合同（合约）约束下的主观质量，评判标准需要技术、经济与心理标准的有效结合，质量成本是合约化质量的关键因素（毛景立和王建国，2009）。由于有竞争优势的 SMN 节点同时具有一般能力和特殊能力，从行为人有限理性的角度为节点主观性质量行为提供了空间，具有信息不对称的特点。有竞争优势的 SMN 节点间的能力合作是一种委托代理关系，合约化质量通过质量合同的设计，应用博弈论与信息经济学解决信息不对称问题，达到能力合作的质量协调效果，即有竞争优势的 SMN 节点质量行为是合约化质量协调。质量合同的设计、履行与改进过程是 SMN 节点服务质量的形成过程，这是一个模块化服务提供过程中能力合作的不断博弈过程。

3）SMN 的模块化质量协同

SMN 中有核心能力优势的节点在能力合作中具有很强的特殊能力，且硬能力和软能力在结构上具有高度协同性。有核心能力优势节点模块化质量协同有两个方面的含义：从博弈理论的角度看，节点能力的强强联合使模块节点由合同约束下的非合作博弈演化为自适应的合作博弈；从协同学角度看，各节点的合作形成了模块化服务组织，模块化组织之间界面清晰，各模块的质量参数的设计、提升与改进是模块化组织服务质量序参量的运动过程，模块质量是 SMN 整体服务质量及模块化服务质量的控制参量，模块之间形成了自适应的质量协同自组织网络。对这一自组织网络，依据朗之万方程及力学原理，构建模块化质量系统的协同演化及运动轨迹模型，拟合的结果呈现出系统的平衡态与非平衡态，由此提出模块化质量协同管理对策（冯良清等，2015）。

2.6.2　SMN 质量管理技术与方法

1）SMN 质量管理过程建模技术与方法

在 SMN 质量管理过程中，运用过程建模的技术与方法，可以解决给定的质量问题或者找到有效的杠杆以改变或优化给定的行为（Lorenz and Jost，2006）。过程建模的技术与方法有设计结构矩阵（design structure matrix，DSM）方法、IDEF0 方法、关键路径法（critical path method，CPM）、佩特里网（Petri net，PN）建模方法、基于方程的建模（equation-based modeling，EBM）以及基于智能体的建模（agent-based modeling，ABM）方法等。常用的技术与方法主要包括以下两个方面。

（1）基于复杂适应系统的建模技术与方法。由于 SMN 质量管理过程在时间和空间上都具有分布式活动的特征，并且可以被视为复杂的，因此采用一种受复杂性范式影响的建模仿真方法——ABM 方法，结合基于 Agent 的复杂适应系统（complex adaptive system，CAS）理论，来处理复杂系统中每个参与者的行为（Nilsson and Darley，2006）。ABM 的一般形式是多智能体系统（multi-agent system，MAS），MAS 可以在 SMN 中组建具有分布、自主特点的实体模型（王雯和傅卫平，2010），通过 Swarm 或 Proteus 等仿真平台来对影响质量管理过程的因素进行分析。

（2）基于离散时间系统的建模技术与方法。佩特里网是一种适用于离散、异步/同步、并发系统的离散事件仿真（discrete event simulation，DES）建模方法，它可以认为是一个"事件机器"，即当输入事件时，会生成一组复合事件（中间事件和最终事件），并显示它们之间的因果关系。在 SMN 的质量管理过程中，佩特里网可以制定事件规则并分析事件之间的因果关系，提取重要事件并对其进行实时响应，同时又有能力主动监控事件发展，通过模拟决策来实行质量管控。为了实现佩特里网模型，可以使用着色佩特里网（colored Petri net，CPN）工具以仿真进行灵敏度分析，通过改变特定的事件参数，如事件解决时间，我们可以找出质量管理绩效的影响因素并提出改进方案（Liu et al.，2007）。

2）SMN 节点能力选择技术与方法

（1）SMN 节点能力选择评价方法，有模糊层次综合评价（fuzzy comprehensive evaluation，FCE）法、多目标优化模型、灰色评价方法、数据包络分析（data envelopment analysis，DEA）法、应用模糊数学、层次分析、可拓综合评价方法等。考虑到在 SMN 中，价值模块节点及服务提供商的服务能力是关键，其能力的评价既有客观要求，又有主观依赖，且影响因素较多，冯良清和马卫（2011）借助可拓理论提出一种 SMN 价值模块节点选择的可拓综合评价方法，采用必须满足的属性要求来确定可行解域，降低了待选集维数，减少了计算量，再通过模糊群决策方法确定指标权重，并改进关联函数，寻求最优解，解决了在构建模型中存在的对指标的模糊主观判断问题，进而解决价值模块节点的选择问题。

（2）SMN 节点关系决策方法，有模糊决策法、群决策法、多方案决策法、多目标决策质量功能展开方法等。质量功能展开是一种解决 SMN 服务需求的不确定性及其节点质量行为匹配性的有效途径，质量功能展开过程是通过"质量屋"（house of quality，HOQ）来完成的，首先进行顾客需求的收集和整理，建立需求数据库并获取"顾客声音"（voice of customer，VOC），再通过 VOC 分析以及数据挖掘技术，将需求数据分解为"需求指标"，通过质量规划将其逐步展开为各个"质量特性"，然后在各个环节，建立起一系列质量措施评价指标，最终依据权重做出最后的决策（冯良清，2012）；为了对各模块节点服务能力进行有效整合，还可以采用熵权法确定服务需求重要度，集成熵权法与多维质量功能展开（multi-dimension quality function deployment，MQFD）的方法进行评价，以解决节点服务能力的差异性与节点质量行为不易匹配的问题（冯良清等，2019）。

3）SMN 质量追溯控制技术与方法

实现对生产制造产品的质量追溯控制是 SMN 质量管理的一个重要环节。对于制造产品过程中的质量检验数据，需要进行实时收集和整理，并通过聚类分析对质量数据进行分组。聚类后的质量数据与工艺参数、控制参数等制造过程大数据进行关联分析，进而实现对质量问题根源的追溯；同时可以采用自适应神经网络模糊推理系统（adaptive neural-fuzzy inference systems，ANFIS）建立质量数据与质量问题的映射关系，以根据质量参数预测分析制造产品的质量，再运用遗传算法（genetic algorithm，GA）识别并实时调整影响产品质量的工艺和控制参数，进而实现对质量问题的实时与自适应控制（任杉等，2018）。

2.7　本 章 小 结

本章主要对 SMN 模块化质量管理的相关理论及作者前期研究基础进行了梳理，包括网络组织与模块化理论、SMN 的模块化结构、质量管理理论的发展、供应链质量管理基础、虚拟企业质量管理基础和 SMN 质量管理基础等方面的内容。首先，从四个维度定义了网络组织的内涵，总结了传统供应链（产品供应链）、虚拟企业（动态供应链）和 SMN（混合供应链）的概念演变过程；其次，提出 SMN 模块化理论，从产品、服务和组织模块化的概念，延伸到产品服务系统模块化，最终提出 SMN 模块化，即 SMN 是服务型制造模式下的网络组织形态，为顾客提供产品服务系统；再次，拓展了质量管理理论的发展，包括质量的内涵与演进、模块化质量的提出以及质量管理的发展过程；最后，对供应链质量管理基础、虚拟企业质量管理基础和 SMN 质量管理基础的相关理论进行了梳理。本章为本书第 3~10 章 SMN 质量管理的研究提供了理论基础。

第3章　服务型制造网络模块化质量影响机理

由第 2 章的分析可知，SMN 是一种新的网络组织，对 SMN 模块进行质量管理的研究，首先应该厘清该网络组织中 PSM、SPM 以及 CUM 对质量的影响机理。本章在理论假设的基础上构建了 SMN 模块化质量影响的结构方程模型，对各模块之间的关系进行探讨，分析其作用机制，揭示 SMN 模块化质量影响效应，从实证的角度分析模块间质量的影响及其不同价值模块质量在 SMN 中的作用关系，以帮助服务型制造企业提升竞争力。

3.1　SMN 模块化质量影响因素分析

3.1.1　SMN 价值模块节点间的作用关系

SMN 与传统制造模式的区别主要体现在对服务价值的关注以及基于价值模块的能力优势进行的质量任务分工上。SMN 将不同的质量任务分配给合适的价值模块节点企业，可以实现不同模块间的资源共享及优势互补，提高网络的整体质量水平，满足顾客的差异化需求，更好地适应市场及经济环境的变化，为网络整体发展注入源源不断的动力。

根据 SMN 的参与主体的能力差异，价值模块节点企业采用适应性质量协作、合约化质量协调、模块化质量协同等适宜的质量行为，其中，SPM 与 PSM 为核心企业服务集成模块提供配套服务，共同完成网络的质量任务，模块之间是合作、竞争并存的关系。例如，节点企业通过采取服务性生产协作的方式，在更加宽泛的领域内寻求具有相对优势的服务、知识、制造等资源，从而降低生产成本，增强生产柔性，提高生产效率；节点企业通过业务流程的协作，可生产外观个性化、技术复杂度高的产品，促使分散的制造资源进行自发聚集，从而提高 SMN 的竞争力；节点企业将自身的核心业务独自进行设计、研发和生产等，保证自身的服务、技术、制造等价值模块具有异质性，拥有长期竞争能力，为 SMN 的存在以及发展提供内部动力。

3.1.2　SMN 模块化质量影响因素

服务业与制造业之间具有关联的价值模块，通过彼此的分解与整合，将企业自身非核心、无竞争优势的模块分配给专业的节点模块企业，SMN 是在业务流程分工、工艺流程分工的背景下形成的组织模块化网络，主要包括 PSM、SPM、SIM 以及 CUM。

1. PSM 的关键影响因素

生产性服务作为其他产品中间投入的服务，是面向生产的服务，是市场化的非终端消费服务，主要包括专业服务（法律、会计）、信息和中介服务（信息技术服务）、贸易相关服务（进出口贸易、仲裁与调解）等。生产制造业为了降低自己的生产成本，提高自己的利润，出售更优质的产品，将不具有核心竞争优势的生产性服务分离外包给具有核心能力优势的专业的服务企业。基于自身的能力优势以及产品的工艺流程，生产性服务企业为制造企业提供低成本、高附加值的服务，便成为 SMN 的 PSM（亢娜，2016）。

PSM 企业主要有研发、营销、售后、物流以及外包企业等。由于 PSM 的参与企业类型较多，并且每种服务类企业的质量影响因素并不相同，分析起来十分复杂，可借鉴 Cronin Jr 等（2000）和 Olorunniwo 等（2006）对服务业生产运作特点及影响因素的研究，并结合 SMN 中生产性服务价值模块本身的运作特征，以服务质量能力、服务质量过程以及服务质量绩效来代表 PSM 的关键影响因素；而在实证分析中，研究者可以根据研究企业的具体情况，对服务质量能力、服务质量过程以及服务质量绩效三个整体的影响因素进行更具针对性的细化分析。

2. SPM 的关键影响因素

服务性生产过程使产品供应链中节点企业之间的关系由传统意义上提供零部件制造的分工协作转变为基于模块化的制造流程的合作，强化了节点企业之间的联系，如承担产品生产工艺流程某个任务环节的价值模块节点企业，不一定需要提供完整的零部件产品服务，它们只需要拥有生产工艺流程中的一部分优势环节，便可成为 SMN 中服务性生产价值模块的节点企业。

SPM 企业由从事生产、加工、装配等生产性行业的集群组成，主要为 SMN 提供生产性业务，主要有原材料供应商、零部件供应商、加工装配企业以及产品制造商等，每类企业根据自身的运作特点都有不同的影响因素，具体情况均具有复杂性。参考张根保（1997）和刘红（2001）等对制造业影响因素的研究以及竞争力评价指标体系的研究，结合 SMN 服务性生产价值模块本身的运作特征，以生产运作能力、生产运作过程以及生产运作绩效来代表服务性生产模块的关键影响因素具有通用性；同样，在实证分析中，研究者可以根据研究企业的具体情况，对生产运作能力、生产运作过程以及生产运作绩效三个整体的影响因素进行具体分析。

3. SIM 的关键影响因素

SIM 是将 PSM 和 SPM 进行集成的服务模块集成商，为最终产品的输出端。服务集成模块企业是 SMN 的核心企业，一个具体的主导型 SMN，一般而言只有一个核心企业。服务集成模块企业将服务性生产价值模块企业以及生产性服务价值模块企业输出的产品价值进行整合，输出最终面向顾客的"产品＋服务"集成的产品服务系统。

SIM 企业输出的产品价值直接决定了该产品在同类产品中的竞争优势，决定了整个 SMN 的竞争能力。参考刘益和李垣（1998）及朱芸（2004）等对企业综合竞争能力以及产品异质性的分析，结合 SMN 的 SIM 本身的运作特征，本书提出以下三个具有通用性的能够反映 SIM 质量水平的关键影响因素：竞争优势、品牌效应、产品特色。

4. CUM 的关键影响因素

相较于传统企业提供的单一的有形产品和无形服务来说，服务型制造企业为顾客提供的是产品服务包。顾客参与到产品的生产流程中，可以帮助企业充分了解顾客的个性化需求，从而为顾客提供个性化的定制服务。

李刚等（2009）在对 SMN 创造价值的运行模式进行研究时，指出 SMN 通过将质量任务基于模块企业的能力优势进行分工，可实现不同模块企业间分散资源的整合；顾客的参与使得顾客的角色转变为合作生产与监督者，有利于网络对顾客个性化需求以及潜在需求进行准确把握，从而进行精准的市场定位，输出满足顾客需求的个性化的产品与服务。对 SMN 而言，顾客的参与有助于市场定位，准确把握顾客的需求，并进一步挖掘顾客的潜在需求，从而拓展自己的业务范围，既避免了盲目生产造成的浪费，又可以提升应对市场变化的能力；对顾客而言，全程参与可以了解产品的整个工艺流程，可及时发现产品中的隐藏问题和危害，最大限度地保护自己的消费权益。

顾客效用是指顾客在消费商品时所感受到的满足程度，CUM 反映了顾客的价值感知。对于 CUM 影响因素的确定，参考韩艳（2005）、Gronholdt 等（2000）和 Johnson 等（2001）对影响顾客忠诚因素的分析以及目前的顾客满意度模型，结合 SMN 的 CUM 本身的运作特征，本书提出以下三个具有通用性的能够反映 CUM 质量水平的关键影响因素：满意度、忠诚度以及推荐度。

3.2　SMN 模块化质量影响机理模型

3.2.1　研究假设

SMN 的主体是四个价值模块，由制造企业、服务企业的相关部门或人员以及顾客组成，主要包括 SIM、SPM、PSM 和 CUM。SMN 模块化质量是指价值模块中所有节点通过相互补充、相互协作的行为而形成的整体质量水平。为了探究四个模块之间的质量影响关系，根据 SMN 的运行特点，本节提出以下研究假设。

服务型制造模式下，服务与产品融合成为一个整体，紧密地结合在一个产品服务系统中。企业通过在产品上捆绑附加的服务价值，为顾客提供产品服务整套方案，以获得更多的利润。服务型制造是生产性服务和服务性生产过程的统一，是产品生产制造和功能实现过程的统一，因此，PSM 的质量水平与 SPM 的质量水平共同作用来影响最终的产品服务系统质量，由此本节提出假设 H1。

假设 H1：PSM 与 SPM 相互影响。

模块化的服务协作使不同价值模块的整合成为必然。SIM 是 SMN 的核心节点，是具有集成能力优势的价值模块企业，根据企业和合作企业的具体要求，对 PSM 和 SPM 进行集成，充当 SIM 节点的角色，形成面向顾客的最终价值模块，是产品生产运作过程的最终载体。SIM 作为生产过程的最终载体，为顾客生产产品和提供服务，PSM 相当于 SIM 的服务系统。因此，PSM 的质量水平直接影响到 SIM 的质量水平，由此本节提出假设 H2。

假设 H2：PSM 对 SIM 有正向影响。

同理，SPM 相当于 SIM 的产品系统。因此，SPM 的质量水平的高低也将直接影响到 SIM 的质量水平，由此本节提出假设 H3。

假设 H3：SPM 对 SIM 有正向影响。

在 SMN 中，不同模块之间的关系不再是传统的竞争关系，而是基于共生需求的协作关系。制造型企业集团与服务型企业集团形成价值模块化的利益聚合，为顾客提供个性化、便捷、高效的产品服务体系，实现利益最大化。为了满足顾客的个性化需求、最大化顾客感知价值，产品开发、设计、生产和装配过程都需要顾客高度参与。服务的生产和消费的同时性，决定了顾客必须高度参与 SMN 的各个环节。顾客主动参与由制造企业和服务企业组成的产品服务系统生产过程，使顾客从被动的接受者变成主动生产者。因此，产品的生产过程、服务过程和最终产品的输出都对顾客效用水平有正向影响，由此本节提出假设 H4、假设 H5 和假设 H6。

假设 H4：PSM 对 CUM 有正向影响。

假设 H5：SPM 对 CUM 有正向影响。

假设 H6：SIM 对 CUM 有正向影响。

3.2.2 模型提出

考虑到 SMN 价值模块节点企业影响因素的繁杂性，而且服务与质量的效用水平多由顾客的价值感知决定，其无法用数字来直接衡量；不同价值模块间质量的传递效应，靠普通的公式推理无法测度。结构方程模型（structural equation modeling，SEM）是一种建立、估计和检验因果关系模型的方法，能清晰地分析单项指标对总体的作用和单项指标间的相互关系，SMN 模块间的质量影响符合结构方程模型的逻辑原理，因此，本章采用结构方程模型方法建立模型进行研究。相关假设是结构方程模型分析的重要内容，根据上文的研究，将 3.2.1 节中所提到的假设进行汇总，如表 3.1 所示。

表 3.1 模型研究假设汇总

标号	研究假设	预期符号
H1	PSM 与 SPM 相互影响	+
H2	PSM 对 SIM 有正向影响	+
H3	SPM 对 SIM 有正向影响	+
H4	PSM 对 CUM 有正向影响	+
H5	SPM 对 CUM 有正向影响	+
H6	SIM 对 CUM 有正向影响	+

为了方便研究，对 SMN 各价值模块分别设置其质量水平的测量指标，具体指标设置如下：对于 PSM，测量指标为服务质量能力（service quality ability，SQA）、服务质量过程（service quality process，SQP）、服务质量绩效（service quality performance，SQPE）（Cronin Jr et al.，2000；Olorunniwo et al.，2006）。对于 SPM，测量指标为生产运作能力（production operation ability，POA）、生产运作过程（production operation process，POP）、生产运作绩效（production operation performance，POPE）（张根保，1997；刘红，2001）。对于 SIM，测量指标为竞争优势（competitive advantage，CA）、产品特色（product features，PF）、品牌效应（brand effect，BE）（刘益和李垣，1998；朱芸，2004）；对于 CUM，测量指标为满意度（customer satisfaction，CS）、忠诚度（customer loyalty，CL）和推荐度

（customer recommendation，CR）（韩艳，2005；Gronholdt et al.，2000；Johnson et al.，2001），根据 3.2.1 节中的研究假设，得到 SMN 模块化质量影响机理的初始结构方程模型，其中 e_1～e_{14} 表示残差变量，如图 3.1 所示。

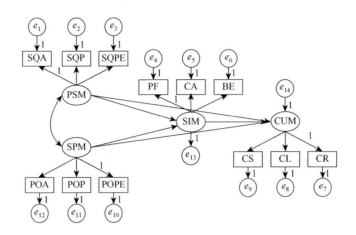

图 3.1　SMN 模块化质量影响机理模型

3.3　实　证　分　析

3.3.1　某支配型 SMN 概况

支配型 SMN 是指合作企业通过为核心企业提供配套的生产制造流程、业务流程或服务流程等模块功能，与核心企业实现协作的组织方式。A 公司是一家集客车产品研发、制造与销售为一体的大型现代化制造企业，拥有世界规模领先、工艺技术先进的客车生产基地、国家认定技术中心，完整的产品链涵盖客运、公交、旅游、企事业班车、校车、新能源、专用客车等，是单厂规模大、工艺技术条件先进的大中型客车生产基地（何川和王宇，2016），其生产运营模式符合服务型制造模式的特点，该公司于 2022 年入选工业和信息化部第四批服务型制造示范企业名单。

考虑到实际的合作网络非常庞大、复杂性强，为了研究方便，本节以 A 公司为主导企业的支配型 SMN 为实例，选择部分模块对该 SMN 模块化质量影响进行实证分析。简化后的网络组织结构为：PSM 主要是指物流服务公司、售后服务部门；SPM 主要是指部分零部件供应商；A 公司则是网络中的 SIM，对不同产品、服务进行整合，输出最终具有竞争力的个性化产品；CUM 则是指该 SMN 的消费者群体，其结构如图 3.2 所示。

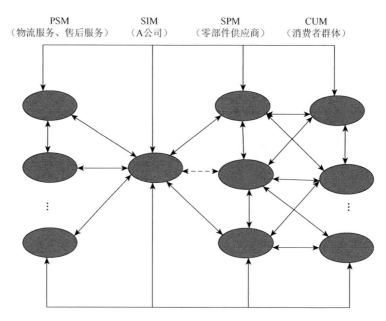

图 3.2 以 A 公司为主导企业的支配型 SMN 结构模型图

3.3.2 研究设计与数据选取

本节研究以 A 公司（SIM）为研究的具体对象，设计相应的调查问卷。通过 A 公司对其他价值模块企业的了解，间接地对其他模块企业的实际情况做出客观评价，从而对该 SMN 模块化质量的影响机理进行研究。

本节研究通过问卷调查的方式获取研究数据。量表设计是在 SMN 服务质量概念模型的基础上，通过标准的设计流程得到的。在设计中，尝试在现有的指标上使用成熟的指标；如果没有成熟的指标，在现有文献的基础上，结合实地访谈获得的信息，建立测量指标数据库。根据各变量的内容效度，细化相关指标，逐步剔除不合格项，采用利克特 5 点量表对问题进行测量。主要运用 SPSS 软件对数据的信度和效度进行检验，运用 AMOS 软件对模型的结构优度进行检验，在满足相关检验的基础上进行实证分析，探讨 SMN 模块化质量的直接影响效应和间接影响效应，并进一步得出相关结论及建议。

为了提高问卷的准确性，我们根据相应指标的特点，设置了相应的问题，最后取相应题项的平均分作为最终得分。问卷共发放两次，分为初始问卷和正式问卷。190 名员工参与了初始问卷测试，回收了 148 份问卷，回收率为 78%。对初始问卷数据进行信度和效度分析，剔除不合理的题项，并将剩余题项用探索性因子进行归类，最终形成正式问卷，以便开展下一次正式研究。问卷通过问卷星官方网站设计，通过网络发送给填写问卷的员工和部门领导。正式问卷发放的链接地址为：https://sojump.com/jq/11347741.aspx。正式问卷的量表设计如表 3.2 所示。

表 3.2　正式问卷的量表设计

因子		测量项目
a：PSM	a1：SQA	a11：员工从业年限
		a12：职能部门布置合理
		a13：服务设备先进
	a2：SQP	a21：团队协作配合好
		a22：与顾客沟通通畅
		a23：回答问题及订单响应及时
	a3：SQPE	a31：顾客投诉次数
		a32：顾客收到的货品完好
		a33：服务性价比高
b：SPM	b1：POA	b11：人员技能熟练
		b12：生产设备先进
		b13：资金运转正常
	b2：POP	b21：生产具有柔性
		b22：生产过程能得到很好的控制
		b23：生产故障率低且能很快恢复
	b3：POPE	b31：产品合格率
		b32：产品市场占有率
c：SIM		c1：本公司产品和同类产品相比具有明显的竞争优势（价格、服务、质量等）
		c2：本公司产品得到顾客的认可，口碑很好
		c3：本公司产品特色明显，有很高的辨识度
d：CUM		d1：顾客对本公司的产品很满意
		d2：顾客愿意回购本公司产品
		d3：顾客会很乐意将本公司的产品推荐给身边的人

正式文件共发放 300 份，回收问卷 256 份，剔除不合格问卷后，剩余问卷

229 份, 有效回收率为 76%。我们对问卷数据进行统计, 从样本的人口统计学特征描述性统计来看, 问卷样本人口统计学特征变量的分布呈现出金字塔式的分布, 比较符合企业人才分布的规律。样本数据的高级管理人员、一般管理人员及基层人员的占比为 7.9%、30.1%及 62%, 符合一般情况下企业人员分布的结构特点。因此, 该调查问卷所获样本的数据结构是比较合理的, 避免了单一化。

3.3.3　数据分析与检验

调查问卷的数据的真实性、内容和结构的有效性是展开抽样调查分析的基础, 一般采用数据的信度分析与检验、效度分析与检验来对调查问卷的真实性与有效性进行评价分析。

1. 数据的信度分析与检验

信度是指问卷数据的可信程度, 又称为可靠性, 检验结果主要体现数据的一致性、稳定性、再现性等特征。我们运用 SPSS 16.0 中的信度分析对量表的信度进行检验, 分析结果见表 3.3。

表 3.3　信度分析

变量	测量指标	克龙巴赫 α 系数	整体克龙巴赫 α 系数
PSM	SQA SQP SQPE	0.891	0.912
SPM	POA POP POPE	0.893	
SIM	CA BE PF	0.880	
CUM	CS CL CR	0.885	

对整个量表的信度分析表明, 整体克龙巴赫 α 系数为 0.912, 表明该量表具有较高的信度。各分量表信度分析结果表明 PSM、SPM、SIM、CUM 四个潜变量的信度克龙巴赫 α 系数值分别为 0.891、0.893、0.880、0.885, 均满足大于 0.70 的要求, 因此, 该量表具有较高的可靠性。

2. 效度分析与检验

一般从内容效度和结构效度两个方面来评定问卷的效度。本章主要运用因子分析法对问卷的结构效度进行了考察，并通过 Bartlett 球形检验观测值和检验统计量 KMO（Kaiser-Meyer-Olkin）值来验证。结果表明，Bartlett 球形检验为1894，显著性概率 P 接近于 0，KMO 值为 0.876＞0.5，因此比较适合进行因子分析。

由表 3.4 所示的旋转后的载荷矩阵可以看出，SQA、SQP、SQPE 三个测量指标归属于因子 PSM；POA、POP、POPE 三个测量指标归属于因子 SPM；CA、BE、PF 三个测量指标归属于因子 SIM；CS、CL、CR 三个测量指标归属于因子 CUM。因子划分与理论模型吻合，可见量表的结构效度较优，进一步分析如下。

表 3.4　旋转后的载荷矩阵

测量项目	因子			
	PSM	SPM	SIM	CUM
SQA	0.872			
SQP	0.830			
SQPE	0.860			
POA		0.851		
POP		0.810		
POPE		0.817		
CA			0.779	
BE			0.838	
PF			0.896	
CS				0.797
CL				0.831
CR				0.818

由表 3.5 的数据可以看出，各因子的载荷值均满足大于 0.5 的标准，各题项的因子载荷（即 KMO）均大于 0.7。因此，本章所采用的量表具有很好的构建效度，样本项的归类比较合理。

表 3.5　各变量的因子分析量表

价值模块	题项	因子载荷	KMO	Bartlett 球形检验	P
PSM	SQA	0.788	0.742	398.948	0.000
	SQP	0.833			
	SQPE	0.844			

续表

价值模块	题项	因子载荷	KMO	Bartlett 球形检验	P
SPM	POA	0.793	0.743	405.373	0.000
	POP	0.851			
	POPE	0.829			
SIM	CA	0.774	0.732	368.199	0.000
	BE	0.845			
	PF	0.800			
CUM	CS	0.829	0.745	374.556	0.000
	CL	0.799			
	CR	0.810			

3.3.4　模型分析与检验

将问卷调查所得数据导入 SPSS 16.0 软件, 利用 AMOS 22.0 软件对 SMN 服务质量的结构方程模型进行研究, 得到完整的模型路径图, 结果如图 3.3 所示。

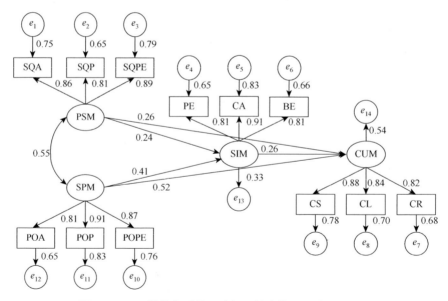

图 3.3　SMN 模块化质量影响机理的结构方程模型路径图

1. 适配度分析

在适配度分析方面, 运用 AMOS 22.0 软件对原始数据进行处理, 采用最大似然法对模型进行拟合，并采用合适的方法对模型进行修改。由输出结果可知，$\chi^2 = 93.132$，df = 48，在 12 个适配度指标中，卡方自由度比（χ^2/df）、近似均方根误差（root mean square error of approximation，RMSEA）、拟合优度指数（goodness-of-fit index，GFI）、期望交叉验证指数（expected cross-validation index，ECVI）、赤池信息量准则（Akaike information criterion，AIC）、简约规范拟合指数（parsimonious normed fit index，PNFI）、简约比较拟合指数（parsimony comparative fit index，PCFI）、增量拟合指数（incremental fit index，IFI）、Tucker-Lewis 指数（Tucker-Lewis index，TLI）、比较拟合指数（comparative fit index，CFI）、标准拟合指数（normed fit index，NFI）等 11 个指标都是"理想"的，只有调整拟合优度指数（adjusted goodness-of-fit index，AGFI）"可接受"，这表明该结构方程通过了适配度检验，具有很好的拟合度。相关适配度分析结果如表 3.6 所示。

表 3.6　适配度分析结果

适配度指标		模型输出	评价标准（理想状态）	结论
绝对适配指数	χ^2/df	1.94	≤2	理想
	RMSEA	0.064	<0.08	理想
	GFI	0.936	≥0.90	理想
	AGFI	0.896	≥0.90	可接受
	ECVI	0.672	理论模型值小于饱和模型与独立模型	理想
简约适配指数	AIC	153.132	理论模型值小于饱和模型与独立模型	理想
	PNFI	0.692	>0.5；越大越好	理想
	PCFI	0.710	>0.5；越大越好	理想
增值适配指数	NFI	0.952	≥0.90	理想
	IFI	0.976	≥0.90	理想
	TLI	0.967	≥0.90	理想
	CFI	0.976	≥0.90	理想

2. 路径系数显著性分析

AMOS 软件输出的路径检验结果如表 3.7、表 3.8 所示。AMOS 软件默认显著性水平为 0.001，本节量表最低显著性水平为 0.003，***表示显著性水平 $P < 0.001$，在统计学意义上 $P < 0.05$ 即为具有统计学意义，因此，本量表在统计学意义上高度显著。

表 3.7 回归权重（预设模型）

变量名称	路径方向	变量名称	参数估计	检验统计量	P
SIM	←	PSM	0.201	3.205	0.001
SIM	←	SPM	0.291	4.902	***
CUM	←	SIM	0.321	3.533	***
CUM	←	PSM	0.213	2.978	0.003
CUM	←	SPM	0.397	5.572	***
SQA	←	PSM	1.000	—	—
SQP	←	PSM	0.937	14.75	***
SQPE	←	PSM	1.049	16.56	***
POA	←	SPM	0.862	14.63	***
POP	←	SPM	1.023	17.20	***
POPE	←	SPM	1.000	—	—
CA	←	SIM	1.000	—	—
BE	←	SIM	1.172	14.84	***
PF	←	SIM	1.056	13.46	***
CS	←	CUM	1.000	—	—
CL	←	CUM	0.907	15.60	***
CR	←	CUM	0.927	15.23	***

表 3.8 截距（预设模型）

变量名称	参数估计	估计参数的标准误	检验统计量	P
SQA	3.783	0.079	47.797	***
SQP	3.625	0.079	45.931	***
SQPE	3.470	0.080	43.298	***
POA	3.032	0.080	38.098	***
POP	2.976	0.083	35.710	***
POPE	2.811	0.087	32.465	***
CA	2.834	0.067	42.181	***
BE	2.961	0.070	42.562	***
PF	2.799	0.070	39.761	***
CS	3.218	0.078	41.169	***
CL	3.026	0.075	40.339	***
CR	2.991	0.078	38.330	***

3. 模型修正

模型的拟合结果表明,本章所建立的结构方程模型已经较为理想。为了使模型更加优化,以下利用修正指数(modification index,MI)尝试进一步修正模型。

由表 3.9 可以看出,模型需要修正的关系均为残差之间或残差与潜变量之间的关系。而在现实中,验证残差与残差或潜变量之间的关系没有实际意义。考虑到模型本身的各项指标已经达到或接近理想状态,因此不再对模型进行修正。

表 3.9 模型修正指数汇总

因素			修正指数	期望参数改变量
e_{12}	↔	PSM	6.144	−0.117
e_{12}	↔	e_{14}	4.652	0.079
e_9	↔	SPM	6.181	−0.116
e_5	↔	e_9	11.690	−0.107
e_6	↔	e_9	4.947	0.079
e_3	↔	e_4	4.796	−0.078
e_2	↔	e_8	4.069	0.062
e_{11}	↔	e_{14}	6.890	−0.090
e_{10}	↔	e_3	4.284	0.065
e_7	↔	e_4	10.919	0.113

3.3.5 结论与管理启示

本节总结分析了前面路径图中的路径系数,得出了相关结论,如表 3.10 和表 3.11 所示。在此基础上,得出 SMN 模块化质量管理启示。

表 3.10 潜变量和测量变量之间的路径系数

模型			标准化路径系数
PSM	→	SQA	0.86
	→	SQP	0.81
	→	SQPE	0.89
SPM	→	POA	0.81
	→	POP	0.91
	→	POPE	0.87

续表

模型			标准化路径系数
SIM	→	CA	0.91
	→	BE	0.81
	→	PF	0.81
CUM	→	CS	0.88
	→	CL	0.84
	→	CR	0.82

表 3.11　SMN 模块质量的相互影响效应汇总

模块	影响效应	模块			
		SPM	SIM	CUM	PSM
PSM	直接	0.554	0.244	0.203	—
	间接	—	—	0.063	—
	全部	0.554	0.244	0.266	—
SPM	直接	—	0.406	0.416	0.554
	间接	—	—	0.106	—
	全部	—	0.406	0.522	0.554
SIM	直接	—	—	0.260	—
	间接	—	—	—	—
	全部	—	—	0.260	—

1. 实证研究结论

根据表 3.11，各假设检验的结果如表 3.12 所示，得到如下结论。

表 3.12　各假设检验结果汇总

模型路径			影响系数	是否通过验证	结论
PSM	↔	SPM	0.554	√	PSM 与 SPM 相互影响
PSM	→	SIM	0.244	√	PSM 对 SIM 有正向影响
SPM	→	SIM	0.406	√	SPM 对 SIM 有正向影响
PSM	→	CUM	0.266	√	PSM 对 CUM 有正向影响
SPM	→	CUM	0.522	√	SPM 对 CUM 有正向影响
SIM	→	CUM	0.260	√	SIM 对 CUM 有正向影响

结论 1：原假设 H1 到假设 H6，均通过了假设检验，说明原理论模型的构建得到验证和支持，具有一定的现实意义。

PSM 与 SPM 之间的交互效应为 0.554，通过检验，且在整个结构方程的路径上，其影响效应最为显著，由此得到结论 2。

结论 2：在 SMN 中，服务企业和制造企业不再是独立的个体，而是相互渗透到一个产品服务体系中。产品质量水平和服务质量水平相互依托，共同决定了企业消费者对产品的价值感知。

PSM 对 SPM、SIM、CUM 的总影响系数分别为 0.554、0.244、0.266，均具有正向影响，由此得到结论 3。

结论 3：服务在 SMN 的整个运营过程中起到了很重要的作用。SMN 的主导企业通过整合有形实体产品和无形价值服务，实现内外价值链各环节的增值，从而达到提升企业竞争优势的目的。

PSM 作用于 SIM 而对 CUM 的间接传递效应为 0.063，通过检验；SPM 作用在 SIM 而间接对 CUM 的影响是 0.106，通过检验，由此得到结论 4。

结论 4：在服务型制造模式下，产品服务的整个过程都会影响顾客的感知价值，这表明顾客不仅是产品的最终使用者，而且参与到整个生产过程中，顾客的角色由被动的接受者转变为主动的参与者。

PSM、SPM、SIM 对 CUM 的总影响系数分别为 0.266、0.522、0.260，均有正向影响，由此得到结论 5。

结论 5：在 SMN 中，顾客关注的是整个"产品＋服务"系统，而不再仅仅关注产品的实物价值，顾客的关注点发生了转变。

2. 对 SMN 质量管理的启示

（1）SMN 模块化质量管理应关注模块间的质量传递效应。从上面的数据分析可以看出，影响 SMN 模块质量的因素很多，这些因素之间有着错综复杂的关系，模块间的影响的传递效应客观存在。因此，SMN 中的价值模块企业首先要对影响顾客效用的直接因素进行控制，其次要对影响传递效应直接因素的间接因素进行分析，明确影响因素之间的相互关系及作用机理，构建 SMN 模块化质量保障机制，以增强 SMN 的整体竞争力。

（2）SMN 模块化质量管理应提升模块间的顾客服务效应。实证分析表明，服务在 SMN 中的影响越来越突出。顾客的角色从产品的被动接受者变成了整个生产过程的合作者。为了提高顾客效用、构建更高的行业壁垒、避开替代品的威胁、提高企业竞争力，价值模块企业在关注商品价值的同时，更应该关注对顾客服务价值的提升。

3.4　本　章　小　结

SMN 是能力需求导向的模块化服务网络,该网络中包含 PSM、SPM、SIM 和 CUM,共同完成服务型制造的价值模块功能。通过分析,本章构建了模块化质量影响机理的初始结构方程模型,明确了具体作用机制:PSM 和 SPM 之间存在显著的质量交互作用,PSM 和 SPM 与 SIM 和 CUM 之间都存在显著的正向影响,SIM 和 CUM 之间存在显著的正向影响。其中,PSM 与 SPM 之间的相互作用效果最为明显。研究结论可以帮助 SMN 中的相关企业更好地理解各价值模块之间的相互作用关系及其模块化质量的影响机理。本章的研究从实证的角度为本书第 4~10 章的 SMN 质量管理相关研究提供了实践基础。

第4章 服务型制造网络模块化质量行为识别

由第 3 章的分析研究可知，SMN 中各价值模块之间存在相互作用关系，在此基础上，需考虑不同模块的质量行为。本章将建立识别 SMN 模块化服务质量行为关键性的评价指标体系，应用熵权法及 MQFD，从 PSM、SPM 及 CUM 三个维度，提出基于行为与熵权的多维质量屋关键性度量模型，求解关键度，为各模块服务质量传递关系和影响程度的确定提供依据，对 SMN 中主导企业的模块化质量行为识别具有较好的参考价值（冯良清等，2019）。

4.1 问题的提出

SMN 是服务型制造模式下的新型网络组织，是制造业和服务业融合发展过程中，在服务需求及服务能力的驱动下，由制造企业、服务企业的相关部门或人员以及顾客组成的价值模块节点单元构成的一种能力与需求合作网络（孙林岩，2009；冯良清，2012）。其质量管理问题与传统企业质量管理及其他网络组织的质量管理存在差异性。行为科学理论表明，质量行为是行为人对质量方面的行为反应，受行为人的有限理性、情感意识等影响。SMN 模块化质量行为是 SMN 中模块化服务组织单元基于自身能力的差异性与环境变化匹配的服务质量规律性反应，具体表现为服务模块集成商或服务模块提供商对服务质量水平的提供、改进及控制的相关策略（冯良清，2012）。SMN 模块节点的质量行为随其能力差异及质量需求的变化而变化，行为的变化对最终服务质量具有关键影响。因此，有必要识别 SMN 中各价值模块节点的质量行为，即通过度量 SMN 模块化服务质量行为的关键性，识别节点质量行为对服务质量的关键影响程度。

度量评价节点质量行为关键性，主要是对相关的服务需求指标与质量行为的关联进行综合评价。目前国内外关于多指标综合评价的方法很多，例如，层次分析（analytic hierarchy process，AHP）法、信息熵（information entropy，IE）法、主成分分析（principal component analysis，PCA）法、TOPSIS、灰色评价（grey evaluation，GE）法、DEA 等。以上方法有各自的优点，例如，AHP 法能够有效地综合测度决策者的判断和比较（Tavana et al.，2016）；信息熵法可根据各指标间的相关关系或各指标值的变异程度来确定权数，避免了人为因素带来的偏差（Park and Choi，2015）；DEA 法排除了很多主观因素，具有很强的客观性（Tajbakhsh and

Hassini，2015）。但是由于 SMN 服务需求的不确定性及其节点质量行为的匹配性，以上各种评价方法难以满足 SMN 节点质量行为关键性评价的要求。相关研究表明 QFD 方法是解决不确定性与匹配性问题的有效途径，如 Raharjo 等（2011）在 QFD 的框架下较好地解决了顾客需求的动态性问题；Yousefie 等（2011）利用 QFD 方法来进行管理工具的选择，并通过实例验证了模型匹配的实用性。基于此，本书结合 SMN 节点质量行为的相关特征及要求，采用 QFD 方法来进行研究。但考虑到在 SMN 中各模块节点服务能力的差异性，应用传统 QFD 方法难以对各模块节点服务能力进行有效整合。为了创造令人满意的质量，各模块节点既要充分发挥自身优势，又要避免采取不擅长的质量行为，这就需要对传统的 QFD 方法进行扩展。Liu 和 Zhang（2011）在供应商选择过程中用熵权法计算指标权重，展示了熵权法在确定指标权重方面的有效性，因而本书采用熵权法确定服务需求重要度，集成熵权法与 MQFD 方法来度量评价 SMN 节点质量行为关键性。通过 MQFD 较好地实现服务能力需求与节点质量行为的匹配，以解决由服务需求的不确定性以及节点服务能力的差异性导致服务需求与节点质量行为不易匹配的问题，从而识别 SMN 节点的模块化质量行为，以更好地为主导企业及相关节点的质量决策提供参考。

4.2　基于 MQFD 的 SMN 节点质量行为关键性度量方法

4.2.1　MQFD 模型构建

QFD 是一种结构化的产品规划与开发方法，该方法能够使开发小组清楚地确定顾客的要求，可以对所开发的产品或服务的水平根据其对满足顾客要求的影响进行系统的评价。

参考 MQFD（王颜新和李向阳，2009）对传统的 QFD 方法的扩展，这里从三个维度构建 SMN 质量行为的 MQFD 模型，三个维度分别为：①质量代理向量维，根据 SMN 模块节点间的相互关系，其质量代理为各服务模块提供商，即 SPM、PSM、CUM；②服务能力需求维，即 SMN 的模块集成商对服务模块提供商的服务能力要求；③质量行为参数维，SMN 节点质量行为参数需要根据模块节点的服务能力要求进行设计。MQFD 模型需要建立 SMN 模块节点的服务能力需求，对关键的质量行为参数进行决策。因此，每个质量代理均可形成基于服务能力与质量行为的关联矩阵，构建系列平面质量屋。对于包含 SPM、PSM、CUM 三类质量代理维度的 SMN，其节点质量行为的质量屋矩阵关系如图 4.1 所示。

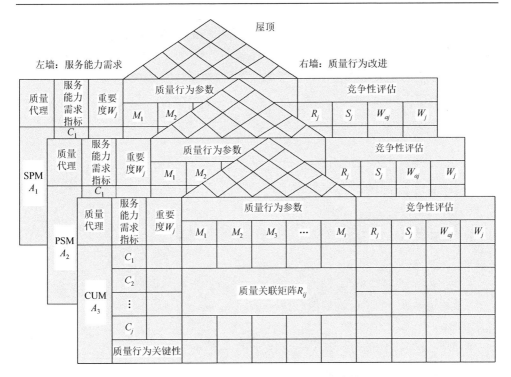

图 4.1 SMN 节点质量行为 MQFD 模型

4.2.2 基于熵权法的 SMN 服务能力需求重要度确定

根据信息论的基本原理，信息是系统有序程度的一个度量，而熵是系统无序程度的一个度量。若系统可能处于多种不同的状态，而每种状态出现的概率为 $p_i(i=1,2,\cdots,m)$ ，则该系统的熵就定义为（章穗等，2010）

$$e = -\sum_{i=1}^{m} p_i \times \ln p_i \qquad (4.1)$$

显然，当 $p_i = 1/m(i=1,2,\cdots,m)$ 时，即各种状态出现的概率相同时，熵取最大值为 $e_{\max} = \ln m$ 。现有 m 个待评项目、n 个评价指标，形成原始评价矩阵 $R = (r_{ij})_{m \times n}$ ，对于某个指标 r_j 有信息熵：

$$e_j = -k\sum_{i=1}^{m} p_{ij} \times \ln p_{ij}, \quad p_{ij} = r_{ij} \bigg/ \sum_{i=1}^{m} r_{ij} \qquad (4.2)$$

从信息熵的公式可以看出：如果某个指标的熵值 e_j 越小，说明指标值的变异程度越大，提供的信息量越多，在综合评价中该指标起的作用越大，则赋予较大的权重；反之，则赋予较小的权重。所以在具体应用时，可根据各指标值的变异程度，利用熵值来计算各指标的熵权，利用各指标的熵权对所有的指标进行加权。应用该方法时，需综合考虑指标的重要性和信息量来确定各指标的最终权重。现有 m 个待评项目、n 个评价指标，形成原始数据矩阵 $R = (r_{ij})_{m \times n}$ ：

$$R = \begin{bmatrix} r_{11} & r_{12} & \cdots & r_{1n} \\ r_{21} & r_{22} & \cdots & r_{2n} \\ \vdots & \vdots & & \vdots \\ r_{m1} & r_{m2} & \cdots & r_{mn} \end{bmatrix}$$

式中，r_{ij} 为第 j 个指标下第 i 个项目的评价值。

求各指标值权重的过程如下。

（1）计算第 j 个指标下第 i 个项目的指标值的比重：

$$p_{ij} = r_{ij} \Big/ \sum_{i=1}^{m} r_{ij} \tag{4.3}$$

（2）计算第 j 个指标的熵值：

$$e_j = -\frac{1}{\ln m} \sum_{i=1}^{m} p_{ij} \times \ln p_{ij} \tag{4.4}$$

（3）计算第 j 个指标的熵权：

$$w_j = (1 - e_j) \Big/ \sum_{j=1}^{m} (1 - e_j) \tag{4.5}$$

4.2.3　SMN 节点质量行为关键性度量过程

参考群决策理论，将 SMN 质量行为关键性评价规则定义为一个三元组（A，P，K）（王颜新和李向阳，2009）。其中，$A = (A_1, A_2, \cdots, A_m)$ 为质量代理的集合。$K = (K_1, K_2, \cdots, K_m)$ 为各质量代理的质量行为结果集合，$P = (P_1, P_2, \cdots, P_m)$ 为对各质量代理的质量行为置信度评价集合，其中，P_i 为对应质量代理 A_i 的质量行为结果置信度函数。只考虑含有 PSM、SPM、CUM 三类质量代理的 SMN 时，$m = 3$。

对于不同的质量代理模块，构建一系列平面质量屋，基于 MQFD 的 SMN 质量行为关键性评价主要通过多个质量屋的迭代运算，得出各质量行为参数权重，并进行置信度加权集成，从而产生一个最终的质量行为特性权重关系，根据权重大小确定质量行为的关键度。针对含有三类质量代理的 SMN，其节点质量行为关键性评价过程描述如下。

（1）能力需求与质量行为参数设置。针对 SMN 中模块化服务能力需求特性，确定其节点能力需求指标体系；根据能力需求，设置 SMN 节点质量行为特性指标。

（2）能力需求指标权重确定。用 4.2.2 节中的熵权法确定服务能力需求指标重要度 w_j，依据 QFD 的竞争性评估规则计算指标的绝对权重 W_{aj} 与相对权重 W_j。

（3）多维质量屋构建与参数设置。将服务型制造模块划分为 PSM、SPM 和 CUM，质量模块 $A = (A_1, A_2, A_3)$，构建 SMN 各模块节点的质量屋，设置关联矩阵参数。

（4）单模块节点质量行为关键性度量。依据 QFD 平面质量屋技术特性评估规则，计算得到单模块节点质量行为绝对重要度 T_{ai} 及相对重要度 T_i、其单模块节点质量行为结果集合 $K_m = \{T_1, T_2, \cdots, T_i\}$，$m = 1, 2, 3$，以及单模块节点质量行为关键度 $K = K_m$。

（5）多模块节点质量行为关键性度量。将置信度向量 $P = (P_1, P_2, P_3)^{\mathrm{T}}$ 作为权重，对多质量代理模块的结果 $K = (K_1, K_2, K_3)$ 进行加权集成，根据式（4.6）得到综合关键度：

$$K' = \sum_{m=1}^{3} P_m \times K_m \qquad (4.6)$$

4.3　SMN 质量行为关键性度量方法的实证分析

4.3.1　某制造企业为主导的 SMN 能力需求指标体系

本节分析某制造企业为主导的 SMN，其服务能力需求与各合作单位之间的质量行为的协调关系。这里的合作单位具体指：零部件外包供应商（SPM）、第三方物流承包商（PSM）、CUM（顾客参与）。主导企业即服务集成商模块，合作企业即服务提供商模块。对于整个 SMN 的质量控制，需要建立一套以服务能力需求为导向，以质量行为特性为参数的指标体系。本节参考相关文献（冯良清和马卫，2011）给出 SMN 节点服务能力需求指标体系，如表 4.1 所示。

表 4.1　SMN 节点服务能力需求指标体系

模块化服务能力需求			指标说明
一级	二级	三级	
SMN 模块化服务能力	基础服务能力	服务投诉率	合格率、服务态度不满意等的投诉
		管理体系	ISO 9001、ISO 14000 等认证情况
		价格竞争优势	对服务售价的低成本优势
		成本费用利用率	对间接成本、交易成本等的节约率
		服务柔性	适应批量变化、突发情况、市场需求变化的响应能力

续表

模块化服务能力需求			指标说明
一级	二级	三级	
SMN 模块化服务能力	创新服务能力	服务创新回报率	服务创新增值与总收入之比
		服务创新投入率	服务创新经费与总投入之比
		低碳技术应用水平	服务流程的节能降污染水平
		低碳服务项目比率	低碳服务项目与所有项目之比
	协同服务能力	服务模块标准化率	服务项目模块化运行标准化程度
		信息化水平	与节点企业信息化建设兼容情况
		战略目标兼容性	与节点战略目标的一致性程度
		组织文化兼容性	与节点企业文化的匹配性
	顾客服务能力	顾客参与程度	顾客参与产品质量维护过程的积极性
		顾客文化层次	顾客个人素质、知识水平达到的高度
		顾客质量意识	顾客具有的质量思维能力
		顾客沟通能力	顾客语言表达和过程协调能力
		顾客信息反馈	顾客体验产品后的质量信息反馈

4.3.2　服务能力需求为导向的 SMN 质量行为特性指标确立

SMN 是一种基于能力差异的组织形式，不同类型的价值模块节点根据自身能力的特性，相互组成合作关系。SMN 价值模块节点能力客观上存在层次性差异，即服务模块集成商、服务性生产模块提供商、生产性服务模块提供商等各类节点企业存在基础能力优势、竞争能力优势及核心能力优势三种情况，节点能力的差异决定了其质量行为决策的不同，针对三种不同的能力差异将分别采用三类对应质量行为，即适应性质量协作、合约化质量协调、模块化质量协同。三类不同的质量行为如表 4.2 所示。

表 4.2　质量行为指标

质量行为											
适应性质量协作				合约化质量协调				模块化质量协同			
质量意识培训	质量体系建设	流程再造	转包生产	合同设计	合同监督	合同激励	风险合作	信息平台建设	并行质量工程	标准化工程	集成联盟

4.3.3　确定需求指标权重

1. 熵权法确定需求重要度

为了简化研究，本节仅考虑一个包含 SPM、PSM、CUM 三个模块的 SMN，共设计了 18 项服务能力需求,而各项服务能力对整个 SMN 的重要程度是不同的，并采用熵权法来量化各服务模块能力需求。设计一个 $m \times n$ 的矩阵，其中设 $m = 3$，$n = 18$，评价指标对应服务能力需求，待决策方案对应三个不同的模块。矩阵用 R 表示，矩阵中对应的第 i 个评价对象在指标 j 上的值为 r_{ij}，为了确保各服务能力需求重要度的准确性,各指标值 r_{ij} 为该主导企业内的 10 位专家打分的平均分，每位专家打分值为 $0 \sim 10$ 的数值。设 18 项服务能力需求指标用字母分别表示为 $(C_1, C_2, C_3, \cdots, C_{17}, C_{18})$；三个质量代理模块 (A_1, A_2, A_3) 分别表示 PSM、SPM、CUM。专家打分的原始矩阵关系如下：

$$R = \begin{bmatrix} 8.1 & 6.1 & 9.3 & 7.2 & 9.7 & 9.1 & 6.6 & 4.3 & 4.1 & 6.2 & 9.4 & 7.2 & 5.7 & 5.9 & 5.3 & 5.8 & 5.8 & 5.6 \\ 5.6 & 8.5 & 7.6 & 9.6 & 7.2 & 6.9 & 9.4 & 8.5 & 8.2 & 8.4 & 7.1 & 9.1 & 7.9 & 4.4 & 6.1 & 6.3 & 6.8 & 4.3 \\ 4.7 & 4.6 & 4.1 & 3.8 & 2.9 & 4.5 & 4.1 & 5.2 & 5.7 & 4.8 & 3.6 & 5.5 & 4.3 & 7.6 & 7.4 & 7.8 & 8.2 & 8.6 \end{bmatrix}$$

根据式（4.3）可计算出第 j 个指标下第 i 个项目的指标值的比重 p_{ij} 如表 4.3 所示。

表 4.3　各指标的指标值比重 p_{ij}

p_{ij}	C_1	C_2	C_3	C_4	C_5	C_6	C_7	C_8	C_9
A_1	0.440	0.317	0.443	0.350	0.489	0.444	0.328	0.239	0.228
A_2	0.304	0.443	0.362	0.466	0.364	0.337	0.468	0.472	0.456
A_3	0.256	0.240	0.195	0.184	0.147	0.219	0.204	0.289	0.316
p_{ij}	C_{10}	C_{11}	C_{12}	C_{13}	C_{14}	C_{15}	C_{16}	C_{17}	C_{18}
A_1	0.319	0.468	0.330	0.298	0.330	0.282	0.291	0.279	0.302
A_2	0.433	0.353	0.417	0.414	0.246	0.324	0.317	0.327	0.232
A_3	0.248	0.179	0.253	0.288	0.424	0.394	0.392	0.394	0.466

根据式（4.4）计算出第 j 个指标的熵值 e_j，所得的熵值如表 4.4 所示。

表 4.4 各指标的熵值 e_j

指标	C_1	C_2	C_3	C_4	C_5	C_6	C_7	C_8	C_9
熵值	0.975	0.971	0.953	0.941	0.910	0.964	0.951	0.960	0.984
指标	C_{10}	C_{11}	C_{12}	C_{13}	C_{14}	C_{15}	C_{16}	C_{17}	C_{18}
熵值	0.976	0.938	0.981	0.987	0.978	0.991	0.992	0.991	0.962

根据式（4.5）计算出第 j 个指标的熵权 w_j，所得的熵权如表 4.5 所示。

表 4.5 各指标的熵权 w_j

指标	C_1	C_2	C_3	C_4	C_5	C_6	C_7	C_8	C_9
熵权	0.042	0.049	0.079	0.099	0.151	0.061	0.082	0.067	0.027
指标	C_{10}	C_{11}	C_{12}	C_{13}	C_{14}	C_{15}	C_{16}	C_{17}	C_{18}
熵权	0.040	0.104	0.032	0.022	0.037	0.015	0.013	0.015	0.064

2. 计算需求指标权重

影响需求指标权重的因素有：需求指标的重要度 w_j、改进比例 R_j、质量特性点 S_j，其中 R_j 为目标水平与现有标准的比值，目标水平、现有标准及 S_j 同样由该主导企业的 10 位专家评判后给出，依据 $W_{aj} = w_j \times R_j \times S_j$ 计算确定绝对权重，进而确定相对权重，如表 4.6 所示。

表 4.6 各需求指标的权重

模块化服务能力需求			重要度 w_j	现有标准	目标水平	改进比例 R_j	质量特性点 S_j	绝对权重 W_{aj}	相对权重 W_j
一级	二级	三级							
SMN模块化服务能力	基础服务能力	服务投诉率	0.042	4	5	1.25	C	0.063	3.65
		管理体系	0.049	3	4	1.33	B	0.085	4.92
		价格竞争优势	0.079	4	5	1.25	C	0.119	6.89
		成本费用利用率	0.099	3	4	1.33	B	0.171	9.91
		服务柔性	0.151	3	4	1.33	B	0.267	15.47
	创新服务能力	服务创新回报率	0.061	3	4	1.33	B	0.105	6.08
		服务创新投入率	0.082	3	4	1.33	B	0.142	8.23
		低碳技术应用水平	0.067	4	5	1.25	C	0.100	5.79
		低碳服务项目比率	0.027	4	4	1		0.027	1.56

续表

模块化服务能力需求			重要度 w_j	现有标准	目标水平	改进比例 R_j	质量特性点 S_j	绝对权重 W_{aj}	相对权重 W_j
一级	二级	三级							
SMN 模块化服务能力	协同服务能力	服务模块标准化率	0.040	3	5	1.67	A	0.100	5.79
		信息化水平	0.104	3	5	1.67	A	0.260	15.06
		战略目标兼容性	0.032	3	4	1.33	B	0.055	3.19
		组织文化兼容性	0.022	4	4	1		0.022	1.27
	顾客服务能力	顾客参与程度	0.037	3	4	1.33	B	0.064	3.71
		顾客文化层次	0.015	3	3	1		0.015	0.87
		顾客质量意识	0.013	4	5	1.25	C	0.020	1.16
		顾客沟通能力	0.015	4	4	1		0.015	0.87
		顾客信息反馈	0.064	4	5	1.25	C	0.096	5.56

注：对于质量特性点一栏，A 为 1.5；B 为 1.3；C 为 1.2，空白为 1。

4.3.4　传统 QFD 方法的 SMN 节点质量屋构建

采用传统 QFD 方法对上述数据进行处理，将产生 12×18 的关系矩阵。如图 4.2 所示，服务能力需求与质量行为参数的关系用◎表示强相关，○表示相关，△表示弱相关。屋顶表示出了各质量行为之间的相互关系，这种关系表现为三种形式：无关系、正相关和负相关。屋顶中的内容不需要计算，一般只是用⊕表示正相关，用符号⊖表示负相关，标注到质量屋顶的相应项上，作为确定各质量行为关键性的参考信息，计算质量行为特性重要度。

4.3.5　MQFD 方法的 SMN 节点质量屋构建

采用 MQFD 模型，过程模拟数据如图 4.3 所示。设计质量代理{SPM，PSM，CUM}，针对每一个质量代理模块设置质量屋矩阵，在 18 项服务能力需求中，有 13 项与服务性生产质量代理相关，10 项与生产性服务质量代理匹配相关，7 项与顾客效用质量代理匹配相关，最终可以得到三个简化的质量屋。在三个质量代理并行求解后，利用 MQFD 中的集成加权原理处理 SMN 质量行为结果，可以提升质量行为关键性度量的准确性。

4.3.6　SMN 节点质量行为关键度确定

由传统的 QFD，得到各质量行为特性参数的重要度，并计算其相对重要度，

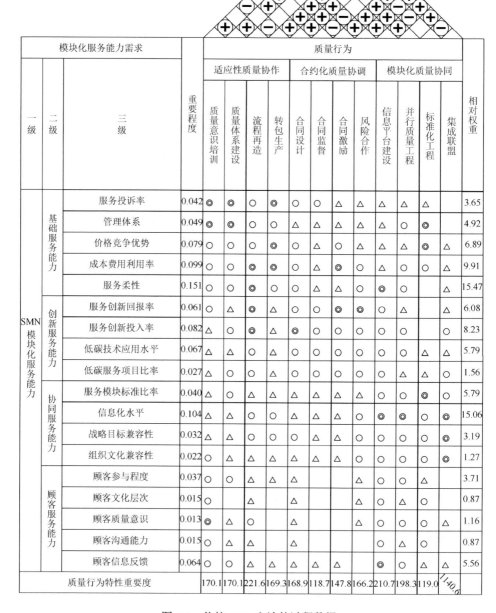

图 4.2　传统 QFD 方法的过程数据

对应关系中，◎为强相关；○为相关；△为弱相关

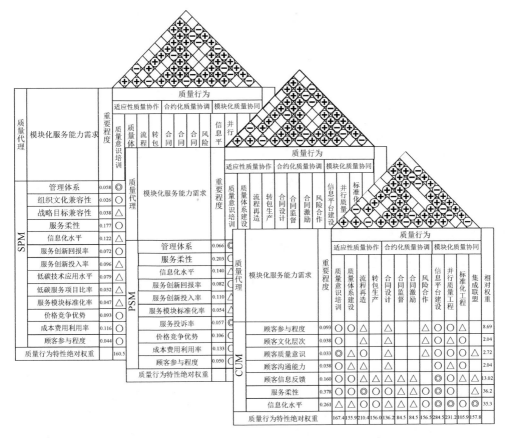

图 4.3　MQFD 过程模拟数据

取三位有效小数值，可得到一个 3×4 的矩阵，代表 12 项质量行为特性的重要度值，即质量行为关键度值 K：

$$K = \begin{bmatrix} 0.085 & 0.085 & 0.111 & 0.085 \\ 0.085 & 0.059 & 0.074 & 0.083 \\ 0.106 & 0.099 & 0.060 & 0.070 \end{bmatrix} \qquad (4.7)$$

由式（4.7）可见：多个参数的关联水平相近或相等，其质量行为关键度区别不明显，采用 MQFD，根据相同的计算方法，可得 SPM、PSM、CUM 所对应的各项质量行为关键度矩阵结果 K_m，$m = 1$，2，3，如下所示：

$$K_1 = \begin{bmatrix} 0.078 & 0.083 & 0.113 & 0.089 \\ 0.085 & 0.059 & 0.077 & 0.089 \\ 0.102 & 0.098 & 0.060 & 0.069 \end{bmatrix}$$

$$K_2 = \begin{bmatrix} 0.084 & 0.088 & 0.114 & 0.094 \\ 0.083 & 0.057 & 0.074 & 0.085 \\ 0.099 & 0.095 & 0.066 & 0.061 \end{bmatrix}$$

$$K_3 = \begin{bmatrix} 0.087 & 0.081 & 0.109 & 0.081 \\ 0.071 & 0.044 & 0.044 & 0.081 \\ 0.147 & 0.120 & 0.055 & 0.082 \end{bmatrix}$$

建立各质量代理置信度评价值 $P = [4.3, 3.6, 1.7]^{T}$，由式（4.6）得到加权后的 MQFD 综合质量行为关键度矩阵 K' 如下：

$$K' = \begin{bmatrix} 0.786 & 0.811 & 1.081 & 0.859 \\ 0.802 & 0.534 & 0.672 & 0.826 \\ 1.045 & 0.967 & 0.589 & 0.656 \end{bmatrix} \tag{4.8}$$

将式（4.7）的结果与式（4.8）比较可以看出：在保留三位小数精度的情况下，式（4.7）中有多个质量行为参数的关键度值是相同的，难以区分关键重要程度，而式（4.8）中 MQFD 模型所得的矩阵结果 K' 中则不存在相同的关键度值，各项质量行为参数的优先级区分较明显，便于 SMN 做出有效的行为决策，提高质量效果。

4.4　本 章 小 结

本章针对 SMN 中 SPM、PSM、CUM 确定了三类模块的服务能力需求指标，改进了传统的 QFD 方法，建立了 MQFD 理论模型，并面向各模块构建平面质量屋，通过构造质量行为关键性指标体系的可能分布，建立评价矩阵。将定性指标与定量指标规范化处理，用熵权法确定服务能力需求重要度，用 QFD 方法确定指标的相对权重，通过加权质量代理置信度集成多维质量屋的求解结果，得到 SMN 节点质量行为的关键度参数。研究结果对服务型制造企业的质量提升具有较好的参考价值，为第 5 章研究 SMN 模块化质量属性识别、第 6 章分析 SMN 模块化质量协同演化提供依据。

SMN 节点质量行为的关键程度及合作协同性程度都将影响最终的产品和服务质量，第 8 章还将对 SMN 节点的质量行为效率、质量行为结构、质量行为机制等问题进行探索。此外，本章仅考虑了包含三个模块的简化模型，SMN 所涉及的模块数量庞大，存在知识与资源的时空异构性，第 10 章将进一步研究数字化赋能背景下的 SMN 模块化质量管理问题。

第5章　服务型制造网络模块化质量属性识别

为了揭示顾客需求转化为 SMN 模块化质量属性的多级交互规律，解决传统质量属性权重计算忽视顾客需求和质量属性各自自相关矩阵非对称性问题，在第 4 章 SMN 模块化质量行为识别的基础上，考虑不同模块的质量属性，本章提出一种结合模糊层次分析法（fuzzy analytic hierarchy process，FAHP）、决策试验与实验评估法（decision making trial and evaluation laboratory，DEMATEL）的多模块递阶质量屋识别方法。首先，在分析 SMN 模块化质量属性的相关概念、形成过程及结构模型的基础上，提出基于多模块质量屋的 SMN 模块化质量属性关联建模方法；其次，建立 SMN 模块化质量属性的关联模型，刻画出质量特性—质量水平—质量行为三者之间的逐级映射关系，通过其网络交互性质进一步揭示质量属性的内涵本质特征；最后，以某汽车制造企业的 SMN 模块化质量属性识别为例，研究结果表明了本章所提方法的有效性（张蕾等，2023）。

5.1　SMN 模块化质量属性的形成

5.1.1　质量属性相关概念

质量属性是指产品、工艺或体系结构与要求相关联的固有属性。根据行业与个体特征差异的特点，将质量属性划分为两种品类，一种是服务品类，另一种是产品品类，各品类之间有着不同的质量属性。美国学者帕拉休拉曼（A. Parasuraman）认为服务质量属性通常表现为 5 个特征，即识别性、可信性、及时性、保证性、移情性。

（1）识别性：是指提供商或企业提供的服务存在的形式是无形的，但是却可以被识别。模块提供商在为顾客提供服务时，消费者对服务的识别能力是判断提供商服务质量水平投入高低的关键因素。

（2）可信性：是指生产性服务商或服务性生产商提供服务或产品的专业效率和功能，由于提供的服务存在的方式是无形的，感知的服务就成为顾客评判可靠性的唯一标准。

（3）及时性：是指企业或提供商及时、有效地满足消费者需求的能力。

（4）保证性：企业或提供商在提供服务的过程中，能够保证为消费者提供高效能的服务水平，并且维护消费者的财产安全。

（5）移情性：是指满足消费者精神需求的程度，更多地与企业的文化、企业宗旨、员工素养等相关。

产品的质量属性通常表现出 4 个质量特征，即技术性、安全性、可用性、经济性。

（1）技术性：是指一组产品满足固有特性的技术要求，从不同的层次，全面体现产品综合质量水平。

（2）安全性：是指产品是否符合国家认定的安全生产出厂标准，在实际操作过程中，对消费者的生命不构成威胁。

（3）可用性：又称"易用性"，其特征表现为"顾客友好性"因素的组合，它表示输入、操作、输出过程与消费者界面标准的符合程度。

（4）经济性：主要包含设计经济性、制造经济性及使用经济性；设计经济性主要有设计成本的经济性、资源的经济性及维修的经济性等；制造经济性主要包含可制造性、制造工艺性及技术先进性；使用经济性包括运行成本和调整方便性等。

本书研究的 SMN 模块化质量属性，是指 SMN 中，通过服务性生产活动（如制造过程外包、配套生产）、生产性服务（如设计、物流等业务流程外包）、顾客效用服务（如个性化定制、售后集成服务）等环节，提供满足产品或服务模块的质量特性、质量水平及质量行为要求的重要属性。

5.1.2　SMN 模块化质量属性形成过程

随着互联网与大数据技术的发展，新一代的信息技术为服务型制造带来了革命性的改变，平台功能不断注入信息技术和服务思想，使物理世界的制造资源能够与信息世界的资源实现全面互联互通，信息技术正成为产品本身无法分割的一部分（Porter and Heppelmann，2015）。新信息技术不仅带来了新的产品和服务，同时也提高了先前产品与服务的效率，实现了新模式的价值增值，创造出新的产品服务系统。新信息技术对产品的制造、基于产品的服务及两者的融合过程产生了显著的影响，这些技术的特点与需求对传统产品设计和决策提出了新要求。

（1）SMN 模块化质量属性与传统质量属性设计方法的区别。传统的产品服务系统质量属性方案设计通用的设计方法为串行设计和并行设计（严建文等，2018），如图 5.1 所示。串行方法主要针对先设计产品后提供服务行为依次进行展开。并行方法主要通过实现产品属性设计活动与其他活动同时进行，压缩活动的等待时间，提高设计活动效率。而 SMN 模块化质量属性设计则是产品与服务的集成设计，它能够保证产品模块质量属性和服务模块质量属性的匹配设计合理，同时作用于顾客情感需求。因此 SMN 模块化质量属性设计必须满足产品模块与服务模块质量属性设计的一致性。集成产品与服务设计，可以确保质量属性的协同耦合效率，从而减少后期不必要的变更和工期返修所造成的经济成本损失。产品与服务质量属性的定位、匹配及交互作用，传统的两种设计方法难以处理，无法达到质量属性在其生命周期内整体性能上的最优。

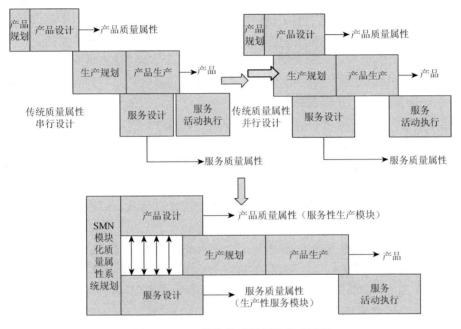

图 5.1　SMN 模块化质量属性形成过程

（2）SMN 模块化质量属性与传统质量属性设计理论的区别。传统的产品质量属性是面向产品的质量特性，更加注重的是产品物理质量特性需求，并把实现产品的功能特性作为最终的方案，SMN 为顾客提供的是"产品 + 服务"集成系统解决方案，其质量属性特征必须兼顾顾客对产品和服务的需求。为了综合推动顾客满意度向顾客忠诚度的转化，优化整个质量属性概念架构设计是关键基础。SMN 模块化质量属性融合了各模块的产品性能及服务需求所应具有的质量特性，也包含各模块提供商在生产过程或服务中所应具有的质量水平（如服务核心能力、质量创新能力等），以及提供服务的质量行为（如质量改进的努力行为及相关措施等）。

5.1.3　SMN 模块化质量属性的多元结构

根据 SMN 模块化质量的复杂程度，质量属性表现出多元性特点。鉴于单一方面的质量属性包含的信息不足以全面、深入地体现 SMN 模块化质量属性的整体特征，本书依据质量属性的不同分类，将宏观层次上的质量属性映射到微观层次上。由于 SMN 是由制造企业、服务企业以及顾客价值模块节点构成的一种复杂型先进制造与现代服务集成的现代供应链。从模块化结构来看，SMN 是由不同的子模块耦合而成的，其中主要包括 SPM、PSM 及 CUM，不同的子模块由多个"产品＋服务"集成的产品系统组成，SMN 的各个模块都具有服务的特性，其质量属性既包含各模块的产品性能及服务需求所应具有的物理质量特性，也包括各模块提供商在生产过程或服务的质量行为中所应具有的质量水平及提供服务的质量行为，每个质量属性对 SMN 模块化质量都产生关键作用。微观层面质量属性反映的是质量属性局部特性，单一地以产品质量整体的排序客观反映产品质量属性内涵本质是不全面的，其未能体现其他局部质量属性特征，将会导致微观层面质量属性信息的缺失，影响质量属性概念界定的科学性。多元质量属性是 SMN 模块化质量特征的综合体现，其多元层次的变化是影响 SMN 模块化质量的重要因素。识别多元层次结构信息对于 SMN 模块化质量属性的界定、完善质量属性在 SMN 设计质量水平方面的研究具有重要的意义。因此，必须从多因素的角度界定 SMN 模块化质量属性。

针对多元质量属性的本质特点，本书首先根据功能-运动-动作（function-movement-action，FMA）结构化分解原理对 SMN 模块化质量属性的功能谱系进行系统研究，然后将整个 SMN 模块化质量属性分解到运动的最小粒度——元动作，其具体分解过程如图 5.2 所示。

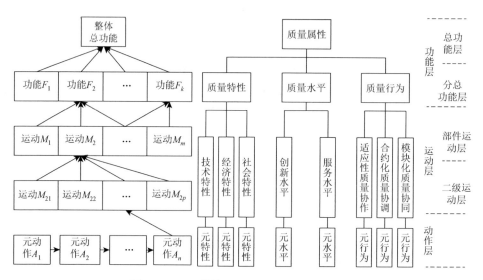

图 5.2　SMN 模块化质量属性结构分解模型

由图 5.2 可知，根据 FMA 结构化分解原理可得，SMN 模块质量属性可从模块的质量特性、质量水平和质量行为三个方面进行多元质量属性功能分解树的构建。针对二级准则层进行下一步分解，形成 SMN 模块化质量属性的多元化分解树，以综合反映 SMN 模块化质量属性的本质特征。例如，质量特性包含技术特性、经济特性和社会特性，质量水平包含创新水平和服务水平，而质量行为又可进一步划分为适应性质量协作、合约化质量协调和模块化质量协同等方面。

5.2　SMN 模块化质量属性多模块递阶质量屋模型

5.2.1　模型构建

根据 SMN 模块化质量的复杂性特点，质量属性表现出多元层次结构，其多元层次的变化是影响 SMN 模块化质量好坏的重要因素。本章以汽车产品的 SMN 模块化质量属性指标为例，在参考相关文献（张根保等，2010b，2011；冯良清等，2019）的基础上，进一步将宏观层次的质量属性映射到微观层次，对一级指标中质量特性、质量水平、质量行为进行二次细分，形成 SMN 模块化质量属性多元化分解树，以综合反映 SMN 模块化质量属性本质特征，具体结果如表 5.1所示。

表 5.1　SMN 模块化质量属性指标

一级指标	二级指标	三级指标	指标说明
质量特性 QC	技术特性	可信性 QC_1	产品的可靠性及维修服务的保障性
		安全性 QC_2	行驶中避免事故，保障行人和乘员安全的性能
		操纵性 QC_3	转向系统操纵性能和汽车转向时车身稳定性
		结构性 QC_4	装备质量的尺寸公差、系统耦合性等
	经济特性	设计经济性 QC_5	设计过程成本和消耗费用的节约水平
		制造经济性 QC_6	一般表现为可制造性、制造工艺性等
		使用经济性 QC_7	完成单位运输量所支付的最少费用
	社会特性	资源优化性 QC_8	资源在不同产业部门之间的最优使用
		设备回收性 QC_9	设备回收利用价值
		绿色性 QC_{10}	低排放、低消耗等

续表

一级指标	二级指标	三级指标	指标说明
质量水平QA	创新水平	专利申请比 QA_1	专利知识产权的申请情况
		研发投入成本 QA_2	提升新技术投入的研发成本
		新产品投入比 QA_3	新产品投入占总的投入成本比例
		低碳技术运用 QA_4	服务流程的节能降污染水平
	服务水平	服务质量 QA_5	服务投诉率及管理体系的优劣
		服务柔性 QA_6	处理突发事情的服务应急能力
		服务费用 QA_7	价格的竞争优势
		服务创新投入 QA_8	挖掘顾客需求与创新服务规则、内容成本投入
质量行为QB	适应性质量协作	质量意识培训 QB_1	对员工进行质量意识培训的力度
		质量体系建设 QB_2	建立管理体系改进各项质量管理活动
		转包生产 QB_3	模块化流程外包行为效益
	合约化质量协调	合同设计 QB_4	设计合同落实的有效性
		合同监督 QB_5	监督措施安排实施情况
		合同激励 QB_6	激励措施安排实施情况
	模块化质量协同	信息平台建设 QB_7	利用现代信息技术支撑品牌运营管理能力
		并行质量工程 QB_8	产品设计与制造,保障过程设计的综合能力
		集成联盟 QB_9	形成复杂网络合作联盟集体

相比传统的产品特性及服务特性,SMN 各模块的质量特性集成了两者的特点,其质量特性除了包含产品的技术需求指标外,还应包含人的需求指标,其更具复杂性和高维性,人的因素对质量的影响将更加明显。通过对文献的梳理及调查分析,从顾客效用价值角度将顾客需求拆分为三个层面:经济需求、技术需求、环境需求,其中经济需求二次细分为维修成本(CR_1)和购买成本(CR_2);技术需求二次细分为操作方便(CR_3)、安全可靠(CR_4)、运行故障(CR_5)、驾驶舒适(CR_6)、运行速度(CR_7)、维修技术(CR_8)、使用寿命(CR_9)和外形美观(CR_{10});环境需求二次细分为节能省油(CR_{11})和运行噪声(CR_{12})。

公理化设计理论是一种常用的结构化设计方法,在公理化设计域的结构中,可以通过建立评价设计指标以及支持相关指标的工具来改善设计活动。借助公理化设计中的划分及相关概念,通过构建"顾客需求-质量特性""质量特性-质量水平""质量水平-质量行为"多级质量屋，提出了 SMN 模块化质量属性多模块递阶质量屋模型，实现了顾客需求到质量属性设计参数的逐级转换，具体如图 5.3 所示。

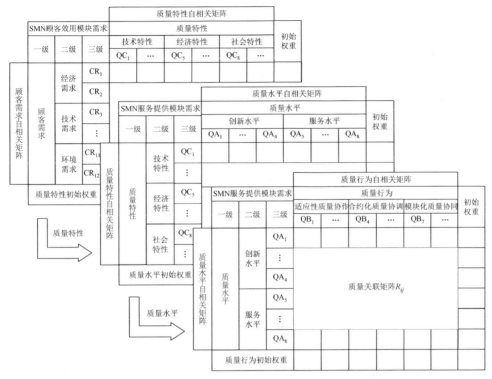

图 5.3　SMN 模块化质量属性多模块递阶质量屋模型

SMN 通过 CUM、PSM、SPM 等价值模块之间的分解和整合，使整个系统形成新的架构特征。根据服务生产需求可将 SMN 整合为 CUM 和服务提供模块，其中服务提供模块包含 PSM 和 SPM。在图 5.3 中，通过以顾客需求为输入变量，依次构建 SMN 模块化质量属性多模块递阶质量屋模型，刻画多维模块化质量协同交互规律。第一个质量屋起始于顾客需求，主要是将顾客需求转化为产品的质量特性功能参数，质量关联矩阵表达为"顾客需求-质量特性"一级质量屋；第二个质量屋承接质量特性功能特征，主要是将质量特性转化为质量水平功能参数，质量关联矩阵表达为"质量特性-质量水平"二级质量屋；第三个质量屋承接质量水平功能特征，主要是将质量水平转化为质量行为功能参数，质量关联矩阵表达为"质量水平-质量行为"三级质量屋。质量屋的逐级映射关系是根据顾客需求与 SMN 模块化质量属性需求间的网络动态交互关系实现的，通过分析不同设计域中评价指标之间的关联标度，可以进一步明确质量屋相关质量属性之间是否存在映射关系以及映射关系的强弱。

5.2.2　模型计算

1. 计算方法

目前关于质量属性权重计算方法的研究，传统的方法是针对产品质量特性层级展开，结合定性与定量的方法进行识别，另一类识别方法是通过对顾客需求逐层展开的质量功能展开方法。传统 QFD 常通过矩阵运算的方法计算功能需求重要度，缺少系统的建模方法（Wang，2012；张英芝等，2016），分析顾客需求和功能需求自身的自相关矩阵，传统主观直接评价方法认为其相关关系是对称的，忽视了顾客需求和功能需求自身自相关矩阵的非对称性问题，也无法分析各因素之间的相关关系。DEMATEL 是一种运用图论与矩阵工具分析元素间逻辑关系的方法，可以直接反映各因素间影响与被影响关系的强弱。DEMATEL 既可以分析因素间的因果关系，也可以计算直接关系矩阵，使计算结果更加客观，可以作为处理顾客需求自相关矩阵与质量特性自相关矩阵的方法，如采用 DEMATEL 分析因素间的因果关系并对其进行因果分类（Tsai et al.，2016；Govindan et al.，2016），采用 DEMATEL 对系统因素的影响关系进行分析（Sangaiah et al.，2017），并根据分析结果确定各因素的重要度排序。王增强等（2013）考虑了质量特性间对称的自相关关系获取质量特性重要度，但质量特性的关系是非对称的。朱春艳等（2012）采用 DEMATEL 分析顾客需求自相关关系，而在产品服务设计阶段，顾客需求自相关关系和质量特性需求自相关关系是同时存在的，且都为非对称的。Ignatius 等（2016）建立了模糊分析网络方法-质量功能展开（analytic network approach and quality function deployment，ANP-QFD）模型计算质量特性重要度，其认为顾客需求与功能需求各自的自相关关系是对称的，但在实际过程中该关系一般都是非对称的。

上述对质量属性权重计算方法的相关研究，对于解决包含模块间组织行为质量特性、多模块产品质量特性以及多模块服务质量特性的 SMN 模块化质量属性识别问题仍存在一定的局限性：①传统的质量属性是面向产品的质量特性，更加注重的是产品物理特性需求，并把实现产品的功能特性作为最终方案，SMN 向顾客提供的是"产品＋服务"集成系统解决方案，其质量属性特征必须涵盖顾客对产品和服务的需求；②关于质量属性权重的计算，以上研究考虑了质量属性的多维性和自相关性，但忽视了多维 SMN 模块质量协同交互性和顾客需求、质量属性各自自相关矩阵非对称性问题。因此，本书提出基于 FAHP-DEMATEL 的多模块递阶质量屋模型，揭示多维模块化质量协同交互规律，运用模糊 DEMATEL 方法和模糊层次分析法-质量功能展开（fuzzy analytic hierarchy process and quality function deployment，FAHP-QFD）方法解决顾客需求和质量属性各自自相关矩阵非对称性问题，获取 SMN 模块化质量属性初始权重，并根据权重的大小识别关键质量属性。

2. 计算步骤

FAHP 与传统 AHP 方法的主要区别在于判断矩阵是由 1～9 的标度构成的非单一实数，将 FAHP 引入质量屋中，既可以考虑到顾客需求内部的相关关系，同时也可以克服传统层次分析法中人的模糊判断、选择、偏好对结果的影响。为了充分考虑顾客需求、质量特性、质量水平、质量行为各自自相关矩阵的非对称性问题，将模糊 DEMATEL 方法引入质量属性权重计算中，以顾客需求为输入变量，建立基于 FAHP-DEMATEL 的 SMN 多模块质量屋关联矩阵如下：

$$
W = \begin{matrix} & G & CR & QC \\ G \\ CR \\ QC \end{matrix} \begin{bmatrix} 0 & 0 & 0 \\ w^R & W_2 & W_3 \\ 0 & 0 & W_4 \end{bmatrix} \rightarrow \begin{matrix} & G & QC & QA \\ G \\ QC \\ QA \end{matrix} \begin{bmatrix} 0 & 0 & 0 \\ w^C & W_4 & W_5 \\ 0 & 0 & W_6 \end{bmatrix}
$$

$$
\rightarrow \begin{matrix} & G & QA & QB \\ G \\ QA \\ QB \end{matrix} \begin{bmatrix} 0 & 0 & 0 \\ w^A & W_6 & W_7 \\ 0 & 0 & W_8 \end{bmatrix} \tag{5.1}
$$

式中，G 为目标矩阵；w^R 为顾客需求初始权重向量；W_2 为顾客需求自相关矩阵；W_3 为顾客需求与质量特性间的质量关联矩阵；W_4 为质量特性自相关矩阵；w^C 为质量特性初始权重向量；W_5 为质量特性与质量水平间的质量关联矩阵；W_6 为质量水平自相关矩阵；w^A 为质量水平初始权重向量；W_7 为质量水平与质量行为间的质量关联矩阵；W_8 为质量行为自相关矩阵。基于 FAHP-DEMATEL 的多模块递阶质量屋关联矩阵，计算 SMN 模块化质量属性权重的具体步骤如下。

1）基于模糊 DEMATEL 的顾客需求和质量属性自相关矩阵的确定

根据问卷调查的方式获取顾客需求 $CR_i (i=1,2,\cdots,m)$，质量属性 QA_j、QB_j、$QC_j (j=1,2,\cdots,n)$，通过专家 $E_k (k=1,2,\cdots,e)$ 的三角模糊语义评价确定顾客需求自相关和质量属性自相关矩阵，其具体步骤如下。

（1）确定模糊自相关矩阵。专家根据语义评价术语，如表 5.2 所示，评价顾客需求和质量属性各自的自相关关系，利用三角模糊数标度转换法处理专家语义评价信息（冯良清和马卫，2011），得出模糊判断矩阵（fuzzy comparison matrix，FCM），进而确定初始模糊自相关矩阵 $\tilde{Z}^k$：

表 5.2　语义评价变量与三角模糊数的对应关系（一）

语义评价变量	关联度	模糊关联度
无影响	0	（1，1，3）
低度影响	1	（1，3，5）
中度影响	2	（3，5，7）
高度影响	3	（5，7，9）
极高影响	4	（7，9，9）

$$\tilde{Z}^k = \begin{bmatrix} 0 & \tilde{z}_{12}^k & \cdots & \tilde{z}_{1m}^k \\ \tilde{z}_{21}^k & 0 & \cdots & \tilde{z}_{2m}^k \\ \vdots & \vdots & & \vdots \\ \tilde{z}_{m1}^k & \tilde{z}_{m2}^k & \cdots & 0 \end{bmatrix} \tag{5.2}$$

（2）规范化冲突利益矩阵。将初始模糊自相关矩阵规范化，设 r^k 为自相关矩阵 $\tilde{Z}^k$ 中每行指标 $\tilde{z}_{ij}^k = (l_{ij}^k, g_{ij}^k, u_{ij}^k)$ 中 u_{ij}^k 和的最大值，规范化得出的矩阵 $\tilde{Y} = [\tilde{y}_{ij}]_{m \times m}$ 为

$$r^k = \max_{1 \leqslant j \leqslant m} \left(\sum_{i=1}^m u_{ij}^k \right) \tag{5.3}$$

$$\tilde{y}_{ij} = \frac{\tilde{z}_{ij}^k}{r^k} = \left(\frac{l_{ij}^k}{r^k}, \frac{g_{ij}^k}{r^k}, \frac{u_{ij}^k}{r^k} \right) \tag{5.4}$$

（3）计算模糊自相关矩阵 $\tilde{Y}$：

$$\tilde{Y} = \frac{1}{e} \otimes (\tilde{Y}^1 \oplus \tilde{Y}^2 \oplus \cdots \oplus \tilde{Y}^e) \tag{5.5}$$

式中，$\otimes$ 和 $\oplus$ 分别表示矩阵之间的乘法和加法。

（4）构建总关系矩阵 $\tilde{T}$。关系矩阵 $\tilde{T} = [\tilde{t}_{ij}]_{m \times n}$，$\tilde{t}_{ij} = (l_{ij}', g_{ij}', u_{ij}')$。为了计算模糊总关系矩阵 $\tilde{T}$，需要提前保证 $\lim\limits_{w \to \infty} \tilde{Y}^w = 0$，$\tilde{Y}^w = [y_{ij}^w]$，根据相关文献（Ignatius et al., 2016），将 $\tilde{Y}^w$ 分解为三个矩阵：$\tilde{Y}_l^w = [l_{ij}^w]$，$\tilde{Y}_m^w = [g_{ij}^w]$，$\tilde{Y}_u^w = [u_{ij}^w]$。以 $\tilde{Y}_l^w = [l_{ij}^w]$ 为例，通过证明 $\lim\limits_{w \to \infty} Y_l^w = 0$ 得出 $\lim\limits_{w \to \infty}(I + Y_l + Y_l^2 + \cdots + Y_l^w) = (I - Y_l)^{-1}$，从而得出矩阵 $[l_{ij}'] = Y_l(I - Y_l)^{-1}$。同理得出：$[g_{ij}'] = Y_g(I - Y_g)^{-1}$，$[u_{ij}'] = Y_u(I - Y_u)^{-1}$。总模糊关系矩阵 $\tilde{T}$ 为

$$\tilde{T} = \lim_{w \to \infty}(\tilde{Y} + \tilde{Y}^2 + \cdots + \tilde{Y}^w) = \tilde{Y}(I - \tilde{Y})^{-1} \tag{5.6}$$

根据肖钰和李华（2003）提出的反模糊化方法，模糊数 $w = (l, g, u)$ 的反模糊化表达为

$$w = \frac{l + 2g + u}{4} \tag{5.7}$$

（5）归一化处理：

$$t'_{ij} = \frac{t_{ij}}{\displaystyle\sum_{i=1}^{m} t_{ij}} \tag{5.8}$$

通过以上式（5.2）～式（5.8）分别建立顾客需求、质量特性、质量水平及质量行为自相关矩阵 W_2、W_4、W_6、W_8。

2）基于 FAHP-QFD 的质量属性权重向量的确定

（1）计算顾客需求权重向量。专家通过语义评价术语对质量屋中各需求指标进行评估，通过三角模糊数处理专家语义评价值，得出顾客需求 FCM，模糊集的特征是一个隶属度函数，它为每个对象分配 0～1 的隶属度等级，而不是绝对隶属度。三角模糊数 $\tilde{a}$ 可以表示为 (a^l, a^g, a^u)，其中 $0 \leqslant a^l \leqslant a^g \leqslant a^u \leqslant 1$。当 $a^l = a^g = a^u$ 时，$\tilde{a}$ 是一个精确数。三角模糊数的具体公式为

$$\mu_{\tilde{a}}(x) = \begin{cases} 0, & x < a^l \\ \dfrac{x - a^l}{a^g - a^l}, & a^l \leqslant x < a^g \\ \dfrac{a^u - x}{a^u - a^g}, & a^g \leqslant x < a^u \\ 0, & x \geqslant a^u \end{cases} \tag{5.9}$$

根据式（5.9），$\tilde{a}$ 的关系函数具体分布图如图 5.4 所示。

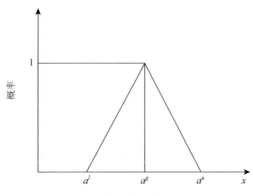

图 5.4　$\tilde{a}$ 三角函数分布图

为了实现语义评价变量向三角模糊数的转换，本节通过运用标度转换法，选取 1-3-5-7-9 比例标度将语义评价变量结果转换为由三角模糊数表达的顾客需求模糊重要度。表 5.3 显示了语义评价变量与三角模糊数的对应关系。

表 5.3 语义评价变量与三角模糊数的对应关系（二）

语义评价变量	三角模糊数	三角模糊数倒数
同等重要	(1, 1, 3)	(1/3, 1, 1)
稍微重要	(1, 3, 5)	(1/5, 1/3, 1)
重要一点	(3, 5, 7)	(1/7, 1/5, 1/3)
明显重要	(5, 7, 9)	(1/9, 1/7, 1/5)
重要得多	(7, 9, 9)	(1/9, 1/9, 1/7)

假设顾客需求间不存在自相关关系，建立顾客需求重要度的 FCM，假设专家 E_k $(k=1,2,\cdots,e)$ 给出顾客需求 CR_j 相比于 CR_i 的重要度表示为 $\tilde{a}_{ij}^k = (a_{ijl}^k, a_{ijg}^k, a_{iju}^k)$，则由专家评价得出的模糊矩阵 $\tilde{A}^k$ 为

$$\tilde{A}^k = \begin{bmatrix} 1 & (a_{12l}^k, a_{12g}^k, a_{12u}^k) & \cdots & (a_{1ml}^k, a_{1mg}^k, a_{1mu}^k) \\ (a_{21l}^k, a_{21g}^k, a_{21u}^k) & 1 & \cdots & (a_{2ml}^k, a_{2mg}^k, a_{2mu}^k) \\ \vdots & \vdots & & \vdots \\ (a_{m1l}^k, a_{m1g}^k, a_{m1u}^k) & (a_{m2l}^k, a_{m2g}^k, a_{m2u}^k) & \cdots & 1 \end{bmatrix} \tag{5.10}$$

$i \neq j$ 时，$(a_{ijl}, a_{ijg}, a_{iju}) = \left(\dfrac{1}{a_{iju}}, \dfrac{1}{a_{ijg}}, \dfrac{1}{a_{ijl}} \right)$；$i = j$ 时，$(a_{ijl}, a_{ijg}, a_{iju}) = (1,1,1)$。

计算第 k 个专家第 i 行的综合模糊值 S_i^k：

$$S_i^k = \sum_{j=1}^{m} a_{ij}^k \otimes \left[\sum_{i=1}^{m} \sum_{j=1}^{m} a_{ij}^k \right]^{-1}, \quad i=1,2,\cdots,m \tag{5.11}$$

$$\sum_{j=1}^{m} a_{ij}^k = \left(\sum_{j=1}^{m} a_{ijl}^k, \sum_{j=1}^{m} a_{ijg}^k, \sum_{j=1}^{m} a_{iju}^k \right) \tag{5.12}$$

$$\left[\sum_{i=1}^{m} \sum_{j=1}^{m} a_{ij}^k \right]^{-1} = \left(\frac{1}{\sum\limits_{i=1}^{m} \sum\limits_{j=1}^{m} a_{iju}^k}, \frac{1}{\sum\limits_{i=1}^{m} \sum\limits_{j=1}^{m} a_{ijg}^k}, \frac{1}{\sum\limits_{i=1}^{m} \sum\limits_{j=1}^{m} a_{ijl}^k} \right) \tag{5.13}$$

最后通过式（5.7）清晰化，得出顾客需求重要度 w_i，再根据以下公式计算初始权重向量 w^R：

$$w_i' = w_i \times R_i \times S_i, \quad i=1,2\cdots,m \tag{5.14}$$

$$w^R = \frac{w_i'}{\sum\limits_{i=1}^{m} w_i'} \tag{5.15}$$

式中，w_i' 为顾客需求绝对权重向量；R_i 为改进比例；S_i 表示差异化程度。

（2）确定相互之间的关联关系矩阵。专家 $E_k(k=1,2,\cdots,e)$ 对顾客需求 CR_i 与质量特性 QC_j、质量特性 QC_i 与质量水平 QA_j、质量水平 QA_i 与质量行为 QB_j 进行模糊关联评价得到 r_{ij}^k，并采用算术平均法获取群决策值，通过反模糊化公式即式（5.7）构造出清晰化矩阵 $R=[r_{ij}]$，最后按照列和为 1 进行标准化处理得出 W_3^T、W_5^T、W_7^T。

（3）计算质量特性的初始权重向量 w^C：

$$w^C = W_4 \times W_3^T \times (W_2 \times w^R) \qquad (5.16)$$

（4）计算质量水平的初始权重向量 w^A：

$$w^A = W_6 \times W_5^T \times (W_4 \times w^C) \qquad (5.17)$$

（5）计算质量行为的初始权重向量 w^B：

$$w^B = W_8 \times W_7^T \times (W_6 \times w^A) \qquad (5.18)$$

5.3　SMN 模块化质量属性识别的案例分析

5.3.1　数值分析

某汽车制造企业经过长期发展，与多家外包商及物流企业达成战略联盟，形成汽车"产品＋服务"集成一体化的 SMN。利用上述提出的 SMN 模块化质量属性识别方法对该企业主导的 SMN 模块化质量属性指标进行评价，识别关键质量属性指标，为企业选择外包价值模块节点提供评价标准，对企业优化产品结构、降低生产成本、提高生产效率具有一定的现实意义。

（1）自相关矩阵的确定。通过选取由公司技术部门、生产运营部门、企业顾问组成的专家小组 (E_1, E_2, E_3)，采用表 5.2 中的语义评价变量准则与模糊 DEMATEL 评价方法对顾客需求与质量属性各自的自相关关系进行模糊语义评价及处理，得到初始模糊自相关矩阵，见表 5.4（考虑到篇幅原因，此处只给出了顾客需求初始模糊自相关矩阵，省略了质量特性、质量水平和质量行为初始模糊自相关矩阵）。

表 5.4　顾客需求初始模糊自相关矩阵

顾客需求	专家	顾客需求					
		CR_1	CR_2	CR_3	CR_4	...	CR_{12}
CR_1	E_1	（1，1，3）	（1，3，5）	（1，3，5）	（1，1，3）	...	（1，1，3）
	E_2		（3，5，7）	（1，3，5）	（1，1，3）	...	（1，1，3）
	E_3		（1，3，5）	（1，3，5）	（1，1，3）	...	（1，1，3）

续表

顾客需求	专家	顾客需求					
		CR₁	CR₂	CR₃	CR₄	...	CR₁₂
CR₂	E_1	(3, 5, 7)	(1, 1, 3)	(1, 3, 5)	(3, 5, 7)	...	(1, 3, 5)
	E_2	(5, 7, 9)		(1, 3, 5)	(1, 3, 5)	...	(1, 3, 5)
	E_3	(5, 7, 9)		(1, 3, 5)	(1, 3, 5)	...	(3, 5, 7)
⋮	⋮	⋮	⋮	⋮	⋮	⋮	⋮
CR₁₂	E_1	(1, 1, 3)	(1, 1, 3)	(1, 1, 3)	(1, 1, 3)	...	(1, 1, 3)
	E_2	(1, 1, 3)	(1, 1, 3)	(1, 1, 3)	(1, 3, 5)	...	
	E_3	(1, 1, 3)	(1, 1, 3)	(1, 1, 3)	(1, 1, 3)	...	

根据式（5.1）～式（5.8）计算得到标准化的顾客需求与质量属性自相关矩阵 W_2、W_4、W_6、W_8，结果如下：

$$
W_2 = \begin{array}{l}
CR_1 \\ CR_2 \\ CR_3 \\ CR_4 \\ CR_5 \\ CR_6 \\ CR_7 \\ CR_8 \\ CR_9 \\ CR_{10} \\ CR_{11} \\ CR_{12}
\end{array}
\begin{bmatrix}
0.073 & 0.096 & 0.074 & 0.065 & 0.100 & 0.070 & 0.049 & 0.114 & 0.054 & 0.046 & 0.051 & 0.049 \\
0.162 & 0.098 & 0.105 & 0.119 & 0.155 & 0.141 & 0.093 & 0.143 & 0.143 & 0.060 & 0.081 & 0.093 \\
0.073 & 0.080 & 0.064 & 0.102 & 0.079 & 0.127 & 0.048 & 0.056 & 0.052 & 0.046 & 0.050 & 0.048 \\
0.120 & 0.133 & 0.100 & 0.081 & 0.175 & 0.089 & 0.055 & 0.068 & 0.061 & 0.051 & 0.056 & 0.055 \\
0.145 & 0.110 & 0.102 & 0.168 & 0.089 & 0.112 & 0.055 & 0.068 & 0.060 & 0.052 & 0.057 & 0.055 \\
0.068 & 0.080 & 0.125 & 0.089 & 0.098 & 0.066 & 0.048 & 0.055 & 0.052 & 0.046 & 0.050 & 0.048 \\
0.060 & 0.061 & 0.054 & 0.071 & 0.068 & 0.062 & 0.045 & 0.051 & 0.047 & 0.043 & 0.103 & 0.045 \\
0.141 & 0.080 & 0.060 & 0.064 & 0.106 & 0.061 & 0.048 & 0.059 & 0.052 & 0.045 & 0.050 & 0.048 \\
0.071 & 0.126 & 0.056 & 0.059 & 0.065 & 0.059 & 0.047 & 0.056 & 0.053 & 0.043 & 0.048 & 0.047 \\
0.055 & 0.067 & 0.049 & 0.052 & 0.056 & 0.051 & 0.042 & 0.048 & 0.045 & 0.039 & 0.043 & 0.042 \\
0.060 & 0.087 & 0.053 & 0.069 & 0.062 & 0.055 & 0.044 & 0.051 & 0.048 & 0.041 & 0.045 & 0.044 \\
0.059 & 0.058 & 0.053 & 0.064 & 0.097 & 0.054 & 0.043 & 0.049 & 0.046 & 0.041 & 0.045 & 0.043
\end{bmatrix}
$$

$$
W_4 = \begin{array}{l}
QC_1 \\ QC_2 \\ QC_3 \\ QC_4 \\ QC_5 \\ QC_6 \\ QC_7 \\ QC_8 \\ QC_9 \\ QC_{10}
\end{array}
\begin{bmatrix}
0.087 & 0.113 & 0.099 & 0.104 & 0.090 & 0.103 & 0.075 & 0.077 & 0.073 & 0.083 \\
0.200 & 0.149 & 0.187 & 0.204 & 0.127 & 0.235 & 0.105 & 0.105 & 0.101 & 0.114 \\
0.131 & 0.216 & 0.158 & 0.207 & 0.129 & 0.228 & 0.179 & 0.106 & 0.102 & 0.115 \\
0.190 & 0.287 & 0.259 & 0.191 & 0.212 & 0.263 & 0.126 & 0.127 & 0.155 & 0.137 \\
0.124 & 0.147 & 0.148 & 0.229 & 0.133 & 0.233 & 0.101 & 0.155 & 0.110 & 0.118 \\
0.193 & 0.243 & 0.252 & 0.270 & 0.161 & 0.180 & 0.120 & 0.119 & 0.114 & 0.152 \\
0.095 & 0.112 & 0.197 & 0.119 & 0.099 & 0.119 & 0.089 & 0.085 & 0.080 & 0.091 \\
0.116 & 0.136 & 0.136 & 0.219 & 0.211 & 0.148 & 0.098 & 0.108 & 0.099 & 0.172 \\
0.104 & 0.116 & 0.119 & 0.133 & 0.187 & 0.130 & 0.090 & 0.119 & 0.089 & 0.189 \\
0.088 & 0.098 & 0.101 & 0.109 & 0.096 & 0.104 & 0.077 & 0.119 & 0.075 & 0.088
\end{bmatrix}
$$

$$W_6 = \begin{array}{l} QA_1 \\ QA_2 \\ QA_3 \\ QA_4 \\ QA_5 \\ QA_6 \\ QA_7 \\ QA_8 \end{array} \begin{bmatrix} 0.376 & 0.652 & 0.532 & 0.336 & 0.431 & 0.429 & 0.431 & 0.372 \\ 0.522 & 0.538 & 0.598 & 0.408 & 0.463 & 0.461 & 0.463 & 0.399 \\ 0.343 & 0.585 & 0.387 & 0.331 & 0.396 & 0.394 & 0.395 & 0.341 \\ 0.318 & 0.513 & 0.358 & 0.286 & 0.373 & 0.372 & 0.373 & 0.322 \\ 0.379 & 0.481 & 0.425 & 0.352 & 0.528 & 0.663 & 0.623 & 0.507 \\ 0.362 & 0.459 & 0.406 & 0.336 & 0.608 & 0.498 & 0.579 & 0.470 \\ 0.361 & 0.458 & 0.405 & 0.335 & 0.564 & 0.620 & 0.495 & 0.468 \\ 0.383 & 0.486 & 0.429 & 0.355 & 0.683 & 0.580 & 0.686 & 0.448 \end{bmatrix}$$

$$W_8 = \begin{array}{l} QB_1 \\ QB_2 \\ QB_3 \\ QB_4 \\ QB_5 \\ QB_6 \\ QB_7 \\ QB_8 \\ QB_9 \end{array} \begin{bmatrix} 0.092 & 0.194 & 0.095 & 0.077 & 0.118 & 0.145 & 0.078 & 0.133 & 0.097 \\ 0.191 & 0.137 & 0.187 & 0.113 & 0.155 & 0.193 & 0.168 & 0.199 & 0.166 \\ 0.067 & 0.107 & 0.070 & 0.059 & 0.070 & 0.074 & 0.059 & 0.064 & 0.070 \\ 0.083 & 0.094 & 0.132 & 0.078 & 0.161 & 0.164 & 0.069 & 0.075 & 0.142 \\ 0.079 & 0.087 & 0.081 & 0.106 & 0.087 & 0.125 & 0.064 & 0.069 & 0.152 \\ 0.079 & 0.088 & 0.081 & 0.089 & 0.153 & 0.092 & 0.064 & 0.070 & 0.154 \\ 0.074 & 0.117 & 0.123 & 0.065 & 0.076 & 0.081 & 0.064 & 0.069 & 0.092 \\ 0.127 & 0.148 & 0.129 & 0.069 & 0.083 & 0.089 & 0.070 & 0.079 & 0.082 \\ 0.167 & 0.191 & 0.140 & 0.123 & 0.157 & 0.184 & 0.085 & 0.097 & 0.112 \end{bmatrix}$$

（2）权重向量的确定。针对产品和服务的设计目标，各专家采用表 5.3 中的语义评价变量准则与 FAHP-QFD 评价方法对顾客需求与质量属性间的关联关系进行模糊语义评价及处理。首先，根据式（5.9）～式（5.10）获取顾客需求的 FCM 信息。然后，利用式（5.11）～式（5.13）计算模糊权重向量，再通过式（5.7）进行反模糊化处理，最后得出顾客需求重要度 w_i，结果如表 5.5 所示。

表 5.5　顾客需求重要度向量

顾客需求	专家	顾客需求						重要度 w_i
		CR_1	CR_2	CR_3	CR_4	...	CR_{12}	
CR_1	E_1	(1, 1, 1)	(1/7, 1/5, 1/3)	(1, 1, 3)	(1/9, 1/7, 1/5)	...	(1, 3, 5)	0.048
	E_2		(1/9, 1/7, 1/5)	(1, 3, 5)	(1/9, 1/9, 1/7)	...	(3, 5, 7)	
	E_3		(1/9, 1/7, 1/5)	(1, 1, 3)	(1/9, 1/7, 1/5)	...	(1, 3, 5)	
CR_2	E_1	(3, 5, 7)	(1, 1, 1)	(3, 5, 7)	(1/5, 1/3, 1)	...	(5, 7, 9)	0.137
	E_2	(5, 7, 9)		(5, 7, 9)	(1/7, 1/5, 1/3)	...	(5, 7, 9)	
	E_3	(5, 7, 9)		(1/5, 1/3, 1)	(1/9, 1/7, 1/5)	...	(7, 9, 9)	
⋮	⋮	⋮	⋮	⋮	⋮	⋮	⋮	⋮
CR_{12}	E_1	(1/5, 1/3, 1)	(1/9, 1/7, 1/5)	(1/5, 1/3, 1)	(1/9, 1/9, 1/7)	...	(1, 1, 1)	0.022
	E_2	(1/7, 1/5, 1/3)	(1/9, 1/7, 1/5)	(1/3, 1, 1)	(1/7, 1/5, 1/3)	...		
	E_3	(1/5, 1/3, 1)	(1/9, 1/9, 1/7)	(1/5, 1/3, 1)	(1/9, 1/9, 1/7)	...		

　　为了获取顾客需求初始权重向量，计算顾客需求重要度 w_i、改进比例 R_i、差异化 S_i，再根据式（5.14）计算顾客需求绝对权重向量 w_i'，并通过式（5.15）将绝对权重向量归一化得到初始权重向量 w^R，结果如表 5.6 所示。

表 5.6　顾客需求初始权重向量

SMN 顾客效用模块需求			重要度 w_i	现有标准	目标水平	改进比例 R_i	差异化 S_i	绝对权重 w_i'	初始权重 w^R
一级	二级	三级							
顾客需求	经济需求	维修成本	0.048	4	5	1.25	C	0.072	0.051
		购买成本	0.137	3	4	1.33	B	0.237	0.167
	技术需求	操作方便	0.039	5	5	1	C	0.048	0.033
		安全可靠	0.192	4	4	1		0.192	0.135
		运行故障	0.140	3	4	1.33		0.186	0.131
		驾驶舒适	0.047	3	4	1.33	C	0.075	0.053
		运行速度	0.032	3	4	1.33		0.043	0.030
		维修技术	0.081	4	5	1.25	A	0.152	0.107
		使用寿命	0.125	3	4	1.33		0.166	0.117
		外形美观	0.013	4	5	1.25	C	0.020	0.014
	环境需求	节能省油	0.123	3	4	1.33	C	0.196	0.138
		运行噪声	0.022	3	4	1.33	C	0.035	0.025

　　注：对于差异化一栏，A 为 1.5；B 为 1.3；C 为 1.2；空格为 1。

　　各专家小组采用表 5.3 中的语义变量与 FAHP 评价方法对顾客需求与质量特性、质量特性与质量水平、质量水平与质量行为之间的关联关系矩阵进行模糊语义评价，利用算术平均法获取群决策值，通过反模糊化公式即式（5.7）构造出清晰化矩阵，最后依据列和为 1 进行标准化处理，得到各关联关系矩阵 W_3^T、W_5^T、W_7^T，结果如下所示：

$$W_3^T = \begin{array}{l} CR_1 \\ CR_2 \\ CR_3 \\ CR_4 \\ CR_5 \\ CR_6 \\ CR_7 \\ CR_8 \\ CR_9 \\ CR_{10} \\ CR_{11} \\ CR_{12} \end{array} \begin{bmatrix} 0.190 & 0.110 & 0.051 & 0.160 & 0.076 & 0.160 & 0.063 & 0.076 & 0.051 & 0.063 \\ 0.075 & 0.095 & 0.095 & 0.120 & 0.120 & 0.120 & 0.095 & 0.120 & 0.038 & 0.120 \\ 0.083 & 0.128 & 0.180 & 0.143 & 0.143 & 0.068 & 0.143 & 0.045 & 0.034 & 0.034 \\ 0.072 & 0.204 & 0.120 & 0.192 & 0.060 & 0.152 & 0.060 & 0.056 & 0.048 & 0.036 \\ 0.089 & 0.175 & 0.131 & 0.144 & 0.052 & 0.144 & 0.131 & 0.052 & 0.052 & 0.031 \\ 0.059 & 0.185 & 0.249 & 0.107 & 0.093 & 0.088 & 0.059 & 0.073 & 0.044 & 0.044 \\ 0.065 & 0.108 & 0.108 & 0.129 & 0.086 & 0.245 & 0.065 & 0.065 & 0.065 & 0.065 \\ 0.324 & 0.101 & 0.061 & 0.128 & 0.081 & 0.061 & 0.061 & 0.061 & 0.061 & 0.061 \\ 0.098 & 0.116 & 0.040 & 0.040 & 0.080 & 0.188 & 0.040 & 0.170 & 0.188 & 0.040 \\ 0.050 & 0.050 & 0.050 & 0.210 & 0.232 & 0.210 & 0.050 & 0.050 & 0.050 & 0.050 \\ 0.073 & 0.050 & 0.050 & 0.040 & 0.126 & 0.086 & 0.159 & 0.159 & 0.086 & 0.169 \\ 0.119 & 0.049 & 0.049 & 0.097 & 0.065 & 0.081 & 0.049 & 0.184 & 0.049 & 0.259 \end{bmatrix}^T$$

$$
W_5^{\mathrm{T}} =
\begin{array}{l}
QC_1 \\ QC_2 \\ QC_3 \\ QC_4 \\ QC_5 \\ QC_6 \\ QC_7 \\ QC_8 \\ QC_9 \\ QC_{10}
\end{array}
\begin{bmatrix}
0.162 & 0.162 & 0.094 & 0.038 & 0.162 & 0.205 & 0.064 & 0.111 \\
0.239 & 0.338 & 0.063 & 0.063 & 0.085 & 0.063 & 0.063 & 0.085 \\
0.130 & 0.283 & 0.098 & 0.098 & 0.098 & 0.098 & 0.098 & 0.098 \\
0.271 & 0.321 & 0.064 & 0.086 & 0.064 & 0.064 & 0.064 & 0.064 \\
0.108 & 0.171 & 0.234 & 0.162 & 0.081 & 0.081 & 0.081 & 0.081 \\
0.240 & 0.240 & 0.171 & 0.126 & 0.051 & 0.051 & 0.069 & 0.051 \\
0.106 & 0.268 & 0.183 & 0.106 & 0.106 & 0.063 & 0.063 & 0.106 \\
0.093 & 0.070 & 0.151 & 0.221 & 0.087 & 0.128 & 0.052 & 0.198 \\
0.090 & 0.090 & 0.090 & 0.120 & 0.120 & 0.220 & 0.120 & 0.150 \\
0.075 & 0.137 & 0.137 & 0.317 & 0.056 & 0.112 & 0.056 & 0.112
\end{bmatrix}^{\mathrm{T}}
$$

$$
W_7^{\mathrm{T}} =
\begin{array}{l}
QA_1 \\ QA_2 \\ QA_3 \\ QA_4 \\ QA_5 \\ QA_6 \\ QA_7 \\ QA_8
\end{array}
\begin{bmatrix}
0.182 & 0.096 & 0.043 & 0.124 & 0.144 & 0.201 & 0.043 & 0.043 & 0.124 \\
0.179 & 0.112 & 0.045 & 0.112 & 0.127 & 0.153 & 0.034 & 0.097 & 0.142 \\
0.094 & 0.115 & 0.047 & 0.115 & 0.135 & 0.156 & 0.047 & 0.135 & 0.156 \\
0.107 & 0.059 & 0.044 & 0.127 & 0.185 & 0.200 & 0.044 & 0.107 & 0.127 \\
0.153 & 0.121 & 0.163 & 0.083 & 0.096 & 0.109 & 0.134 & 0.083 & 0.058 \\
0.139 & 0.139 & 0.139 & 0.073 & 0.086 & 0.099 & 0.149 & 0.126 & 0.050 \\
0.138 & 0.113 & 0.238 & 0.075 & 0.056 & 0.056 & 0.138 & 0.094 & 0.094 \\
0.116 & 0.137 & 0.137 & 0.091 & 0.104 & 0.116 & 0.104 & 0.104 & 0.091
\end{bmatrix}^{\mathrm{T}}
$$

运用建立的 SMN 模块化质量属性多模块递阶质量屋模型，得到"顾客需求-质量特性""质量特性-质量水平""质量水平-质量行为"三级质量屋，如图 5.5、图 5.6、图 5.7 所示。再根据式（5.16）~式（5.18）计算得到质量特性的初始权重向量依次为 0.064、0.111、0.114、0.140、0.108、0.130、0.077、0.102、0.088、0.067，其中关键质量特性指标为结构性和制造经济性；质量水平的初始权重向量依次为 0.129、0.137、0.115、0.104、0.132、0.124、0.125、0.134，其中关键质量水平指标为研发投入成本和服务创新投入；质量行为的初始权重向量依次为 0.117、0.171、0.072、0.114、0.096、0.098、0.086、0.100、0.145，其中关键质量行为指标为质量体系建设和集成联盟。

根据 DEMATEL 间质量因素自相关关系可知：D_i 表示自相关矩阵第 i 行因素之和，R_i 表示自相关矩阵第 i 列因素之和，$D_i - R_i$ 为各因素的原因度，$D_i - R_i > 0$ 为原因因素，表明该因素对其他因素影响非常强，$D_i - R_i < 0$ 为结果因素，表明该因素对其他因素影响非常弱。$D_i + R_i$ 为各因素的中心度，其值越大表明两者关系越紧密。根据 $(D_i + R_i, D_i - R_i)$ 绘制的 SMN 模块化质量因素因果图，如图 5.8 所示。

			质量特性自相关矩阵W_4										
SMN顾客效用模块需求			质量特性										顾客需求初始权重
			技术特性				经济特性			社会特性			
一级	二级	三级	可信性	安全性	操纵性	结构性	设计经济性	制造经济性	使用经济性	资源优化性	设备回收性	绿色性	
顾客需求自相关矩阵W_2	顾客需求	经济需求 维修成本	0.190	0.110	0.051	0.160	0.076	0.160	0.063	0.076	0.051	0.063	0.051
		购买成本	0.075	0.095	0.095	0.120	0.120	0.120	0.095	0.120	0.038	0.120	0.167
		技术需求 操作方便	0.083	0.128	0.180	0.143	0.143	0.068	0.143	0.045	0.034	0.034	0.033
		安全可靠	0.072	0.204	0.120	0.192	0.060	0.152	0.060	0.056	0.048	0.036	0.135
		运行故障	0.089	0.175	0.131	0.144	0.131	0.144	0.131	0.052	0.052	0.031	0.131
		驾驶舒适	0.059	0.185	0.249	0.107	0.059	0.088	0.059	0.073	0.044	0.044	0.053
		运行速度	0.065	0.108	0.108	0.129	0.245	0.245	0.065	0.065	0.065	0.065	0.030
		维修技术	0.324	0.101	0.061	0.128	0.061	0.061	0.061	0.061	0.061	0.061	0.107
		使用寿命	0.098	0.116	0.040	0.040	0.188	0.188	0.040	0.170	0.188	0.040	0.117
		外形美观	0.050	0.050	0.050	0.210	0.210	0.210	0.050	0.050	0.050	0.050	0.014
		环境需求 节能省油	0.073	0.050	0.050	0.040	0.086	0.086	0.159	0.159	0.086	0.169	0.138
		运行噪声	0.119	0.049	0.049	0.097	0.065	0.081	0.049	0.184	0.049	0.259	0.025
质量特性初始权重			0.064	0.111	0.114	0.140	0.108	0.130	0.077	0.102	0.088	0.067	1.000

图 5.5 "顾客需求-质量特性"一级质量屋

			质量水平自相关矩阵W_6								
SMN服务提供模块需求			质量水平								质量特性初始权重
			创新水平				服务水平				
一级	二级	二级	专利申请比	研发投入成本	新产品投入比	低碳技术运用	服务质量	服务柔性	服务费用	服务创新投入	
质量特性自相关矩阵W_4	质量特性	技术特性 可信性	0.162	0.162	0.094	0.038	0.162	0.205	0.064	0.111	0.064
		安全性	0.239	0.338	0.063	0.063	0.085	0.063	0.063	0.085	0.111
		操纵性	0.130	0.283	0.098	0.098	0.098	0.098	0.098	0.098	0.114
		结构性	0.271	0.321	0.064	0.086	0.064	0.064	0.064	0.064	0.140
		经济特性 设计经济性	0.108	0.171	0.234	0.162	0.081	0.081	0.081	0.081	0.108
		制造经济性	0.240	0.240	0.171	0.126	0.051	0.051	0.069	0.051	0.130
		使用经济性	0.106	0.268	0.183	0.106	0.106	0.063	0.063	0.106	0.077
		社会特性 资源优化性	0.093	0.070	0.151	0.221	0.087	0.128	0.052	0.198	0.102
		设备回收性	0.090	0.090	0.090	0.120	0.120	0.220	0.120	0.150	0.088
		绿色性	0.075	0.137	0.137	0.317	0.056	0.112	0.056	0.112	0.067
质量水平初始权重			0.129	0.137	0.115	0.104	0.132	0.124	0.125	0.134	1.000

图 5.6 "质量特性-质量水平"二级质量屋

SMN服务提供模块需求			质量行为自相关矩阵 W_8									质量水平初始权重
			质量行为									
			适应性质量协作			合约化质量协调			模块化质量协同			
一级	二级	三级	质量意识培训	质量体系建设	转包生产	合同设计	合同监督	合同激励	信息平台建设	并行质量工程	集成联盟	
质量水平自相关矩阵 W_6	质量水平	创新水平										
		专利申请比	0.182	0.096	0.043	0.124	0.144	0.201	0.043	0.043	0.124	0.129
		研发投入成本	0.179	0.112	0.045	0.112	0.127	0.153	0.034	0.097	0.142	0.137
		新产品投入比	0.094	0.115	0.047	0.115	0.135	0.156	0.047	0.135	0.156	0.115
		低碳技术运用	0.107	0.059	0.044	0.127	0.185	0.200	0.044	0.107	0.127	0.104
		服务水平										
		服务质量	0.153	0.121	0.163	0.083	0.096	0.109	0.134	0.083	0.058	0.132
		服务柔性	0.139	0.139	0.139	0.073	0.086	0.099	0.149	0.126	0.050	0.124
		服务费用	0.138	0.113	0.113	0.075	0.056	0.056	0.138	0.094	0.094	0.125
		服务创新投入	0.116	0.137	0.137	0.091	0.104	0.116	0.104	0.104	0.091	0.134
质量行为初始权重			0.117	0.171	0.072	0.114	0.096	0.098	0.086	0.100	0.145	1.000

图 5.7　"质量水平-质量行为"三级质量屋

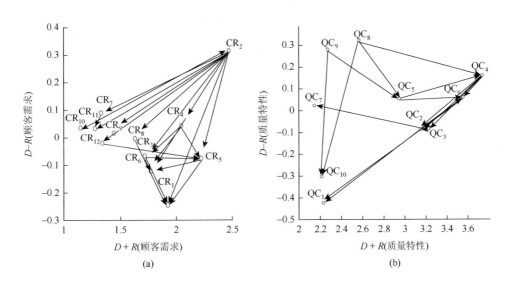

(a)　　　　　　　　　　　　　(b)

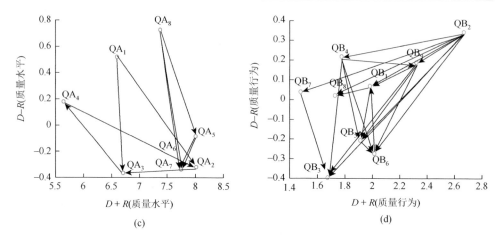

图 5.8　顾客需求与质量属性因果图

根据图 5.8 可知，在顾客需求各因素中，购买成本（CR_2）、安全可靠（CR_4）、运行速度（CR_7）、使用寿命（CR_9）、外形美观（CR_{10}）、节能省油（CR_{11}）因素原因度 $D-R>0$，属于原因因素，维修成本（CR_1）、操作方便（CR_3）、驾驶舒适（CR_6）、运行故障（CR_5）、维修技术（CR_8）、运行噪声（CR_{12}）因素原因度 $D-R<0$，属于结果因素，其中购买成本（CR_2）原因度最高，维修成本（CR_1）原因度最低。同理，也可以根据原因度的大小，分析质量特性、质量水平、质量行为的原因因素和结果因素，得到资源优化性（QC_8）、服务创新投入（QA_8）、质量体系建设（QB_2）的原因度最高，为原因因素，可信性（QC_1）、新产品投入比（QA_3）、转包生产（QB_3）的原因度最低，为结果因素。通过采用 DEMATEL 方法处理顾客需求与质量属性的自相关矩阵，可以直观展示顾客需求与质量属性因素内部的间接影响关系，提升专家决策判断的精准性。

5.3.2　与传统方法比较分析

为了进一步论证本章所提方法的有效性，本节通过对比分析几种不同方法计算得到各层次质量属性初始权重，如图 5.9 所示。图中 T_1 表示本章所提出的方法计算得出的各质量属性初始权重；T_2 表示采用 FAHP-QFD 方法计算得到的各质量属性初始权重；T_3 表示假设顾客需求、质量特性、质量水平与质量行为不存在自相关关系的情况下，采用传统 QFD 方法计算得到的各质量属性初始权重。为了清晰地比较三者之间的区别，我们将计算结果整体放大了 100 倍。

根据图 5.9 可知，本章所提方法与 FAHP-QFD 方法（T_2）相比，充分考虑了顾客需求和质量属性各自自相关矩阵非对称性条件，结果显示：结构性（QC_4）、

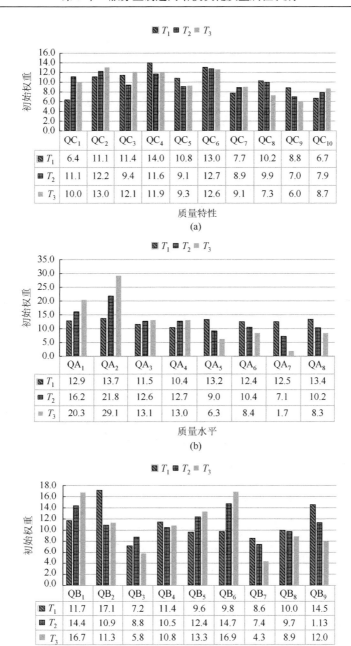

图 5.9　质量属性初始权重对比

操纵性（QC$_3$）、设备回收性（QC$_9$）、设计经济性（QC$_5$）初始权重明显增加，可信性（QC$_1$）、使用经济性（QC$_7$）、绿色性（QC$_{10}$）初始权重明显减少，这是因为使用FAHP-QFD方法处理得出的结果未能表现顾客需求和质量属性指标客观性因素的重要性，专家主观直接评价法难以对各评价指标之间的间接影响程度进行精准评估。与传统 QFD 方法（T_3）相比，FAHP-QFD 充分考虑了顾客需求和质量属性各自矩阵的自相关性条件，结果显示：资源优化性（QC_8）、设备回收性（QC_9）、结构性（QC_4）的初始权重明显提升，可信性（QC_1）、绿色性（QC_{10}）初始权重明显下降，这是因为 QC_8、QC_9、QC_4 的原因度都大于零，属于原因因素，对系统中其他因素产生的影响较大，所以权重增加，QC_1、QC_{10} 的原因度都小于零，属于结果因素，对系统其他因素产生的影响较小，所以权重减少。同理可分析质量水平、质量行为在不同方法下计算得出初始权重不同的原因，进一步说明了本章所提方法的科学性。

5.4 本 章 小 结

质量属性识别是 SMN 模块化质量管理的关键环节，本章根据 SMN 模块化质量属性复杂多维性的特点，从质量特性、质量水平、质量行为三个层面赋予了 SMN 模块化质量属性新的内涵。针对 SMN 模块化质量属性的多维协同交互性和顾客需求、质量属性各自自相关矩阵非对称性问题，提出一种基于 FAHP-DEMATEL 的多模块递阶质量屋识别方法。所提方法的特点如下。

（1）以顾客需求为输入变量，构建"顾客需求-质量特性""质量特性-质量水平""质量水平-质量行为"的 SMN 模块化质量属性多模块递阶质量屋模型，刻画了 SMN 中顾客需求模块、服务提供模块（PSM、SPM）间的模块质量协同交互特性。

（2）同时考虑了顾客需求与质量属性各自自相关矩阵非对称性问题，建立了 FAHP-DEMATEL 模型计算 SMN 模块化质量属性指标初始权重。

（3）运用模糊 DEMATEL 方法处理各模块需求间的自相关矩阵，处理结果客观地表现了顾客需求与 SMN 模块化质量属性各自内部因素的直接关系与间接关系的特征。

通过以某汽车制造企业的 SMN 模块化质量属性识别为例，将顾客需求逐级转化为 SMN 模块化质量属性设计参数，提升产业链环节与顾客之间的动态交互性，为产品创新设计、研发、服务等阶段明确质量属性需求，强化 SMN 模块节点协同合作目标，协调非必要成本支出，增强产品市场核心竞争力提供参考。

第6章　服务型制造网络模块化质量协同演化

根据第3、4、5章的分析可知，SMN各价值模块主体的质量行为形成模块化质量协同，并以改变主体协同机制或提升质量水平为主要形式进行质量改进。本章基于SMN的组织结构功能，为了便于博弈模型的构建，将SMN中的SPM、PSM统称为服务提供模块（service provision module，SEPM），构建SIM、SEPM、CUM三方的模块化质量协同演化博弈模型。考虑到质量行为的不确定性，引入质量改进成功率，分析质量协同演化策略形态及其影响因素，并进行数值仿真。研究表明：①SMN模块化质量协同策略的演化共有三种形态，即无演化稳定点的非理想策略形态、有演化稳定点的非理想策略形态、有演化稳定点的理想策略形态，其中最优策略为SIM不监督、SEPM质量优化、CUM反馈的稳态策略；②基于特征值判定准则，共有三种因素影响SMN模块化质量协同策略的演化，即协同质量改进成功率的提高、质量行为成本的降低、质量改进收益的增加，均会提高模块主体的质量协同积极性，且CUM会在其改进收益和反馈收益低于临界值时演化至不反馈，奖惩机制的存在使SIM可以无须监督而达到稳态协同的最优效果。最后，从服务型制造的宏观政策引导及微观企业管理方面给出建议，供相关部门或企业参考。

6.1　问题的提出

我国经济正处在贯彻新发展理念、实现经济高质量发展的关键时期，尤其是近年来，全国各省市贯彻工业和信息化部、国家发展和改革委员会、教育部等15部委《关于进一步促进服务型制造发展的指导意见》（工信部联政法〔2020〕101号），加快发展服务型制造，服务型制造成为中国制造业转型升级的重要模式。截至2022年12月，全国共262家企业入选为国家级服务型制造示范企业，涉及的服务型制造模式有供应链管理、信息增值服务、全生命周期管理、总集成总承包等。服务型制造模式下，服务企业、制造企业、顾客等价值模块节点单元构成了复杂的SMN。转型升级的高质量发展自然需要提升SMN的质量管理能力，强化其各价值模块节点的质量协同水平。SMN作为涵盖多方的复杂系统，提供的产品或服务质量仅靠单方的努力难以维系，需要依靠SMN各模块、要素之间的协同效应发挥作用，以实现SMN整体质量改进。SMN中各模块节点以质量改进为目的而选择的质量行为,如质量优化、质量监督、质量反馈等行为形成 SMN 模块化质量协同的策略组合。由于 SMN 整体质量改进影响因素的复杂性,质量改进效果存在不确定性,如何针对质量改进效果优化 SMN 的模块化质量协同策略成为学术界及产业界关注的重要问题。因此,本章引入质量改进成功率,探究 SMN 模块化质量协同的深层机理,这对于制造业转型的高质量发展和企业绩效提升具有一定的理论与现实意义。

关于 SMN 质量管理研究所使用的方法,多属于系统科学与优化算法。Xu 等(2012)使用群优化算法对制造网络中的服务质量进行管理,并提出了一个集成网络化服务质量管理框架。冯良清等(2015)使用协同学方法研究服务核心能力、服务质量水平及质量创新水平对 SMN 质量协同的影响。张忠和金青(2015)以顾客为导向,运用流程分析法,对服务型制造企业展开全过程质量管理研究。张蕾等(2023)构建了 SMN 模块化质量属性评价指标,并建立了 FAHP-DEMATEL 多模块递阶质量屋模型来识别 SMN 中的关键质量属性。Song 等(2017)以服务型制造企业为研究对象,设计了两阶段优化模型和算法,以找到平衡本地和全局管理目标的最佳策略。SMN 质量管理需要多方参与且是一个长期过程,演化博弈作为把多主体行为决策和动态演化过程分析结合的方法,目前还没有应用于 SMN 质量研究中。

关于质量协同,学者主要从供应链质量协同视角和产品(服务)质量协同视角进行相关研究。在供应链质量协同方面,刘伟华等(2007)考虑了服务集成商和提供商在供应链合作中的质量协同问题。李柏洲等(2021)研究了基于创新能力的战略性新兴产业间的企业质量协同问题。谢康等(2015)研究了社会共治体制下如何实现食品供应链质量的有效协同。李坚飞等(2021)研究了新零售服务供应链中质量系统的协同改进和动态演化。Dyer 和 Nobeoka(2000)研究了在供应链网络中知识共享对质量协同的作用。Yoo 和 Cheong(2018)研究了供应链质量激励改进策略。Yang 和 Xiao(2017)探究了具有损失厌恶型消费者的供应链服务质量的协同机制。在产品(服务)质量协同方面,Amat-Lefort 等(2020)构建了一个模型来概念化协同消费环境中的服务质量。陈瑞义等(2014)分析了谈判策略下产品质量协同的策略选择问题。纪雅杰等(2020)研究了时滞效应下产品质量改进的协同合作问题。叶迪(2021)探讨了制造业中间品和服务业中间品贸易自由化对企业出口产品质量提升的协同效应。根据已有文献可知,目前关于质量协同的探讨逐渐增多,但是 SMN 作为供应链长期发展下形成的复杂组织形式,提供产品的生产制造服务,与之相关的质量协同问题却很少有学者研究。

演化博弈方法已经成为研究各主体间协同过程及效果的常用方法,许多学者基于质量行为的不确定性,对演化博弈模型进行了完善。Liu 等(2019)引入一种超额收益分配系数,构建了中国碳纤维产业多主体协同创新演化博弈模型。Jia

等（2022）将每个主体的策略空间设定为三个，用于表示资源利用程度，建立了创新协同项目中企业关键资源配置利用的演化博弈模型。Hosseini-Motlagh 等（2022）考虑了主体行为的成本效率系数，构建了基于演化博弈理论的供应链协调剩余利润机制模型。Liu 等（2022）考虑了社会效益系数与政府监督系数，构建了绿色供应链企业协同演化博弈模型。质量协同是各类模块以质量改进为共同目的，通过各自的质量行为对系统的要素、人员等进行调控、分配的过程，这与演化博弈的特性相契合（黄凯南，2009）。吴强等（2020）考虑了不同质量行为影响下的收益率和溢出率，构建了以乳品加工企业与奶农为主体的质量协同演化博弈模型。朱立龙等（2022）以协同效应系数与收益分配系数判别其质量行为的效果，扩展了协同视角下政府部门、第三方电商平台、消费者的三方演化博弈模型。李坚飞等（2021）考虑到主体根据质量行为获取定额收益，构建了多主体协同的动态演化博弈模型。虽然上述文献均从不同视角考虑了行为不确定性的影响，但是模型中主体质量行为的效果均被设定为固定值，现实中质量行为不一定会成功且难以完全达到预期效果。因此，本章引入质量改进成功率对演化博弈模型进行补充扩展，使模型更加贴合实际。

综上所述，使用演化博弈研究 SMN 质量协同，并在影响因素上考虑质量改进成功率，可以有效地丰富传统质量协同研究。本章以 SMN 各模块为研究主体，考虑 SMN 模块化质量行为的风险性，引入受主体参与情况影响的质量改进成功率，整合模块间关于质量协同的行为，建立三方演化博弈模型并讨论不同质量协同机制下的演化稳定策略，并进一步分析质量改进成功率、质量行为成本、奖惩力度、质量改进收益对质量协同演化的影响，为 SMN 模块化质量协同管理实践提供管理建议。

6.2　SMN 模块化质量协同问题描述及假设

6.2.1　SMN 模块化质量协同的组织构成

SMN 是模块化质量协同的载体。按功能将 SMN 分为四类模块，分别为 SIM、SPM、PSM 和 CUM。本章考虑无主导企业的平等型（冯良清，2012）SMN 模块化质量协同模式，各类模块包含若干企业，各企业之间存在信息互通、竞争合作，由于 SPM 和 PSM 均是提供服务的模块，在功能上相近，将两者统称为 SEPM，SMN 被分成三类模块，平等型 SMN 结构模型如图 6.1 所示。系统内各模块在质量行为协同中具有博弈特性，各类模块会基于自身或其他模块在过去、现在和未来的质量行为做出决策，以此延续或调整自身行为，模块在博弈过程中相互竞合，形成 SMN 模块化质量协同系统。

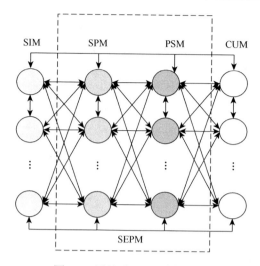

图 6.1　平等型 SMN 结构模型

6.2.2　SMN 质量行为的协同与演化

SMN 运行过程中，各类模块有各自的特点和质量行为。

（1）SIM 由集成企业组成，有着强大的品牌效应，具有核心集成能力和信息能力优势，可以利用自身能力优势把服务与产品集成转化为产品服务系统。它在 SMN 中负责协调 SEPM、CUM，将服务附着于产品或传递给顾客，并收集顾客的反馈信息以用于产品服务系统的质量改进，可运用契约和奖惩等措施引导质量改进。在质量行为上表现为质量监督。

（2）SEPM 由制造企业与服务企业组成，可为 SIM 提供部件生产、物流等服务，为 CUM 提供价值增值服务。考虑到市场竞争下需要强化服务质量以获取行业竞争力，且存在 SIM 的惩罚压力等，SEPM 具有质量改进的动力。在质量行为上表现为通过质量优化来获得改进。

（3）CUM 由顾客群体组成，属于下游模块，是市场需求的来源，顾客通过反馈的质量行为表达其对产品服务系统的满意度，在质量协同中扮演了重要的角色，在质量行为上表现为质量反馈。

SMN 模块化质量协同演化流程如图 6.2 所示，本书将 SIM、SEPM、CUM 作为质量协同的主体，各主体以质量改进为共同目的做出自己的质量行为，每个主体有两种策略可供选择，SIM 可选择质量监督、不监督；SEPM 可选择质量优化、不优化；CUM 可选择质量反馈、不反馈。各模块主体的质量行为形成 SMN 模块化质量协同，并以改变主体协同机制或提升质量水平为主要形式进行质量改进，考虑到质量行为的不确定性，质量改进具有一定的成功率。SMN 模块化质量协同演化具有博弈特性，在演化过程中，由于主体受到往期其他个体的行为、决策的影响，其行为偏好等会发生改变，质量改进以此反作用于质量协同。经过长期的演化，SMN 各类模块间的质量协同逐渐稳定，模块中的企业只会选择一种质量行为来获取长期的最大收益，因为短期收益而忽视长期收益的非理性行为在协同过程中出现的次数会越来越少，SMN 形成整体收益最大化的质量稳定形态，且质量稳态也将反作用于质量协同。SMN 模块化质量协同有多方参与，各主体通过质量协同达成长期质量稳态的过程减少了非理性行为等带来的系统损耗，有利于 SMN 的长期发展与系统利益最大化。

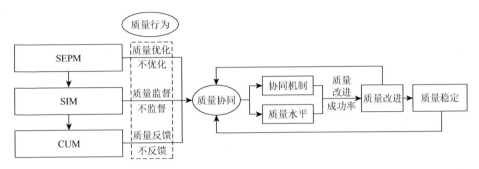

图 6.2　SMN 模块化质量协同演化流程

6.2.3　模型假设与符号含义

为了简洁地描述研究内容，本节对本章涉及的符号进行定义和说明，如表 6.1 所示。结合实际，并参考国内外文献（李坚飞等，2021；Yoo and Cheong，2018；Yang and Xiao，2017；陈瑞义等，2014），做出如下假设。

表 6.1　符号及含义

符号	含义
B_1	质量改进成功时 SIM 获得的收益
B_2	质量改进成功时 SEPM 获得的收益
B_3	质量改进成功时 CUM 获得的收益
B_{31}	质量改进成功时 CUM 获得的反馈奖励
B_r	质量改进成功时 SIM 获得的声誉收益
C_1	SIM 选择质量监督策略的成本
C_2	SEPM 选择质量优化策略的成本
C_3	CUM 选择质量反馈策略的成本

符号	含义
L_1	SIM 付出的声誉损失
L_2	SEPM 付出的声誉损失
F	SIM 监督而 SEPM 未进行质量优化时，对 SEPM 的罚款金额
R	SIM 监督且 SEPM 进行质量优化时，给 SEPM 的补偿金额
θ	SEPM 进行单主体质量优化时的质量改进成功率，$0 < \theta < 1$
ω	CUM 进行单主体质量反馈时的质量改进成功率，$0 < \omega < 1$
x	SIM 中选择质量监督策略的个体比例，$0 \leqslant x \leqslant 1$
y	SEPM 中选择质量优化策略的个体比例，$0 \leqslant y \leqslant 1$
z	CUM 中选择质量反馈策略的个体比例，$0 \leqslant z \leqslant 1$

假设 1：SMN 模块化质量协同模型以主要的 SIM、SEPM、CUM 三类模块节点作为主体。博弈过程中 SIM、SEPM、CUM 都是有限理性的。SIM 可以选择质量监督和不监督策略；SEPM 可以选择质量优化与不优化策略；CUM 可以选择质量反馈和不反馈策略。三方博弈主体通过学习、模仿，不断调整自身策略，从而做出最佳策略决策，达到稳定的均衡结果。

假设 2：在顾客的反馈没有得到回应或没有产生效果时，顾客对企业的满意度会降低。我们设定只有在顾客参与反馈的情况下，SIM 与 SEPM 会在改进失败时产生声誉损失 L_1、L_2。只有在 CUM 参与反馈且在 SIM 监督或 SEPM 质量优化时，SIM 会获得声誉收益 B_r。

假设 3：SEPM 和 CUM 的决策直接对质量改进成功率产生影响，SIM 的决策通过影响 SEPM 和 CUM 而对质量改进成功率产生影响。SEPM 不优化且 CUM 不反馈时质量改进成功率为 0，即 SEPM 与 CUM 进行协同改进的概率为 $1 - \theta - \omega$。协同改进效果高于单体改进，即 $1 - \theta - \omega > \theta$，$1 - \theta - \omega > \omega$。

假设 4：设定 SEPM 不优化、CUM 反馈情况下 SIM 声誉收益与罚款金额之和大于 SIM 的监督成本，SEPM 的改进收益高于成本，且 CUM 单方面改进的成功率过小，即固定 $B_r \omega + F > C_1$，$B_2 \theta > C_2$，$B_3 \omega < C_3$。

6.3 SMN 模块化质量协同演化博弈模型

6.3.1 模型构建

基于上述假设，建立三主体两策略的演化博弈模型。本模型的各方收益情况如表 6.2 所示。

表 6.2　三方博弈矩阵

策略集	SIM	SEPM	CUM
(1,1,1)	$(B_1+B_r)(1-\theta-\omega)-L_1(\theta+\omega)-R-C_1$	$B_2(1-\theta-\omega)-L_2(\theta+\omega)+R-C_2$	$(B_3+B_{31})(1-\theta-\omega)-C_3$
(1,0,0)	$F-C_1$	$-F$	0
(0,1,0)	$B_1\theta$	$B_2\theta-C_2$	$B_3\theta$
(0,0,1)	$B_1\omega-L_1(1-\omega)$	$B_2\omega-L_2(1-\omega)$	$(B_3+B_{31})\omega-C_3$
(1,1,0)	$B_1\theta-R-C_1$	$B_2\theta+R-C_2$	$B_3\theta$
(1,0,1)	$(B_1+B_r)\omega-L_1(1-\omega)+F-C_1$	$B_2\omega-L_2(1-\omega)-F$	$(B_3+B_{31})\omega-C_3$
(0,1,1)	$(B_1+B_r)(1-\theta-\omega)-L_1(\theta+\omega)$	$B_2(1-\theta-\omega)-L_2(\theta+\omega)-C_2$	$(B_3+B_{31})(1-\theta-\omega)-C_3$
(0,0,0)	0	0	0

SIM 选择监督策略和不监督策略的期望收益为 E_x 和 $E_{\bar{x}}$：

$$E_x = yz[(B_1+B_r)(1-\theta-\omega)-L_1(\theta+\omega)-R-C_1]+y(1-z)(B_1\theta-R-C_1) \\ +(1-y)z[(B_1+B_r)\omega-L_1(1-\omega)+F-C_1]+(1-y)(1-z)(F-C_1) \quad (6.1)$$

$$E_{\bar{x}} = yz[(B_1+B_r)(1-\theta-\omega)-L_1(\theta+\omega)] \\ +y(1-z)(B_1\theta)+(1-y)z[B_1\omega-L_1(1-\omega)] \quad (6.2)$$

根据以上两个策略的期望收益得出 SIM 监督策略的复制动态方程：

$$F(x) = x(1-x)(E_x-E_{\bar{x}}) = x(1-x)[zB_r\omega+F-C_1-y(R+zB_r\omega+F)] \quad (6.3)$$

SEPM 选择质量优化策略和不优化策略的期望收益为 E_y 和 $E_{\bar{y}}$：

$$E_y = xz[B_2(1-\theta-\omega)-L_2(\theta+\omega)+R-C_2]+x(1-z)(B_2\theta+R-C_2) \\ +(1-x)z[B_2(1-\theta-\omega)-L_2(\theta+\omega)-C_2]+(1-x)(1-z)(B_2\theta-C_2) \quad (6.4)$$

$$E_{\bar{y}} = xz[B_2\omega-L_2(1-\omega)-F]+x(1-z)(-F)+(1-x)z[B_2\omega-L_2(1-\omega)] \quad (6.5)$$

同理，得出 SEPM 优化策略的复制动态方程：

$$F(y) = y(1-y)(E_y-E_{\bar{y}}) \\ = y(1-y)\left[z(B_2+L_2)(1-\theta-2\omega)+x(F+R)+(1-z)B_2\theta-C_2\right] \quad (6.6)$$

CUM 选择反馈策略和不反馈策略的期望收益为 E_z 和 $E_{\bar{z}}$：

$$E_z = y[(B_3+B_{31})(1-\theta-\omega)-C_3]+(1-y)[(B_3+B_{31})\omega-C_3] \quad (6.7)$$

$$E_{\bar{z}} = xyB_3\theta+(1-x)yB_3\theta \quad (6.8)$$

同理，得出 CUM 反馈策略的复制动态方程为

$$F(z)=z(1-z)(E_z-E_{\bar{z}})=z(1-z)\{y[B_3(1-2\theta-2\omega)+B_{31}(1-\theta-2\omega)]+B_3\omega-C_3\} \quad (6.9)$$

由演化博弈的性质可知，只有当复制动态方程的一阶导数小于零，即 $\mathrm{d}F(x)/\mathrm{d}x<0$ 时模块主体才能达到演化稳定状态。由式（6.3）可得当 $z=(R+C_1)/((1-y)B_r\omega)-(R+F)/(B_r\omega)$ 时，$\mathrm{d}F(x)/\mathrm{d}x=0$，此时不论 x 取任何值，都处于稳定态；当 $z<(R+C_1)/((1-y)B_r\omega)-(R+F)/(B_r\omega)$ 时，$\mathrm{d}F(x)/\mathrm{d}x<0$，$x=0$ 满足必要条件，为演化稳定点；当 $z>(R+C_1)/((1-y)B_r\omega)-(R+F)/(B_r\omega)$ 时，$\mathrm{d}F(x)/\mathrm{d}x<0$，$x=1$ 满足必要条件，为演化稳定点。由 $z=R+C_1/((1-y)B_r\omega)-(R+F)/(B_r\omega)$ 可概要画出演化函数对应曲面，且点在 x 方向稳定，画出如图 6.3（a）所示的 SIM 策略演化过程，各点在曲面上下方沿箭头所指方向演化。同理，可画出 SEPM 与 CUM 的策略演化过程，共同组成 SMN 模块演化相位图，如图 6.3 所示。

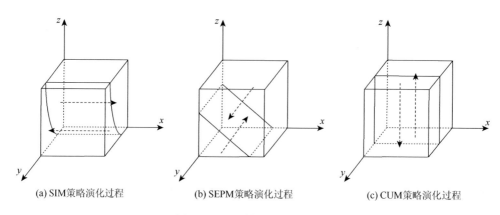

(a) SIM策略演化过程　　　　　　(b) SEPM策略演化过程　　　　　　(c) CUM策略演化过程

图 6.3　SMN 模块演化相位图

联立式（6.3）、式（6.6）、式（6.9），令三主体的复制动态方程同时为 0，得到九个均衡点，其中共有八个顶点 $(0,0,0)$、$(1,0,0)$、$(0,1,0)$、$(0,0,1)$、$(1,1,0)$、$(1,0,1)$、$(0,1,1)$、$(1,1,1)$ 以及一个内部点 (x^*,y^*,z^*)。$(x^*,y^*,z^*)\in V$，$V=\{x,y,z\,|\,0<x<1,\ 0<y<1,0<z<1\}$。

$$\begin{cases} x^*=\dfrac{C_2-B_2\theta-z[B_2(1-2\theta-2\omega)-L_2(1-\theta-2\omega)]}{F+R} \\[2mm] y^*=\dfrac{C_3-B_3\omega}{B_3(1-2\theta-2\omega)+B_{31}(1-\theta-2\omega)} \\[2mm] z^*=\dfrac{R+C_1}{(1-y)B_r\omega}-\dfrac{R+F}{B_r\omega} \end{cases} \quad (6.10)$$

6.3.2　模型分析

1. 模型求解

考虑本章所建立的三主体质量协同演化博弈模型，结合 Friedman（1998）的系统判稳准则，得到如下的三阶雅可比（Jacobian）矩阵，并将各个均衡点代入矩阵，对应的雅可比矩阵的特征值（λ_1、λ_2、λ_3）情况如表 6.3 所示。

表 6.3　各均衡点的特征值

均衡点	λ_1	λ_2	λ_3
$(0,0,0)$	$F - C_1$	$B_2\theta - C_2$	$B_3\omega - C_3$
$(1,0,0)$	$C_1 - F$	$F + R + B_2\theta - C_2$	$B_3\omega - C_3$
$(0,1,0)$	$-C_1 - R$	$C_2 - B_2\theta$	$B_3(1-2\theta-\omega) + B_{31}(1-\theta-2\omega) - C_3$
$(0,0,1)$	$B_r\omega + F - C_1$	$(B_2 - L_2)(1-\theta-2\omega) - C_2$	$C_3 - B_3\omega$
$(1,1,0)$	$C_1 + R$	$-F - R - B_2\theta + C_2$	$B_3(1-2\theta-\omega) + B_{31}(1-\theta-2\omega) - C_3$
$(1,0,1)$	$C_1 - B_r\omega - F$	$(B_2 - L_2)(1-\theta-2\omega) + F + R - C_2$	$C_3 - B_3\omega$
$(0,1,1)$	$-C_1 - R$	$(L_2 - B_2)(1-\theta-2\omega) + C_2$	$-B_3(1-2\theta-\omega) - B_{31}(1-\theta-2\omega) + C_3$
$(1,1,1)$	$C_1 + R$	$(L_2 - B_2)(1-\theta-2\omega) - F - R + C_2$	$-B_3(1-2\theta-\omega) - B_{31}(1-\theta-2\omega) + C_3$
(x^*, y^*, z^*)	λ_1^*	λ_2^*	λ_3^*

$$J = \begin{bmatrix} \dfrac{\mathrm{d}F(x)}{\mathrm{d}x} & \dfrac{\mathrm{d}F(x)}{\mathrm{d}y} & \dfrac{\mathrm{d}F(x)}{\mathrm{d}z} \\[2mm] \dfrac{\mathrm{d}F(y)}{\mathrm{d}x} & \dfrac{\mathrm{d}F(y)}{\mathrm{d}y} & \dfrac{\mathrm{d}F(y)}{\mathrm{d}z} \\[2mm] \dfrac{\mathrm{d}F(z)}{\mathrm{d}x} & \dfrac{\mathrm{d}F(z)}{\mathrm{d}y} & \dfrac{\mathrm{d}F(z)}{\mathrm{d}z} \end{bmatrix} \tag{6.11}$$

$$\frac{\mathrm{d}F(x)}{\mathrm{d}x} = (1-2x)[zB_r\omega + F - C_1 - y(R + zB_r\omega + F)]$$

$$\frac{\mathrm{d}F(x)}{\mathrm{d}y} = -x(1-x)(R + zB_r\omega + F)$$

$$\frac{\mathrm{d}F(x)}{\mathrm{d}z} = x(1-x)B_r\omega(1-y), \quad \frac{\mathrm{d}F(y)}{\mathrm{d}x} = y(1-y)(F+R)$$

$$\frac{\mathrm{d}F(y)}{\mathrm{d}y} = (1-2y)\{x(F+R) + B_2\theta - C_2 + z[B_2(1-2\theta-2\omega) - L_2(1-\theta-2\omega)]\}$$

$$\frac{\mathrm{d}F(y)}{\mathrm{d}z} = y(1-y)[B_2(1-2\theta-2\omega) - L_2(1-\theta-2\omega)], \quad \frac{\mathrm{d}F(z)}{\mathrm{d}x} = 0$$

$$\frac{\mathrm{d}F(z)}{\mathrm{d}y} = z(1-z)[B_3(1-2\theta-2\omega) + B_{31}(1-\theta-2\omega)]$$

$$\frac{\mathrm{d}F(z)}{\mathrm{d}z} = (1-2z)\{y[B_3(1-2\theta-2\omega) + B_{31}(1-\theta-2\omega)] + B_3\omega - C_3\}$$

由表 6.3 所示的各均衡点的特征值可知，不同参数范围下各点特征值正负不同。根据假设 4，所有参数皆为正数，因此在固定特征值正负后共剩余 4 种正负未知的特征值，根据可变特征值的正负情况可分为 12 种情形，各情形对应的可变特征值及其正负情况如表 6.4 所示。

表 6.4　各情形对应特征值正负情况

情形	①	②	③	④
1	−	−	+	+
2	−	−	−	+
3	−	+	+	+
4	+	−	+	+
5	+	−	−	+
6	+	+	+	+
7	+	−	+	−
8	+	−	−	−
9	+	+	+	−
10	−	−	+	−
11	−	−	−	−
12	−	+	+	−

注：① $F - C_1$；② $(B_2 - L_2)(1-\theta-2\omega) - C_2$；③ $(B_2 - L_2)(1-\theta-2\omega) + F + R - C_2$；④ $B_3(1-2\theta-\omega) + B_{31}(1-\theta-2\omega) - C_3$；根据李雅普诺夫判稳准则，当均衡点对应三个特征值全部都小于 0 的时候，均衡点是演化稳定点，均衡点对应特征值正负情况如表 6.5 所示，可变特征值对应的现实意义如表 6.6 所示（表中的①、②、③、④和表 6.4 中相同）。

表 6.5　各均衡点对应特征值的正负情况

均衡点	情形 1	情形 2	情形 3	情形 4	情形 5	情形 6	情形 7	情形 8	情形 9	情形 10	情形 11	情形 12
(0,0,0)	− + −	− + −	− + −	+ + −	+ + −	+ + −	+ + −	+ + −	+ + −	− + −	− + −	− + −
(1,0,0)	+ + −	+ + −	+ + −	− + −	− + −	− + −	− + −	− + −	− + −	+ + −	+ + −	+ + −
(0,1,0)	−− +	−− +	−− +	−− +	−− +	−− +	−− +	−− +	−− +	−− +	−− +	−− +
(0,0,1)	+ − +	+ − +	+ + +	+ − +	+ − +	+ + +	+ − +	+ − +	+ + +	+ − +	+ − +	+ + +
(1,1,0)	+ − +	+ − +	+ − +	+ − +	+ − +	+ − +	+ −−	+ − +	+ −−	+ − +	+ −−	+ − +
(1,0,1)	− + +	−− +	− + +	− + +	− + +	− + +	− + +	− + +	− + +	−− +	−− +	− + +
(0,1,1)	− + −	− + −	− + −	− + −	− + −	− + −	−− −	− + −	−− −	− + −	−− −	−− +
(1,1,1)	+ −−	+ + −	+ −−	+ −−	+ + −	+ −−	+ − +	+ + +	+ − +	+ − +	+ + +	+ − +

表 6.6　可变特征值对应的现实意义

特征值	正负情况	策略意义
①	+	对 SIM 来说，SEPM 不优化且 CUM 不反馈时，采取监督策略的收益更高
	−	对 SIM 来说，SEPM 不优化且 CUM 不反馈时，采取监督策略的收益更低
②	+	对 SEPM 来说，SIM 不监督且 CUM 反馈时，采取质量优化策略收益更高
	−	对 SEPM 来说，SIM 不监督且 CUM 反馈时，采取质量优化策略收益更低
③	+	对 SEPM 来说，SIM 监督且 CUM 反馈时，采取质量优化策略的收益更高
	−	对 SEPM 来说，SIM 监督且 CUM 反馈时，采取质量优化策略的收益更低
④	+	对 CUM 来说，SEPM 优化时，采取反馈策略的收益更高
	−	对 CUM 来说，SEPM 优化时，采取反馈策略的收益更低

2. 不稳定情形的模块化质量协同策略分析

对于情形 1、2、4、5，由表 6.4 可知对应②为负、④为正的所有情形，由表 6.5 可知这些情形不存在演化稳定点。当 $B_3(1-2\theta-\omega)+B_{31}(1-\theta-2\omega)-C_3>0$ 且 $(B_2-L_2)(1-\theta-2\omega)-C_2<0$ 时，由于市场、技术缺陷等原因，对于 SEPM 来说，在考虑改进成功率后的综合期望收益小于其质量改进成本，此时质量改进带来的收益偏低，因此在 SIM 不监督且 CUM 不反馈的情况下，SEPM 没有足够的利润动机去进行自觉的质量优化；对于 CUM 来说，只要 SEPM 选择质量优化策略，CUM 就会偏向于协同反馈以提高质量改进率，继而获取更高的收益。这些情形下不存在某点的雅可比矩阵特征值全部小于 0 的可能性，则不存在演化稳定点，无法达成 SMN 各类模块之间的质量协同的稳定。

因此，SEPM 可通过技术创新等措施降低成本或提高收益，以此来提高质量协同改进的积极性。

3. 稳定情形的模块化质量协同策略分析

（1）对稳定点 $E(0,1,0)$ 的分析。对于情形 7、8、9、10、11、12，由表 6.4 可知，这六种情形正对应了④为负时的所有情形，且由表 6.5 可知，在这些情形下，SMN 存在相应的演化稳定点 $E(0,1,0)$。即当 $B_3(1-2\theta-\omega)+B_{31}(1-\theta-2\omega)-C_3<0$ 时，由于反馈渠道、反馈流程等方面的不合理设计或技术限制下存在过低的改进成功率等原因，考虑到改进成功率下的综合期望收益小于协同反馈成本，顾客不愿意进行反馈；而 SEPM 仍会在惩罚机制约束下进行单方面的质量优化改进。六种情形下的 SMN 经过演化最终会稳定于 SIM 不监督、SEPM 质量优化、CUM 不反馈的状态，顾客反馈的积极性低，不利于 SMN 的长期发展。

因此，相关企业可通过改变反馈渠道与反馈方式，降低 CUM 反馈成本或提高相关奖励，提高 CUM 反馈的积极性。

（2）对稳定点 $E(0,1,1)$ 的分析。对于情形 3、6，由表 6.4 可知，对应②为正、④为正的情形，又由表 6.5 可知，这些情形下，存在着演化稳定点 $E(0,1,1)$。即当 $B_3(1-2\theta-\omega)+B_{31}(1-\theta-2\omega)-C_3>0$ 且 $(B_2-L_2)(1-\theta-2\omega)-C_2>0$ 时，对于 SEPM 来说，在 SIM 不监督而 CUM 进行反馈时，SEPM 偏向于选择质量优化以获得更高的收益。此时期望收益升高，高于质量改进成本，使 SEPM 放弃"搭便车"，从而选择协同质量优化改进以创造共同利益；对于 CUM 来说，只要 SEPM 选择质量优化策略，CUM 就会偏向于协同反馈以提高质量改进率，继而获取更高的收益。双方都有基于对方策略协同改进的意愿，经过演化会形成 SIM 不监督、SEPM 优化、CUM 反馈的自发质量协同改进的质量稳态，这种无监督的稳定形态达到了监督的效果，既保证了高效的质量改进，又避免了系统内耗，提高了资源利用率，是科学的质量协同机制。

因此，SMN 可在保证 SIM 奖惩力度的同时，降低 SEPM 与 CUM 的协同成本，提高各自的协同改进收益，保障主体的协同意愿。

4. 模块化质量协同策略的影响因素分析

基于研究假设，情形 1、2、4、5 不存在演化稳定点，是应该避免的情形；情形 7、8、9、10、11、12 的稳定点为 $E(0,1,0)$，这时 SIM 不监督、SEPM 优化、CUM 不反馈，不达成协同，也是应该避免的情形；情形 3、6 的稳定点为 $E(0,1,1)$，此时，SMN 形成 SIM 不监督、SEPM 与 CUM 协同改进的最优模块化质量协同策略，是理想的情形。但本质上，是影响因素在不同区间的取值决定了 SMN 中的协同规则。由表 6.3 中各均衡点特征值的表达式可知，对稳定情况产生影响的主要有以下四个因素。

（1）质量改进成功率：包括单主体质量改进成功率 θ 与 ω、多主体协同质量改进成功率 $1-\theta-\omega$。

（2）质量行为成本：包括 SIM 进行质量监督的成本 C_1、SEPM 进行质量优化的成本 C_2、CUM 进行质量反馈的成本 C_3。

（3）奖惩力度：包括 SIM 对 SEPM 的罚款金额 F、补偿金额 R。

（4）质量改进收益：包括在质量改进成功时各主体的收益，即 SEPM 获得的收益 B_2、CUM 获得的收益 B_3、CUM 获得的反馈奖励 B_{31}、SIM 获得的声誉收益 B_r。

以上影响因素数值的变化会改变模块主体策略选择的倾向性，6.4 节将对质量协同的影响因素进行数值分析，进一步研究单个影响因素在不同区间下，对 SMN 模块化质量协同的影响。

6.4　SMN 模块化质量协同演化数值仿真分析

上文的博弈模型分析中，对 SMN 模块化质量协同演化过程进行了区分，共有 12 种不同的情形，本节将针对四类影响因素进行数值分析，研究数值变化对演化过程的影响，并思考其现实原因。

根据上文构建的 SMN 模块化质量协同演化博弈模型，SMN 中的企业面临着质量协同问题，与本章的模型较契合。使用 MATLAB 对 SMN 中三大模块进行仿真分析，结合李坚飞等（2021）和朱立龙等（2022）以及本章的假设条件，设置如下初始数值，这种数值下的 SMN 在长期演化中会形成 SIM 不监督、SEPM 质量优化、CUM 反馈的演化稳定状态：$B_{31}=20$；$B_r=50$；$B_2=50$；$B_3=40$；$\theta=0.3$；$\omega=0.1$；$C_1=10$；$C_2=10$；$C_3=20$；$F=20$；$R=10$；$L_2=5$，设置初始演化点为 0.5。

6.4.1　质量改进成功率对模块化质量协同演化的影响

（1）ω 不变，θ 变化时的影响。取 SEPM 进行单主体质量优化时的质量改进成功率 θ 为 0.15、0.25、0.32、0.4。由图 6.4（a）可知，θ 变化对 SIM 无显著影响，SIM 趋于选择不监督。从图 6.4（b）可看出 θ 越大，SEPM 趋稳速度越慢，这表明 SEPM 仅在自身具有较高单主体效率时会有相对较低的质量协同意愿。由图 6.4（c）可知，θ 对 CUM 的质量行为有较大的影响，在 $\theta>0.32$ 时，CUM 倾向于不反馈；当 $\theta=0.32$ 时，CUM 反馈策略比例收敛于 0.3～0.4，无质量稳态；当 $\theta<0.32$ 时，$\theta=0.15$ 时的趋稳速度快于 $\theta=0.25$ 时，则 θ 越小，CUM 进行质量协同的意愿越强烈，趋稳速度也更快。θ 对 CUM 的影响较明显，在特定的区间内不同的改进成功率会较大地改变 CUM 的演化趋势。

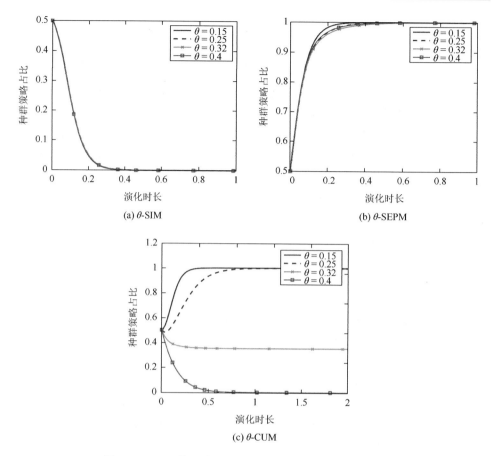

(a) θ-SIM

(b) θ-SEPM

(c) θ-CUM

图 6.4　SEPM 单主体质量改进成功率 θ 动态演化仿真图

（2）θ 不变，ω 变化时的影响。取 CUM 单主体质量改进成功率 ω 为 0.1、0.15、0.2。在图 6.5（a）和图 6.5（b）中，ω 的变化几乎不对 SIM、SEPM 产生影响，图中的三条曲线近似重叠。由图 6.5（c）可知，CUM 在不同 ω 下质量行为偏好有较大的变化，当 ω 取 0.1 时，CUM 倾向于反馈；当 ω 取 0.15、0.2 时，CUM 倾向于不反馈。此外，$\omega = 0.2$ 时的演化曲线比 $\omega = 0.15$ 时更快地趋于 0，说明 CUM 在 ω 较低时表现出更强的协同意愿，这一点与 θ 对 SEPM 的影响相反，CUM 在自身具有较高单主体效率时，质量协同意愿较低。

质量改进成功率的变化对 CUM 的影响更显著，θ 与 ω 升高时，CUM 的反馈意愿会降低，且在高于临界值时顾客会倾向于不反馈，导致稳定点 $E(0,1,0)$ 的出现。

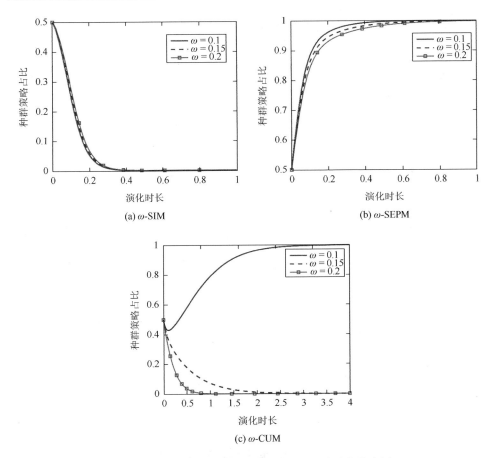

图 6.5　CUM 单主体质量改进成功率 ω 动态演化仿真图

6.4.2　质量行为成本对模块化质量协同演化的影响

假定其他参数不变, 仅改变各模块质量行为成本 C_1、C_2、C_3 的数值大小。

（1）C_1 变化时的影响。取 SIM 质量协同成本 C_1 为 1、10、25, 得出 C_1 对各类模块演化趋势的影响图。在图 6.6 （a）中, 当 $C_1 = 1$ 时, SIM 选择监督策略的企业比例短暂大于 0.5, 监督策略前期占优, 总体而言 C_1 越大, 曲线下沉速度越快, 因此 SIM 在稳定情况下倾向于不监督, C_1 的变化会改变系统的稳定时间但不会改变演化结果。图 6.6 （b）与图 6.6 （c）中的曲线几乎重叠, 这表示监督成本 C_1 对 SEPM 和 CUM 质量行为的影响较小, 但仍会在一定程度上降低 SEPM 参与改进的积极性。

（2）C_2 变化时的影响。取 C_2 为 5、10、15, 由图 6.7 可知, C_2 对 SIM 影响较小, C_2 增大会降低 SEPM 与 CUM 的趋稳速度。

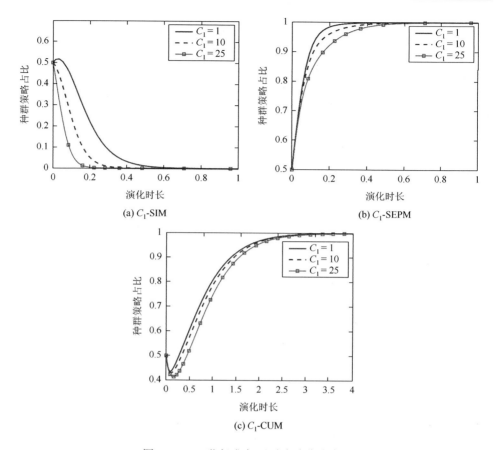

(a) C_1-SIM

(b) C_1-SEPM

(c) C_1-CUM

图 6.6   SIM 监督成本 C_1 动态演化仿真图

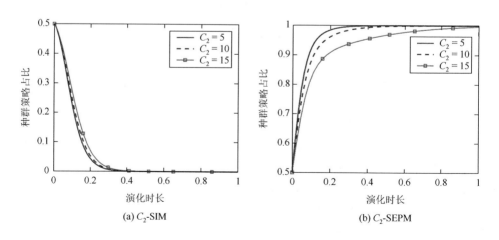

(a) C_2-SIM

(b) C_2-SEPM

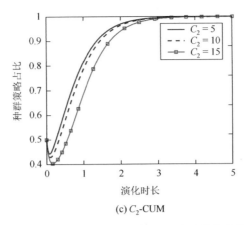

(c) C_2-CUM

图 6.7　SEPM 质量优化成本 C_2 动态演化仿真图

（3）C_3 变化时的影响。取 C_3 为 5、10、20，由图 6.8 可知，CUM 的反馈成本变化对 SIM 与 SEPM 的影响不显著，但对 CUM 本身的行为偏好有较大影响，反馈成本的增加会降低 CUM 的反馈意愿，在 $C_3 = 20$ 时，选择反馈策略的顾客比例短暂小于 0.5，不反馈策略短暂占优。

质量行为成本 C_1、C_2、C_3 对 SMN 各类模块的质量协同均有影响，质量行为成本的增加会降低 SIM 质量监督、SEPM 质量优化、CUM 质量反馈等质量行为的积极性，延长稳定点的到达时间。

6.4.3　奖惩力度对模块化质量协同演化的影响

奖惩机制是 SMN 模块化质量协同机制的重要组成部分，由 SIM 主导，通过监督惩罚和检查补偿约束 SEPM 的不作为和"搭便车"行为，还可以激励其进行质量优化。

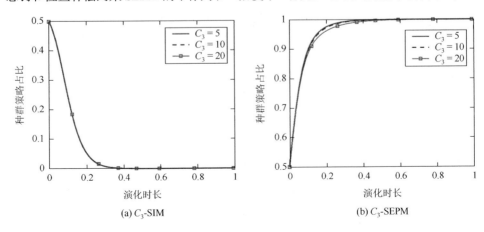

(a) C_3-SIM　　　　　　　　　　　　　　　　(b) C_3-SEPM

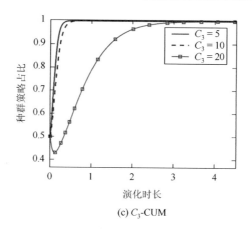

(c) C_3-CUM

图 6.8　CUM 反馈成本 C_3 动态演化仿真图

（1）F 变化时的影响。取惩罚金额 F 为 5、10、20，如图 6.9（a）所示，当 F 增大时，SIM 监督发现 SEPM 不改进带来的惩罚收益使 SIM 趋稳速度略微变慢，但不影响 SIM 的演化方向；如图 6.9（b）所示，F 越大，SEPM 趋于优化的速度越快，即高惩罚力度使 SEPM 畏惧不作为被 SIM 发现带来的惩罚；在图 6.9（c）中，三线重叠，F 的大小几乎不影响 CUM 的策略选择。

（2）R 变化时的影响。取补偿金额 R 为 5、10、20，如图 6.10（a）所示，当补偿力度 R 增大时，SIM 趋于稳定的速度更快，SIM 企业更愿意采取不监督策略。作为 SIM 监督策略对 SEPM 质量优化策略的补偿，R 的存在变相提高了监督成本，限制了 SIM 的监督积极性，还提高了 SEPM 的改进积极性；在图 6.10（b）与图 6.10（c）中，三线近似重叠，说明 R 对 SEPM 和 CUM 的质量稳态影响较小。

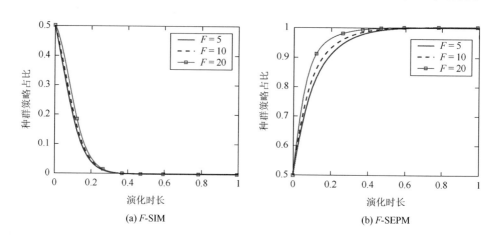

(a) F-SIM　　　　　　　　　　　　　(b) F-SEPM

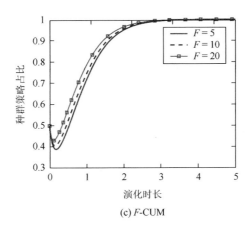

(c) F-CUM

图 6.9　惩罚力度 F 动态演化仿真图

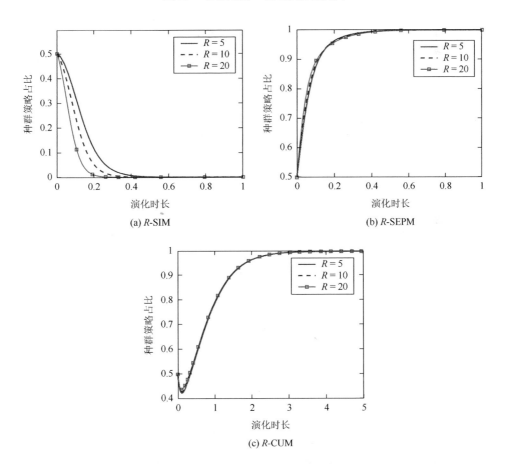

(a) R-SIM

(b) R-SEPM

(c) R-CUM

图 6.10　补偿力度 R 动态演化仿真图

奖惩机制的存在使 SIM 可以在不监督的情况下使 SEPM 进行自发质量改进。初期 SMN 会存在 SIM 监督、SEPM 不优化的情况，随着时间的推移，这种情况会逐渐消失，SIM 不监督、SEPM 优化的情况将绝对占优。惩罚力度 F 与补偿力度 R 的增大会加快各类模块的趋稳速度。

6.4.4　质量改进收益对模块化质量协同演化的影响

（1）B_r 变化时的影响。如图 6.11 所示，声誉收益 B_r 增加使三模块的趋稳速度都加快，对 SMN 质量的良性协同有正向影响，高声誉收益有利于 SMN 的发展。

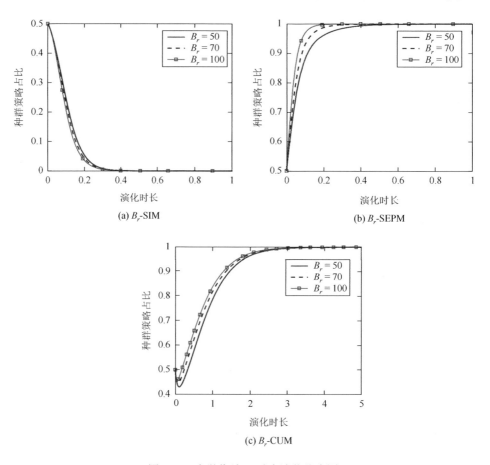

(a) B_r-SIM

(b) B_r-SEPM

(c) B_r-CUM

图 6.11　声誉收益 B_r 动态演化仿真图

（2）B_2 变化时的影响。如图 6.12 所示，SEPM 的质量改进收益 B_2 增大，三模块趋稳速度加快，提高了系统稳定性，降低了企业做出错误决策的可能性。

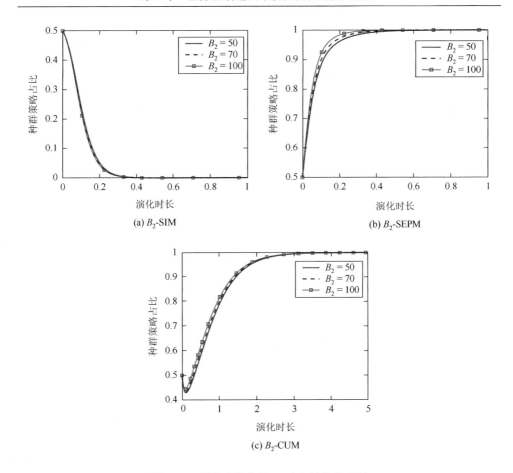

图 6.12　质量改进收益 B_2 动态演化仿真图

（3）B_3 变化时的影响。如图 6.13 所示，CUM 的质量改进收益 B_3 对 SIM、SEPM 影响较小，对 CUM 影响较大。$B_3 < 33.3$ 时，CUM 反馈热情较低，随演化趋于不反馈；$B_3 = 33.3$ 时，CUM 反馈策略比例收敛于 $0.3 \sim 0.4$；$B_3 > 33.3$ 时，CUM 趋于反馈策略。

（4）B_{31} 变化时的影响。如图 6.14 所示，CUM 的反馈收益 B_{31} 的变化对 SIM 与 SEPM 影响较小，但对 CUM 的行为有较大的影响。当 $B_{31} < 16$ 时，CUM 将很快趋于不反馈；当 $B_{31} = 16$ 时，CUM 反馈策略比例收敛于 $0.3 \sim 0.4$，CUM 不存在绝对占优策略，无质量稳态；当 $B_{31} > 16$ 时，B_{31} 越高，CUM 趋稳速度越快，质量反馈积极性越高，协同意愿越强烈。

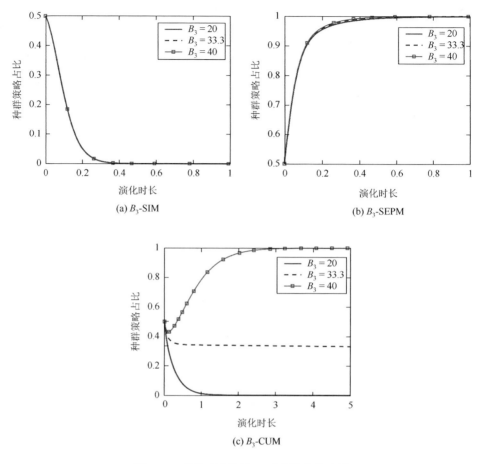

(a) B_3-SIM

(b) B_3-SEPM

(c) B_3-CUM

图 6.13　质量改进收益 B_3 动态演化仿真图

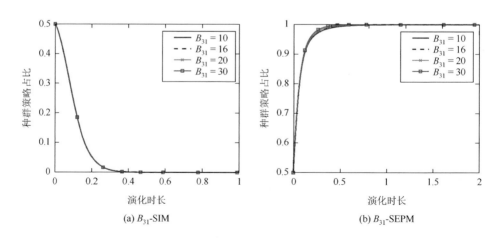

(a) B_{31}-SIM

(b) B_{31}-SEPM

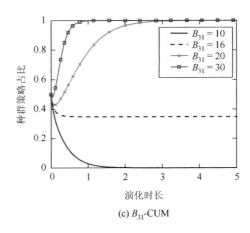

(c) B_{31}-CUM

图 6.14　反馈收益 B_{31} 动态演化仿真图

质量改进收益对本体质量行为的影响较大，对其他主体的间接影响较小。B_r 和 B_2 的增加可提高 SMN 的稳定性，但不改变稳定结果。B_3 和 B_{31} 对 CUM 的影响较大，在其数值较低时，CUM 会不愿意反馈；当数值上升至临界点时，CUM 长期处于无序状态；在数值较高时，CUM 愿意反馈。

6.4.5　结论及启示

SMN 模块化质量协同策略的演化共有三种形态。

（1）无演化稳定点的非理想策略形态。这种形态下 SMN 长期处于无序状态，主体收益不稳定，共同收益无法实现最大化，无稳态策略，应该避开这种形态。

（2）有演化稳定点的非理想策略形态。即 SIM 不监督、SEPM 质量优化、CUM 不反馈的稳态策略，这种演化形态不存在质量协同，仅是 SEPM 单方面的质量改进，顾客反馈积极性低，不利于 SMN 的长期发展，应该避开这种形态。

（3）有演化稳定点的理想策略形态。即 SIM 不监督、SEPM 质量优化、CUM 反馈的稳态策略，不仅以不监督的行为达到了监督的效果，还保证了高效的协同质量改进，是理想的稳定的最优策略形态。

有四种因素对 SMN 模块化质量协同策略的演化具有影响作用。

（1）SEPM 单主体质量改进成功率的提高会降低 CUM 的反馈意愿，且在高于临界值时 CUM 会倾向于不反馈策略，而 SMN 协同质量改进成功率的提高能驱使各模块主体参与协同。

（2）质量行为成本增加会降低模块主体采取质量协同策略的积极性。

（3）奖惩机制的存在使 SIM 在不采取监督策略的情况下促使 SEPM 自发进行质量优化改进，达到监督的效果。

（4）质量改进收益的增加会提高模块主体协同的积极性，而 CUM 的行为会随自身收益数值的变化发生改变，在数值较低时选择不反馈，达到临界点时进入无序状态，较高时选择反馈，其他收益的上调会不同程度地增加 SMN 的稳定性。

基于上述结论，本章得出以下管理启示。

在服务型制造发展的宏观政策引导方面：引导 SMN 模块化质量协同的生态圈建设，鼓励企业间的知识共享及模块化合作，降低协同难度，提高 SMN 协同质量改进成功率；进一步推进服务型制造示范，创新服务型制造模式，降低 SMN 模块化运营的质量行为成本；鼓励各地相关主管部门加强 SMN 质量管理的培训、辅导，创建标杆示范，推广奖惩约束机制先进经验；助力企业健康发展，鼓励建设 SMN 模块化共享服务平台，提升 SMN 质量管理整体绩效收益，带动质量协同的积极性。

在服务型制造运营的微观企业管理方面：开发数字化集成的模块数据模型，加强 SMN 中各节点的模块化质量管理联动，提升面向产品全生命周期、全产业链的质量协同改进成功率；构建顾客导向、生态共赢的 SMN 质量管理体系，打造 SMN 模块化质量共生新生态；注重合作模块的协同机制建设，制定合适的奖惩考核办法，形成 SIM 不需监督、SEPM 自发改进、CUM 积极反馈的质量协同稳态；以服务型制造的数字化升级、模块化运作赋能企业质量管理，优化质量改进与创新水平，从而提升服务价值共创收益。

6.5　本章小结

本章以 SMN 中的三类模块为研究对象，考虑到质量行为的不确定性，引入质量改进成功率，建立三方演化博弈模型，分析多情形下的质量协同策略演化规律，通过数值分析验证不同因素对质量协同策略演化的影响，并根据结论给出了相关管理建议。

本章将 SPM 与 PSM 合并为 SEPM 进行研究，没有考虑两类模块之间的差异性；将质量协同演化过程视作一个整体过程，没有考虑 SMN 的阶段性协同效率及其协同结构，这将在第 7 章内容中进一步探讨。

第7章 服务型制造网络模块化质量协同性评价

为了更好地研究 SMN 各个模块之间的质量协同管理问题，本章根据前述 SMN 模块化质量行为识别和协同演化研究，提出了一个 SMN 质量行为的协同评价系统，具体包括三个方面，即 SMN 节点质量行为的协同效率、协同结构和协同机制。首先，本章提出 SMN 节点质量行为协同结构的内涵；其次，基于质量行为结构，提出了协同熵模型，结合质量行为的协同熵和协同度，构建了 SMN 质量行为协同性分层评价和整体评价相结合的评价方法；最后，通过实例验证了该评价方法的可行性，并提出了 SMN 质量行为协同性管理对策。该方法可以帮助 SMN 的节点企业进行市场定位，并采取匹配的质量协同性策略以实现可持续发展。

7.1 问题的提出

SMN 是一个由不同能力的企业组成的新的网络组织，这些企业相互协作并结合顾客的需求提供产品或服务，其特点是由服务集成商和服务提供商通过模块化的分工协作实现整体价值的增长。基于这些特点，SMN 的组织结构、平衡关系与信息传递的复杂性将对模块的协作水平和质量控制产生重大影响，并进一步影响质量行为的实施（冯良清等，2015）。在制造服务模式下，企业将会为顾客提供贯穿产品全生命周期的综合服务。但是，在 SMN 中提供服务或产品的过程是许多模块协作的结果。各模块之间的协同控制是控制集成产品或服务质量并提高合作效率的关键因素。因此，提出一种基于 SMN 模块化结构的质量行为有效协同评价方法是解决该问题的有效途径。

自从 SMN 的概念提出以来，许多学者开始关注 SMN 的信息数据协作的平台和体系结构、协作策略和结构优化。例如，面向制造业的"双螺旋"信息协作可以应对面向服务的制造业的挑战（Hobo et al., 2006）。通过在 SMN 中定义不同的角色，并构建基于 Agent 的制造集成架构，Shen 等（2007）提出了一种新的将 Agent 和 Web 服务集成的 SMN 组织结构。特别地，通过使用基于 Web 的产品开发系统架构来扩展制造资源和语义 Web 技术，可以构建制造资源网络。实际上，有一种情况表明这种基于网络的可扩展制造资源服务是可行的（Dong et al., 2008）。同时，由各种智能电子装置（intelligent electronic device, IED）

在分布式制造系统背景下的建模和仿真表明，面向服务的制造协作是完全可行的（Nylund and Andersson，2010）。关于企业是否应该采用面向服务的制造策略，通过对企业特定的成本结构、成本分配和提供个性化服务的影响进行分析，可以获得不同的最优策略决策（Zhen，2012）。另外，基于服务的制造系统，可以对服务的业务流程进行建模，并且可以使用佩特里网对服务流程进行建模（Gamboa et al.，2015）。并且针对 SMN 在制造过程中的应用，可以构建一种面向服务的多 Agent 制造自动化系统结构（Nagorny et al.，2012）。值得一提的是，在基于全能制造顾客订单管理的管理研究中，基于面向服务的架构（service oriented architecture，SOA）的多代理控制系统很有效（Morariu et al.，2013）。同时，也可以构建面向服务的体系结构和逻辑的协同制造本体（Yan et al.，2010）。以上研究为 SMN 合作的总体评价提供了良好的基础，也为 SMN 适应不同类型的生产组织提供了参考。但是，这些研究未能涉及 SMN 质量行为协同问题。本书研究的 SMN 节点质量行为协同性评价将有助于 SMN 节点质量行为的协同控制和节点服务能力的估计。

作为衡量不确定性和复杂性的有力工具，熵已广泛应用于各个领域（Shannon，1948），也可用于研究供应链等网络组织的信息度量，构建协同系统评估模型，并使用信息熵来表示协同程度的确定性，管理熵理论已用于评估组织的协作和复杂性（宋华岭等，2009）。协同熵评估模型也可用于衡量生产效率、协同效率和管理活动的协同程度以及它们之间的关系（蒋定福等，2012）。熵还可以用作企业灵活性和供应链信息共享问题的动态度量工具（Shuiabi et al.，2005；Martínez-Olvera，2008）。另外，熵理论可用于建立静态熵和动态熵模型。在此基础上，Zhang（2012）建立了生产系统的评价方法，并通过实例证明了该方法的有效性。结构熵和操作熵也可以用于评估蜂窝制造系统中所需的信息量，实际案例也证明了该方法的可行性（Zhang and Xiao，2009；Zhang and Wang，2009）。基于最大熵原理，可以构建包括服务质量和其他要求的资源分配框架。该方法试图通过最大限度地提高系统预期的吞吐量来获得最优的资源分配（Johansson and Sternad，2005）。应用熵理论和层次化供应链的风险管理，基于熵的供应链脆弱性识别方法可被用于确定供应链的脆弱性，以评估信息风险和相应的供应链构成损失（Levner and Ptuskin，2015）。根据熵权和层次分析法，Li 等（2014）构建了顾客满意度评价方法。以上研究均将熵理论应用于生产协同研究，相关研究结果表明，将熵理论应用于组织管理措施是可行的（任佩瑜等，2001），这为研究 SMN 中相对复杂的质量行为控制提供了参考。本书试图基于质量行为结构、多层次多模块的组织网络协同评价和综合评价建立协同熵模型，尝试为 SMN 等网络组织提供一种新的质量管理方法，这将有助于服务型制造企业的可持续发展。

7.2　SMN 模块化质量协同结构及评价指标体系

7.2.1　SMN 价值模块节点质量行为

SMN 是一种网络组织结构，由许多价值模块节点组成。价值模块节点是 SMN 中的基本单元，包括服务模块的集成商、提供商和顾客效用模块节点。

模块集成商指 SMN 中的主导企业。在质量行为的实现过程中，集成商起着主导作用。它为特定产品或服务提供了战略指导，如质量行为战略。集成商的决策层首先提出策略，集成商的下级执行官把策略分解为许多支持质量行为，然后选择在网络中具有实现能力的企业。

模块提供商指可以提供某种需求的企业，提供的价值模块包括服务性生产模块和生产性服务模块。

基于 SMN 中节点的不同角色，将服务模块集成商或提供商称为价值模块节点，节点负责与集成商的执行层进行协调和对接。为了区分，我们将其下属模块称为部门，这些下属模块作为部门来提供不同的业务，并负责一些单独的专业工作。

价值模块节点质量行为是 SMN 中关于服务质量的一种常规响应，它是基于节点的能力和环境变化匹配需求而定的（冯良清，2012）。SMN 节点应根据自身的不同能力提供服务，同时仍然需要符合环境的服务质量要求。具体而言，它是指可以提供、改善和控制服务质量水平的质量管理策略。

7.2.2　SMN 价值模块节点质量行为协同结构

SMN 的组织结构形式是节点协同过程的结构基础，因此对 SMN 价值模块节点质量行为的研究需要考虑其组织结构和协同过程的特征。

基于 7.2.1 节中对集成商和提供商的描述，本节首先对 SMN 的组织结构进行梳理，如图 7.1 所示。

从图 7.1 可以看出，SMN 中节点质量行为的实现遵循上述组织结构。首先，服务集成商提出了质量行为策略，并分解了许多质量行为；其次，进行节点匹配，最终由相关部门适应相关节点来实施质量行为。

基于上述网络的组织结构，质量行为的协同结构可以表示为图 7.2。

如图 7.2 所示，质量行为策略被分为 n 个质量行为 $(b_1 \sim b_n)$，并且有 n 个相应的节点 $(e_1 \sim e_n)$ 承接相关业务。在它们之中，e_1 由 r 个部门组成 $(d_{11} \sim d_{1r})$，e_i 由 t 个部门组成 $(d_{i1} \sim d_{it})$，e_n 由 m 个部门组成 $(d_{n1} \sim d_{nm})$。

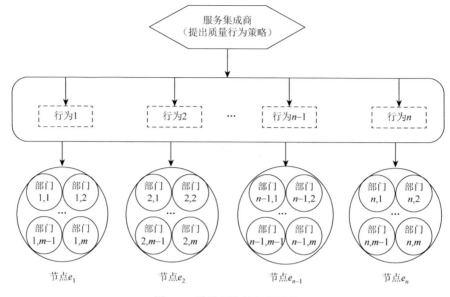

图 7.1　质量行为的组织结构

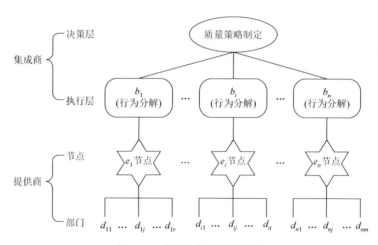

图 7.2　质量行为的协同结构

通过上述协同结构，逐步实现质量行为的实施过程。

7.2.3　SMN 节点质量行为协同性评价指标体系

为了适应 SMN 服务质量能力要求，节点采取的质量行为的实现过程与节点内部及节点间协同有关。宋华岭等（2009）运用管理熵理论的基本原理来衡量复杂组织的协同作用，并建立了评价协同作用的指标体系，为探讨协同性评价问题提供了有用的参考方法。与该文献不同的是，本书对 SMN 质量行为的结构特征和协同过程进行研究，构建了 SMN 节点质量行为协同效率、质量行为协同结构和质量行为协同机制三维评价指标体系，如图 7.3 所示。

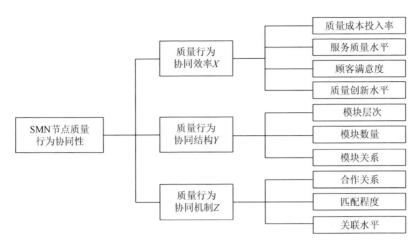

图 7.3　SMN 节点质量行为协同性评价指标体系

1. 质量行为协同效率指标

质量行为协同效率指标（X）是评价节点执行效率对质量行为实施影响程度的指标，包括质量成本投入率、服务质量水平、顾客满意度和质量创新水平。

质量成本投入率是指 SMN 节点企业为提升服务质量所投入的成本，即质量努力成本占总努力成本的比例，取值为0~1。

服务质量水平是指节点提供的模块化服务或产品的合格率，取值为0~1；顾客满意度是指顾客对所提供服务的满意水平，取值为0~1。

质量创新水平指模块节点为提升服务质量所进行的质量创新程度，分为1、2、3、4、5 五个水平，如表 7.1 所示。

表 7.1　质量创新水平程度

质量创新程度	质量创新水平
微小提高	1
小幅度提高	2
较大提高	3
大幅度提高	4
重大提高	5

质量成本投入率等 4 个指标的度量尺度，评价了节点质量行为实施过程中，努力成本、合格率、顾客满意度和创新水平四个方面的指标对质量协调效率的影

响程度，且数值越大对质量行为效率的影响越大，相应的协同性越好。

2. 质量行为协同结构指标

质量行为协同结构指标（Y）是反映 SMN 结构对节点质量行为协同过程影响程度的指标，包括模块层次、模块数量和模块关系。

模块层次是指节点质量行为的协同因果链所经历的协同层次。

模块数量指节点质量行为协同过程涉及的模块数。

模块关系是指模块之间的流程逻辑关系，反映了模块之间的结构对质量行为协同的影响，借助物理学原理设定模块关系为串并联、串联和并联三种，如图 7.4 所示。

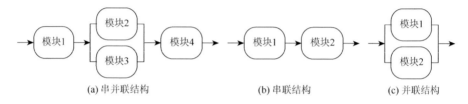

图 7.4　模块关系逻辑结构图

其中，串并联表示模块存在串联和并联的组织关系，这种模块协同难度最大，相应的协同性最差，设定关系值为 1；串联结构表示两者存在严格的直接先后关系，此时必须两者都通过，协同程度居中，设定关系值为 2；并联结构表示模块没有先后关系，属于并行关系，两者只需有一个可行即可，协同性最好，设定关系值为 3。

模块数量的 3 个指标从纵向层次、横向数量和相互关系三个角度评价质量行为协同结构的影响，且相应模块数量越多、层次越深、关系值越高，表示结构对协同性的影响越大。

3. 质量行为协同机制指标

质量行为协同机制指标（Z）是评价 SMN 节点间的合作机制对其质量行为协同过程影响程度的指标，这种影响涵盖从战略方面到具体实施层面，包括合作关系、匹配程度和关联水平。

合作关系是指节点间根据其能力水平与合作频率确定的合约关系，从战略上对节点质量行为协同产生影响，根据模块之间的联系紧密程度，可分为(1,2,3,4)四种水平，如图 7.5 所示，其中 1 到 4 表示合作关系从弱到强，而随着合作关系的强化和稳定，相应的机制协同性也越来越好。

匹配程度是指在节点质量行为实现过程中，节点企业的质量标准与所需服务质量要求的匹配度，取值为 0～1。

图 7.5　合作关系图

关联水平是指各个模块在具体实施时，机制协同性对节点质量行为协同的影响程度，根据模块的联系紧密程度分为 (1,2,3,4) 四个水平，1 到 4 表示联系越来越紧密，相应的影响程度越来越大，即关联水平对协同机制的影响越来越强。

综合上述对各个维度的指标进行的释义和赋值范围，得到 SMN 节点质量行为的评价指标体系，如表 7.2 所示。

表 7.2　SMN 节点质量行为的评价指标体系

准则层	度量指标	指标说明	度量尺度
质量行为协同效率 X	质量成本投入率 x_1	质量努力成本占总努力成本的比例	0~1
	服务质量水平 x_2	提供的模块化服务或产品的合格率	0~1
	顾客满意度 x_3	顾客对所提供服务的满意水平	0~1
	质量创新水平 x_4	为提升服务质量所进行的质量创新程度	1,2,3,4,5
质量行为协同结构 Y	模块层次 y_1	质量行为协同过程所涉及的层次数	实际层次数量
	模块数量 y_2	质量行为协同过程涉及的模块数	实际模块数量
	模块关系 y_3	质量行为的流程逻辑关系	1,2,3
质量行为协同机制 Z	合作关系 z_1	模块间的合作强弱关系	1,2,3,4
	匹配程度 z_2	节点质量标准与所需服务质量要求的匹配度	0~1
	关联水平 z_3	模块间的联系紧密程度	1,2,3,4

7.3　基于信息熵的 SMN 模块化质量行为协同性评价方法

7.3.1　SMN 模块化质量行为协同熵

SMN 是一种由模块化服务集成商与模块化服务提供商等节点相互协同构成

的新型网络组织，与其他业务系统一样，在 SMN 中也存在着有序与无序的矛盾与状态转换。作为一个多层次相互组合协作的网络组织，SMN 会有一个从混乱状态按照一定的规则向稳定态、平衡态过渡的过程，与此同时，系统也变得有序。熵本质上量化了一种情景的不确定性和复杂性，而 SMN 节点质量行为存在不确定性。节点间的协同合作是一个多主体参与的复杂过程，宋华岭等（2009）和蒋定福等（2012）引入了管理熵和协同熵的概念来衡量协同作用，并证明了这种想法的可行性。因此，在本书中，我们使用协同熵方法作为衡量质量行为协同作用的科学依据。但与现有文献不同的是，本书对协同熵赋予了新的含义，提出了基于质量行为的协同熵模型，量化协同过程中质量行为协同效率、质量行为协同结构、质量行为协同机制三个维度的适应程度，并给出相应的管理对策。

根据 Shannon（1948）对熵的定义，设系统 S 内有 n 个离散事件 $S = \{E_1, E_2, \cdots, E_n\}$，且每个离散事件出现的概率分别为 $\{P_1, P_2, \cdots, P_n\}$，则每个事件的信息熵可表示为

$$H(S) = -\sum P_i \log_2 P_i, \quad i = 1, 2, \cdots, n \tag{7.1}$$

受这一定义的启发，本书设 p 为质量行为指标的行为程度，并据此计算协同熵。即 p 等于质量行为某项指标评价值 v 与该项指标的基数（base）之间的比值，其中 v 值根据指标的具体类型确定。表 7.2 中的评价指标可分为两类，相应有两种计算 p 的方式：

$$p = v / \text{base}, \quad p \in [0, 1] \tag{7.2}$$

（1）当指标存在最大值时，如质量成本投入率、服务质量水平等，此时其基数等于最大评价值 $v_{\max}$。

（2）当指标不存在最大值时，如模块数量，此时其基数等于该类模块除自身之外的总和。

虽然两种方式的 p 值计算方式不同，但都是通过协同的评价值与最大协同时的评价值的比值来体现质量协同的行为程度，具有相同的内涵。在信息熵公式即式（7.2）中，当按照二进制进行计算时，对数一般取 2 为底，本书以十进制进行计算，因此根据 p 的内涵进行换算，对数取 10 为底，计算 SMN 中各个层级模块的协同熵，则有如下定义。

定义 7.1 设 $p_{d_{ij}}(x_k)$ 为节点部门 d_{ij} 关于质量行为协同效率 X 的第 k 项协同性指标的实现程度，质量行为协同效率 X 有 4 项指标，则 d_{ij} 的质量行为协同效率 X 的协同熵为

$$H\left(d_{ij}^x\right) = -\sum_{k=1}^{4} p_{d_{ij}}(x_k) \lg p_{d_{ij}}(x_k) \tag{7.3}$$

如式（7.3）所示，基数是常数，指标评价值 v 越大，p 越大，并且相应的协同熵 $H\left(d_{ij}^x\right)$ 越小，协同性越好。

同理，d_{ij} 的质量行为协同结构的协同熵 $H\left(d_{ij}^{y}\right)$、质量行为协同机制的协同熵 $H\left(d_{ij}^{z}\right)$ 可以表示为

$$H\left(d_{ij}^{y}\right) = -\sum_{k=1}^{3} p_{d_{ij}}(y_k)\lg p_{d_{ij}}(y_k) \tag{7.4}$$

$$H\left(d_{ij}^{z}\right) = -\sum_{k=1}^{3} p_{d_{ij}}(z_k)\lg p_{d_{ij}}(z_k) \tag{7.5}$$

如上的 $H\left(d_{ij}^{x}\right)$、$H\left(d_{ij}^{y}\right)$ 和 $H\left(d_{ij}^{z}\right)$ 构成了对节点部门 d_{ij} 的协同性评价。在此基础上，网络中的节点，其协同性受下属节点部门影响的同时，相互之间也会产生一定的作用。所以本书设节点的协同熵 $H\left(e_i\right)$ 由节点内部和节点间两部分共同构成。

定义 7.2 设节点 $H(e_i)$ 的协同熵由节点下属部门 d_{ij} 的最大协同熵 $H_1(e_i)$ 和节点间协同熵 $H_2(e_i)$ 两部分构成，对节点 $H(e_i)$ 分别进行 X、Y、Z 方面的两部分协同性评价。其中 $H_1\left(e_i^{x}\right)$ 表示在节点 $H(e_i)$ 内部部门关于协同效率 (X) 的最大协同熵，$H_2\left(e_i^{x}\right)$ 表示节点 $H(e_i)$ 与处于同一层次的节点之间的协同熵：

$$H_1\left(e_i^{x}\right) = \max\left\{H\left(d_{i1}^{x}\right), H\left(d_{i2}^{x}\right), \cdots, H\left(d_{in}^{x}\right)\right\} \tag{7.6}$$

$$H_2\left(e_i^{x}\right) = -\frac{1}{m}\sum_{k=1}^{m} p_{e_i}(x_k)\lg p_{e_i}(x_k) \tag{7.7}$$

式中，$H_1\left(e_i^{x}\right)$ 作为节点下属部门的最大协同熵值，表示节点内部最大偏离程度；$p_{e_i}(x_k)$ 为 e_i 与该层节点在质量行为效率上协同的行为程度；$H_2\left(e_i^{x}\right)$ 为节点与节点间的协同熵，综合 $H_1\left(e_i^{x}\right)$ 和 $H_2\left(e_i^{x}\right)$ 可知 $H\left(e_i^{x}\right)$。$H\left(e_i^{y}\right)$、$H\left(e_i^{z}\right)$ 的计算同理。

$$H\left(e_i^{x}\right) = H_1\left(e_i^{x}\right) + H_2\left(e_i^{x}\right) \tag{7.8}$$

对 SMN 中服务提供商的质量行为度量，可通过节点部门和节点的度量来实现。决策层提出质量策略后，执行层需在集成商内部协同对该策略进行分解，得到 i 个具体的节点质量行为策略来实施，而相应节点协同性和执行层之间的协同性联合作用决定了执行层的协同性。所以对执行层的第 i 个质量行为的协同度量，既要考虑承接该质量行为节点的协同水平 $H(e_i)$，也要考虑执行层内部协同水平 $p_{b_i}(x)$ 的影响，因此，有以下定义。

定义 7.3 设第 i 个执行层部门负责的质量行为策略的协同熵 $H(b_i)$ 由承接该质量行为策略的节点的协同熵 $H_1(b_i)$ 和该执行层部门与其他执行层部门的协同熵 $H_2(b_i)$ 两部分组成。$H_1\left(b_i^{x}\right)$ 表征的是承接该质量行为节点的协同水平；$H_2\left(b_i^{x}\right)$ 度量的是该执行部门与执行层之间的协同水平对质量行为协同的影响程度。对执行层质量行为分别从 X、Y、Z 三个方面进行度量，$H\left(b_i^{x}\right)$ 表示为

$$H\left(b_i^x\right) = H_1\left(b_i^x\right) + H_2\left(b_i^x\right) = H\left(e_i^x\right) - \frac{1}{m}\sum_{k=1}^{m} p_{b_i}(x_k)\lg p_{b_i}(x_k) \qquad (7.9)$$

式中，$H\left(b_i^x\right)$ 为第 i 个执行层部门的质量行为协同效率行为程度，$H\left(b_i^x\right)$ 综合了执行层从内部协同到节点实现这一过程来进行评价。$H\left(b_i^y\right)$、$H\left(b_i^z\right)$ 计算同理。$H\left(b_i^x\right)$、$H\left(b_i^y\right)$、$H\left(b_i^z\right)$ 分别度量了服务集成商的执行层次上质量行为协同效率、质量行为协同结构和质量行为协同机制的协同程度。

　　熵值的变化体现了网络中相关单位协同程度的偏离程度，部门、节点和执行层部门对某个指标的评价值越大，协同熵值越小，其协同效果越好；反之，度量尺度取值越小，协同熵值越大，其协同效果越差。

7.3.2　SMN 质量行为协同度

　　SMN 中质量行为的度量不仅需要度量模块对质量行为需求的匹配程度，更需要度量模块与其他业务之间的协同关系程度。蒋定福等（2012）、Zhang 和 Wang（2009）通过协同度描述了组织中各部门的协同影响程度。与之不同的是，本书在 SMN 节点质量行为的层次化结构中，通过各层次单元与其在网络中对应的单元的比较来度量这种协同关系。因此，本书定义 SMN 节点质量行为协同度如下。

　　定义 7.4　若节点 e_i 由 n 个部门 d_{ij} $(j=1,2,\cdots,n)$ 参与质量行为的协同，d_{ij} 的效率、结构和机制协同熵分别为 $H\left(d_{ij}^x\right)$、$H\left(d_{ij}^y\right)$、$H\left(d_{ij}^z\right)$，设部门 d_{ij} 的效率协同度 $C\left(d_{ij}^x\right)$ 为

$$C\left(d_{ij}^x\right) = 1 - H\left(d_{ij}^x\right) / H\left(e_i^x\right) \qquad (7.10)$$

式中，$C\left(d_{ij}^x\right)$ 为部门 d_{ij} 的效率协同熵 $H\left(d_{ij}^x\right)$ 与节点 e_i 的效率协同熵的联系紧密程度，$H\left(d_{ij}^x\right)$ 越小，则 $C\left(d_{ij}^x\right)$ 越大，相应的协同度越好，即部门 d_{ij} 在节点 e_i 中与其他部门的协同效率越好。$C\left(d_{ij}^y\right)$ 和 $C\left(d_{ij}^z\right)$ 同理。

　　同理，根据节点 e_i、质量行为 b_i 的不同方面的协同熵值，可得出 e_i、b_i 的相应协同度：

$$C\left(e_i^x\right) = 1 - H\left(e_i^x\right) / H\left(b_i^x\right) \qquad (7.11)$$

$$C\left(b_i^x\right) = 1 - H\left(b_i^x\right) \qquad (7.12)$$

　　式（7.12）中，设定战略层处于完全协同状态，即协同度为 1。$C\left(e_i^x\right)$ 和 $C\left(b_i^x\right)$ 根据本层级的协同熵与其上级的效率协同熵的比值，反映了 e_i、b_i 在协同效率上的协同程度，$C\left(e_i^x\right)$、$C\left(b_i^x\right)$ 越大，协同度越好，$C\left(e_i^y\right)$ 和 $C\left(b_i^z\right)$ 的相关计算同理。

7.4　SMN 模块化质量协同性评价案例分析

7.4.1　案例背景概述

　　某纺织机械企业，多年专注于固有的纺织机械生产和销售渠道，逐渐形成了固定模式、单一渠道等弊端。制造业转型背景下，该纺织机械企业的业务受到严重的冲击，企业必须寻求转型。在这种背景下，该企业依靠传统优势，加强了模块化的分工，提高各模块的专业化程度与能力，并加大与其他企业的协同合作，采取网络化的组织结构进行生产、服务等活动，开始向服务型制造模式转型，力图在 SMN 中找到定位并挖掘新的增长点，明确相应的模块化布局规划，其模块化质量行为结构如图 7.6 所示。

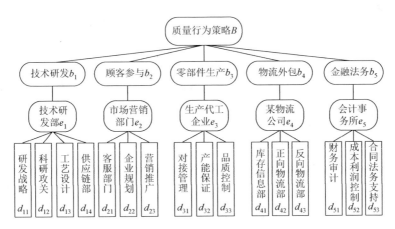

图 7.6　某纺织机械企业质量行为协同结构图

　　（1）执行层调整。企业自身只保留具有核心能力的技术研发 b_1 和顾客参与 b_2，对相应技术要求不高的服务性生产业务零部件生产 b_3 和成本较高的生产性服务物流外包 b_4、金融法务 b_5 等采取外包策略，这些分工之间的协同共同构成了总的质量行为策略 B。

　　（2）节点布局。根据企业对五个模块的分工，首先对企业自身的组织结构进行了重组，设立了技术研发部 e_1 和集成的市场营销部门 e_2；零部件生产外包给某生产代工企业 e_3；生产性服务业务物流和金融法务分别外包给提供商某物流公司 e_4、会计事务所 e_5。

　　（3）节点部门的分工。上述 5 个节点 $(e_1 \sim e_5)$ 对本模块进行分工并由相应部门 d_{ij} 分工协作实施。节点 e_1 承接集成商的研发设计，下辖研发战略 d_{11}、科研攻

关 d_{12}、工艺设计 d_{13} 和供应链部 d_{14} 四个部门；节点 e_2 主要负责收集顾客的意见和反馈，包括客服部门 d_{21}、企业规划 d_{22} 和营销推广 d_{23}；节点 e_3 作为服务性生产提供商，承接集成商的零部件生产，设立了对接管理 d_{31}、产能保证 d_{32} 和品质控制 d_{33} 三个部门来完成生产代工；节点 e_4 承接集成商的物流业务，包括实时的库存信息部 d_{41}、正常发货的正向物流部 d_{42} 和返回的反向物流部 d_{43}；节点 e_5 负责集成商的金融法务工作，其工作由财务审计 d_{51}、成本利润控制 d_{52} 和合同法务支持 d_{53} 构成。

7.4.2　质量行为的协同性度量

纺织机械企业的模块化 SMN 结构如图 7.6 所示，在这种情况下，SMN 质量行为协同的控制关系到企业战略能否成功实施。因此对该企业各模块的组织分工和协同情况进行走访调查，包括借阅分析企业内部资料、与相关人员约谈等方式，确定了其行为程度对应表 7.2 中的评价值。并结合前文中的理论进行相应质量行为的协同性度量、评价，力图为企业对质量行为的控制管理提供参考。

1）数据来源及归一化处理

根据评价体系，分别针对每个类型的模块从效率、结构和机制三个方面进行度量，具体数据如表 7.3 所示。下面分别以 d_{11}、e_1、b_1 为例说明部门、节点及执行层评价数据来源及过程。

对 d_{11} 的质量行为协同效率的度量中，我们通过与 d_{11} 的部门负责人会谈并借阅相关记录，包括计算总投入和质量投入成本等，确定其成本被用于提高质量行为协同效率的比例为 0.8。与 d_{11} 的研发规划团队交流，确定了所提供的模块化服务或产品的合格率接近 0.6，即服务质量水平为 0.6；同时确定了企业对研发战略的满意度接近 0.8。通过与 d_{11} 的部门经理约谈，我们一致认为 d_{11} 的模块能力有大幅度提升，并确定相应 d_{11} 的质量创新水平为 3。

对 d_{11} 的质量行为协同结构的度量中，我们通过大量分析 d_{11} 决策制定与落实的过程手续等资料，最终认定研发战略的质量行为需经过 4 个模块层次的协同。同时，研发战略的启动需要决策层制定，然后经过成本利润控制 d_{52} 和科研攻关 d_{12} 的认可才能启动，即串并联关系，所以其模块关系为 1。研发战略的实施需要与科研攻关 d_{12}、工艺设计 d_{13}、供应链部 d_{14}、企业规划 d_{22} 和成本利润控制 d_{52} 5 个部门协同配合，所以模块数量确定为 5。

对 d_{11} 的质量行为协同机制的度量中，通过对 d_{11} 与其他部门之间业务往来的统计和比较分析，首先我们认为 d_{11} 与其他部门有着长期稳定的战略伙伴关系，由此确认 d_{11} 合作关系属于水平为 4 的战略联盟；同时 d_{11} 与其他节点部门联系紧密，相互之间有重要影响，因此确定 d_{11} 的关联水平为 3。其次根据部门网络机制的影响和相关策略的制定过程，认定 d_{11} 质量标准与所需服务质量要求的匹配度为 0.6，因此其匹配水平为 0.6。

对 e_1 的节点间质量行为协同效率和协同结构的度量，我们主要通过对节点 e_1 的多个主管及其团队的访谈，并分析一手资料，对比 e_1 的总成本和质量成本投入，确定 e_1 的质量成本投入率为 0.75；了解到 e_1 与其他节点的合作影响程度后认定 e_1 的节点间服务质量水平为 0.5；通过分析一些 e_1 与其他节点的合作对最终顾客满意度的影响，将 e_1 的节点间顾客满意度定为 0.7；同时节点间的协同合作对质量水平有小幅度的提高，设定节点间质量创新水平为 2；e_1 与其他节点保持长期稳定的合作关系，设定 e_1 节点间合作关系水平和关联水平均为 4；e_1 与其他节点间的协同对模块化质量要求高度匹配，设定 e_1 节点间质量行为匹配程度为 0.9。

对于 e_1 的节点间质量行为协同结构的度量，通过借阅分析节点的合作资料和协作记录，我们确定 e_1 节点间协同需经过决策层、执行层和节点层，由此设定模块层次为 3；e_1 与节点 e_2、e_3、e_5 具有协同关系，因此相应模块数量为 3；节点 e_1 的质量行为决策需通过市场营销部门的调查反馈后才能可行，具有先后关系，因此设定 e_1 节点间的模块关系为水平为 2 的串联关系。

对于 b_1 与执行层间的质量行为协同性度量，通过对主管的访谈、工作档案的分析和会议记录的整理，我们发现 b_1 与执行层间的协同合作能够有效提高 b_1 的质量行为协同效率和协同机制，因此，经过评估，我们最终将 b_1 的质量成本投入率等四项协同效率指标的评价值定为 0.95、1、0.95 和 4；将 b_1 的合作关系等三项协同机制指标的评价值定为 3、0.9、3。对于协同结构，我们根据 b_1 所通过的质量行为策略的制定过程记录，认定 b_1 与执行层其他部门间的协同合作需通过决策层和执行层两个模块层次，b_2、b_3 和 b_5 三个执行层部门的串并联协同关系，因此设定模块层次等三个协同结构评价值为 2、1 和 3。

同理，对 SMN 中的节点部门、节点及执行层按照上述逻辑和步骤逐个设定和推算，这里不再赘述。各个模块评价值汇总后得到的结果如表 7.3 所示。

在表 7.3 的基础上，对所有评价值 v，根据式（7.2），换算成该值所对应的行为程度 p，以方便后续的协同熵计算。行为程度 p 的两种计算方式，举例如下：

$$p_{d_{11}}(x_1) = v_{d_{11}}(x_1) / d_{\max}(x_1) = \frac{0.8}{1} = 0.8$$

$$p_{d_{11}}(y_3) = v_{d_{11}}(y_3) / 15 = \frac{5}{15} \approx 0.33$$

根据式（7.2）的定义，$x_1 \in [0,1]$。d_{11} 层除 d_{11} 之外有 15 个部门，与 d_{11} 协同的有 5 个，则 $p_3(d_{11}^y) = 5/15 \approx 0.33$。其他数据计算同理，汇总后得到的结果如表 7.4 所示。

表 7.3 节点部门、节点、执行层协同指标评价值统计表

评价值	d_{11}	d_{12}	d_{13}	d_{14}	e_1	b_1	d_{21}	d_{22}	d_{23}	e_2	b_2	d_{31}	d_{32}	d_{33}	e_3	b_3	d_{41}	d_{42}	d_{43}	e_4	b_4	d_{51}	d_{52}	d_{53}	e_5	b_5
$v(x_1)$	0.8	0.95	0.85	0.9	0.75	0.95	0.65	0.6	0.87	0.8	0.95	0.9	0.95	0.95	0.6	0.6	0.9	0.8	0.85	0.87	0.95	0.8	0.93	0.78	0.75	0.95
$v(x_2)$	0.6	0.72	0.9	0.8	0.5	1	0.7	0.65	0.7	0.9	1	0.8	0.75	0.8	0.8	0.8	0.95	0.7	0.85	0.9	1	0.95	0.85	0.75	0.79	1
$v(x_3)$	0.8	0.75	0.95	0.9	0.7	0.95	0.83	0.85	0.9	0.85	0.95	0.9	0.85	0.95	0.9	0.9	0.92	0.88	0.94	0.75	0.95	0.86	0.9	0.85	0.75	0.95
$v(x_4)$	3	4	4	3	2	4	2	3	2	3	4	2	1	4	3	4	4	2	3	3	4	2	3	4	3	4
$v(y_1)$	4	3	3	4	3	2	4	4	3	3	2	3	3	3	3	3	3	3	3	3	3	3	4	4	3	3
$v(y_2)$	5	7	7	5	3	3	9	6	5	3	4	6	5	7	3	3	5	5	6	2	2	5	9	7	4	4
$v(y_3)$	1	3	3	1	2	3	3	2	3	1	1	1	1	1	1	1	2	3	3	3	1	3	1	3	1	1
$v(z_1)$	4	3	3	3	4	3	2	3	3	4	3	2	2	2	3	3	2	3	3	3	3	2	3	3	2	2
$v(z_2)$	0.6	0.8	0.78	0.9	0.9	0.9	0.7	0.85	0.76	0.8	0.65	0.8	0.7	0.85	0.75	0.9	0.85	0.75	0.8	0.9	0.9	0.75	0.85	0.8	0.91	0.8
$v(z_3)$	3	4	4	3	4	3	2	2	3	4	3	3	4	3	4	3	4	3	3	3	3	3	2	3	4	3

表 7.4　节点部门、节点、执行层评价值归一化统计表

归一化值	d_{11}	d_{12}	d_{13}	d_{14}	e_1	b_1	d_{21}	d_{22}	d_{23}	e_2	b_2	d_{31}	d_{32}	d_{33}	e_3	b_3	d_{41}	d_{42}	d_{43}	e_4	b_4	d_{51}	d_{52}	d_{53}	e_5	b_5
$p(x_1)$	0.80	0.95	0.85	0.90	0.75	0.95	0.65	0.6	0.87	0.80	0.95	0.90	0.95	0.95	0.60	0.80	0.90	0.80	0.85	0.87	0.95	0.80	0.93	0.78	0.75	0.95
$p(x_2)$	0.60	0.72	0.90	0.80	0.50	1	0.70	0.65	0.70	0.90	1	0.80	0.75	0.80	0.80	0.87	0.95	0.70	0.85	0.90	1	0.95	0.85	0.75	0.79	1
$p(x_3)$	0.80	0.75	0.95	0.90	0.70	0.95	0.83	0.85	0.90	0.85	0.95	0.90	0.85	0.95	0.90	0.85	0.92	0.88	0.94	0.75	0.95	0.86	0.90	0.85	0.75	0.95
$p(x_4)$	0.60	0.80	0.80	0.60	0.40	0.80	0.40	0.60	0.40	0.60	0.80	0.40	0.20	0.80	0.60	0.80	0.80	0.40	0.60	0.60	0.80	0.40	0.60	0.80	0.60	0.80
$p(y_1)$	1	0.75	0.75	1	0.75	0.50	1	1	0.75	0.75	0.50	0.75	0.75	0.75	0.75	0.75	0.75	0.75	0.75	0.75	0.75	0.75	1	1	0.75	0.75
$p(y_2)$	0.33	1	1	0.33	0.67	0.33	1	0.67	1	0.33	0.33	0.33	0.33	0.33	0.33	0.33	0.67	0.33	0.33	0.33	0.33	0.33	0.33	1	0.33	0.33
$p(y_3)$	0.33	0.47	0.47	0.33	0.20	0.20	0.60	0.40	0.33	0.20	0.27	0.40	0.33	0.47	0.20	0.20	0.33	0.33	0.40	0.13	0.13	0.33	0.60	0.47	0.27	0.27
$p(z_1)$	1	0.75	0.75	0.75	1	0.75	0.75	0.75	0.75	1	0.75	0.50	0.50	0.50	0.75	0.75	0.75	0.75	0.75	0.75	0.75	0.50	0.75	0.75	0.50	0.50
$p(z_2)$	0.60	0.80	0.78	0.90	0.90	0.90	0.70	0.85	0.76	0.80	0.65	0.80	0.70	0.85	0.75	0.90	0.85	0.75	0.80	0.90	0.90	0.75	0.85	0.80	0.91	0.80
$p(z_3)$	0.75	1	1	0.75	1	0.75	0.50	0.50	0.75	1	0.75	0.75	1	0.75	1	0.75	1	0.75	0.75	0.75	0.75	0.75	0.50	0.75	1	0.75

2）部门层 d_{ij} 质量行为协同性度量

根据表 7.4 中的 p 值，首先对 SMN 中的 d_{ij} 层进行效率、结构和机制三个方面的度量。根据定义 7.1、式（7.3）：

$$H\left(d_{11}^x\right)=-\sum_{k=1}^{4}p_{d_{11}}(x_k)\lg p_{d_{11}}(x_k)$$

$$=\sum_{k=1}^{4}H_{d_{11}}(x_k)$$

$$=(-0.8\lg 0.8)+(-0.6\lg 0.6)+(-0.8\lg 0.8)+(-0.6\lg 0.6)$$

$$\approx 0.0775+0.1331+0.0775+0.1331=0.4212$$

$H\left(d_{11}^y\right)$、$H\left(d_{11}^z\right)$ 根据式（7.4）和式（7.5）计算。在协同熵的基础上，根据定义 7.4 及式（7.10），计算 d_{ij} 的协同度。以 $C\left(d_{11}^x\right)$ 的计算过程为例，$H\left(d_{11}^x\right)$ 为已知数据，$H\left(e_1^x\right)$ 后续会详细得出计算过程，这里先跳过，则有

$$C\left(d_{11}^x\right)=1-H\left(d_{11}^x\right)/H\left(e_1^x\right)=1-0.4212/0.5492\approx 0.2330$$

$C\left(d_{11}^y\right)$ 和 $C\left(d_{11}^z\right)$ 的计算过程同理，也是根据相应协同熵值、相应节点协同熵值和式（7.10）进行计算。将部门层所有 d_{ij} 的度量数据整理后如表 7.5 所示。

3）节点层 e_i 的质量行为协同性度量

对节点部门层的评价如表 7.5 所示，在此基础上根据定义 7.2 和式（7.2）及式（7.8）计算节点协同熵。由于 $H_1\left(e_i^x\right)=\max H\left(d_{ij}^x\right)$ 可从表 7.5 中获知，而根据表 7.4 可计算出 $H_2\left(e_i^x\right)$，进而得出 $H\left(e_i^x\right)$。以 $H\left(e_1^x\right)$ 的计算过程为例：

$$H\left(e_1^x\right)=H_1\left(e_i^x\right)+H_2\left(e_i^x\right)$$

$$=0.4212-\frac{1}{4}\times(0.75\lg 0.75+0.5\lg 0.5+0.7\lg 0.7+0.4\lg 0.4)$$

$$\approx 0.4212+0.1280=0.5492$$

$H\left(e_i^y\right)$ 和 $H\left(e_i^z\right)$ 等同类性质的数据计算过程同理。根据定义 7.4 和式（7.11）计算节点的协同度：

$$C\left(e_1^x\right)=1-H\left(e_i^x\right)/H\left(b_i^x\right)$$

$$=1-\frac{0.5492}{0.5792}\approx 0.0518$$

$H\left(b_i^x\right)$ 的值可从表 7.6 中获知。

4）执行层 b_i 的质量行为协同性度量

对执行层 b_i 的度量如表 7.6 所示，则在此基础上根据定义 7.3 和式（7.2）、式（7.9）计算执行层 b_i 协同熵：

$$H\left(b_i^x\right)=H_1\left(b_i^x\right)+H_2\left(b_i^x\right)=H\left(e_i^x\right)-\frac{1}{m}\sum_{k=1}^{m}p_{b_i}(x_k)\lg p_{b_i}(x_k)$$

表 7.5　服务提供商节点部门 d_{ij} 协同评价表

度量数据	d_{11}	d_{12}	d_{13}	d_{14}	d_{21}	d_{22}	d_{23}	d_{31}	d_{32}	d_{33}	d_{41}	d_{42}	d_{43}	d_{51}	d_{52}	d_{53}
$H(x_1)$	0.0775	0.0212	0.06	0.0412	0.1216	0.1331	0.0526	0.0412	0.0212	0.0212	0.0412	0.0775	0.06	0.0775	0.0293	0.0842
$H(x_2)$	0.1331	0.1027	0.0412	0.0775	0.1084	0.1216	0.1084	0.0775	0.0937	0.0775	0.0212	0.1084	0.06	0.0212	0.06	0.0937
$H(x_3)$	0.0775	0.0937	0.0212	0.0412	0.0672	0.06	0.0412	0.0412	0.06	0.0212	0.0333	0.0489	0.0253	0.0563	0.0412	0.06
$H(x_4)$	0.1331	0.0775	0.0775	0.1331	0.1592	0.1331	0.1592	0.1592	0.1398	0.0775	0.0775	0.1592	0.1331	0.1592	0.1331	0.0775
$H(d_{ij}^x)$	0.4212	0.2951	0.1999	0.293	0.4564	0.4478	0.3614	0.3191	0.3147	0.1974	0.1732	0.2832	0.2784	0.3142	0.2636	0.3154
$C(d_{ij}^x)$	0.2330	0.4626	0.6360	0.4664	0.1459	0.1620	0.3237	0.2316	0.2422	0.5247	0.6348	0.1691	0.4129	0.2443	0.3660	0.2414
$H(y_1)$	0	0.0937	0.0937	0	0	0	0.0937	0.0937	0.0937	0.0937	0.0937	0.0937	0.0937	0.0937	0	0
$H(y_2)$	0.1589	0	0	0.1589	0	0.1165	0	0.1589	0.1589	0.1589	0.1165	0.1589	0.1589	0.1589	0.1589	0
$H(y_3)$	0.1589	0.1541	0.1541	0.1589	0.1331	0.1592	0.1589	0.1592	0.1589	0.1541	0.1589	0.1589	0.1592	0.1589	0.1331	0.1541
$H(d_{ij}^y)$	0.3178	0.2478	0.2478	0.3178	0.1331	0.2757	0.2526	0.4118	0.4115	0.4067	0.3691	0.4115	0.4118	0.4115	0.292	0.1541
$C(d_{ij}^y)$	0.2685	0.4296	0.4296	0.2685	0.6726	0.3218	0.3786	0.2411	0.2416	0.2505	0.3100	0.2307	0.2301	0.2475	0.4660	0.7182
$H(z_1)$	0	0.0937	0.0937	0.0937	0.0937	0.0937	0.0937	0.1505	0.1505	0.1505	0.0937	0.0937	0.0937	0.1505	0.0937	0.0937
$H(z_2)$	0.1331	0.0775	0.0842	0.0412	0.1084	0.06	0.0906	0.0775	0.1084	0.06	0.06	0.0937	0.0775	0.0937	0.06	0.0775
$H(z_3)$	0.0937	0	0	0.0937	0.1505	0.1505	0.0937	0.0937	0	0.0937	0	0.0937	0.0937	0.0937	0.1505	0.0937
$H(d_{ij}^z)$	0.2268	0.1712	0.1779	0.2286	0.3526	0.3042	0.278	0.3217	0.2589	0.3042	0.1537	0.2811	0.2649	0.3379	0.3042	0.2649
$C(d_{ij}^z)$	0.0641	0.2935	0.2659	0.0567	0.0683	0.1153	0.2654	0.1965	0.1560	0.2402	0.3076	0.2133	0.2133	0.1563	0.2404	0.3386

表 7.6　服务集成商执行层质量行为 b_i 协同评价表

度量数据	b_i									
	b_1		b_2		b_3		b_4		b_5	
	$H_1(b_1)$	$H_2(b_1)$	$H_1(b_2)$	$H_2(b_2)$	$H_1(b_3)$	$H_2(b_3)$	$H_1(b_4)$	$H_2(b_4)$	$H_1(b_5)$	$H_2(b_5)$
$H(x)$	0.5492	0.0300	0.5344	0.0300	0.4153	0.0669	0.4742	0.0300	0.4158	0.0300
$H(y)$	0.4345	0.1497	0.4065	0.1543	0.5426	0.1308	0.5344	0.1226	0.5469	0.1354
$H(z)$	0.2423	0.0762	0.3784	0.1030	0.3842	0.0762	0.3573	0.0762	0.4005	0.1072
$H(b_i^x)$	0.5792		0.5644		0.4822		0.5042		0.4458	
$H(b_i^y)$	0.5842		0.5608		0.6734		0.6570		0.6823	
$H(b_i^z)$	0.3185		0.4814		0.4604		0.4335		0.5077	
$C(b_i^x)$	0.4208		0.4356		0.5178		0.5958		0.5542	
$C(b_i^y)$	0.4158		0.4392		0.3266		0.3430		0.3177	
$C(b_i^z)$	0.6815		0.5186		0.5234		0.5665		0.4923	

已知 $H_1(b_i^x) = H(e_i^x)$，根据表 7.4 中的 $p_k(e_i^x)$ 值，可得出 $H_2(b_i^x)$。以 $H(b_1^x)$ 的计算为例：

$$H(b_1^x) = H_1(b_1^x) + H_2(b_1^x)$$
$$= 0.5492 - \frac{1}{4} \times (0.95\lg 0.95 + 0 + 0.8\lg 0.8 + 0.95\lg 0.95) \approx 0.5792$$

$H(b_1^y)$ 和 $H(b_1^z)$ 的计算同理。在此基础上，根据定义 7.4 和式（7.12）计算协同度：

$$C(b_1^x) = 1 - H(b_1^x)$$
$$= 1 - 0.5792 = 0.4208$$

其他类似数据的计算过程，如 $C(b_1^y)$ 和 $C(b_1^z)$ 也遵循相同的逻辑。关于 b_i（$i = 1 \sim 5$）数据汇总后如表 7.6 所示。

$C(e_1^y)$ 和 $C(e_1^z)$ 等同类性质的数据计算过程同理。关于 $e_i(i = 1 \sim 5)$ 数据汇总后如表 7.7 所示。

表 7.7　服务提供商节点 e_i 协同评价表

度量数据	e_i									
	e_1		e_2		e_3		e_4		e_5	
	$H_1(e_1)$	$H_2(e_1)$	$H_1(e_2)$	$H_2(e_2)$	$H_1(e_3)$	$H_2(e_3)$	$H_1(e_4)$	$H_2(e_4)$	$H_1(e_5)$	$H_2(e_5)$
$H(x)$	0.4212	0.1280	0.4564	0.0780	0.3191	0.0962	0.3940	0.0802	0.3154	0.1004
$H(y)$	0.3178	0.1167	0.2757	0.1308	0.4118	0.1308	0.4118	0.1226	0.4115	0.1354
$H(z)$	0.2286	0.0137	0.3526	0.0258	0.3217	0.0625	0.2811	0.0762	0.3379	0.0626
$H(e_i^x)$	0.5492		0.5344		0.4153		0.4142		0.4158	
$H(e_i^y)$	0.4345		0.4065		0.5426		0.5344		0.5469	
$H(e_i^z)$	0.2423		0.3784		0.3842		0.3573		0.4005	
$C(e_i^x)$	0.0518		0.0531		0.1387		0.0595		0.0673	
$C(e_i^y)$	0.2563		0.2751		0.1942		0.1866		0.1984	
$C(e_i^z)$	0.2392		0.2140		0.1599		0.1758		0.2111	

7.4.3　质量行为协同性分析与评价

1. 部门层 d_{ij} 协同度分析与评价

根据表 7.5 中对提供商 d_{ij} 层的评价度量数据，对全部 d_{ij} 的协同度 $C\left(d_{ij}^x\right)$、$C\left(d_{ij}^y\right)$、$C\left(d_{ij}^z\right)$ 进行统计，如图 7.7 所示。

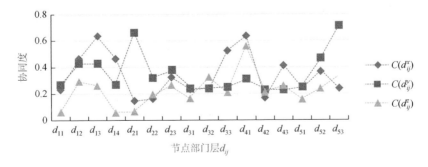

图 7.7　SMN 提供商节点部门层 d_{ij} 协同度

如图7.7所示,对企业SMN服务提供商节点部门层三个方面的协同性度量中,

机制协同度 $C\left(d_{ij}^{z}\right)$ 最低,而效率协同度、机构协同度则对于不同的业务模块有所差异。说明服务提供商的节点部门 d_{ij} 作为 SMN 中最小的组织,网络机制对于其协同贡献度最低,即网络机制对节点部门的影响,相对于效率、结构方面最不利于节点部门质量行为的实现,提高节点部门 d_{ij} 的质量行为协同性应从改善节点部门对应的网络机制入手。

2. 节点层 e_i 协同度分析与评价

根据表 7.6 对 SMN 中节点层 e_i 的评价度量数据,对 $e_i(i=1\sim5)$ 的效率、结构和机制协同度 $C\left(e_i^{x}\right)$、$C\left(e_i^{y}\right)$、$C\left(e_i^{z}\right)$ 进行统计分析,如图 7.8 所示。

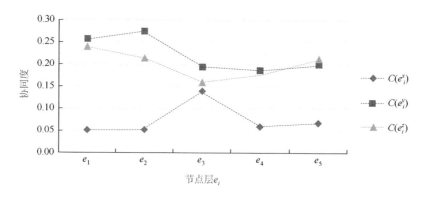

图 7.8　SMN 提供商节点层 e_i 协同度

如图 7.8 所示,对企业 SMN 节点层 e_i 的协同性度量中,各个节点的效率协同度 $C\left(e_i^{x}\right)$ 均低于其 $C\left(e_i^{y}\right)$、$C\left(e_i^{z}\right)$,而各个节点的 $C\left(e_i^{y}\right)$、$C\left(e_i^{z}\right)$ 相对来说没有剧烈的波动。说明节点 e_i 作为网络的中间层,其协作效率对其协同贡献程度最低,即节点 e_i 的协作效率水平是妨碍节点层质量行为协同的主要因素,提高节点层的质量行为协同性应重点提高节点之间的协作效率。

3. 执行层 b_i 协同度分析与评价

根据表 7.7 中对 SMN 中集成商执行层的评价度量数据,对 $b_i(i=1\sim5)$ 的效率、结构和机制协同度 $C\left(b_i^{x}\right)$、$C\left(b_i^{y}\right)$、$C\left(b_i^{z}\right)$ 进行统计分析,如图 7.9 所示。

由图 7.9 可知,结构协同度 $C\left(b_i^{y}\right)$ 低于效率、机制协同度 $C\left(b_i^{x}\right)$、$C\left(b_i^{z}\right)$,说明对于属于同一个集成商的执行层,结构划分是否合理对其质量行为的协同性影响最大,相应的协同难度也最大。尤其是对于外包业务模块 $\left(b_3,\ b_4,\ b_5\right)$ 影响更大。所以提高集成商执行层质量行为协同性,应重点提高组织结构和业务模块的合理性。

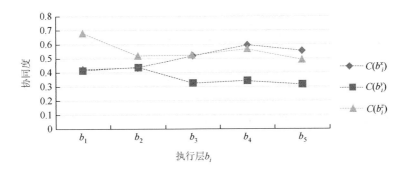

图 7.9　SMN 集成商执行层 b_i 协同度

7.4.4　评价结果和管理策略

1. 基于案例的结果和讨论

该纺织机械企业作为中国新形势下众多制造企业的代表,其案例具有一定的代表性,应用本章方法研究该企业转型过程中的质量控制有助于为众多类似企业提供经验参考。

案例的研究结果(表 7.5～表 7.7)分别评价了 SMN 中提供商节点部门、节点和集成商执行层的质量行为协同性。由该结果可知,SMN 中各个层次的模块单位呈现差异性的协同性规律。宋华岭等(2009)也提出过类似的观点。但本书具体到 SMN 中各个层级协同性的影响因素。任佩瑜等(2001)提出制度是影响管理熵增加的重要因素,随着时间和环境的变化,管理制度的不合理将制约其他因素的发挥并导致协同性的下降。实际情况中质量行为机制对 SMN 节点部门质量行为的制约尤其明显。部门作为 SMN 中的最小单位,很大程度上是部门在适应机制而很难去改变,因此不合理的机制对整个部门层质量行为协同性的影响尤其严重。

节点作为独立的提供商个体,其参与协作方式是直接与其他节点或集成商进行接触,所以节点单位的协同效率对 SMN 整体生产效率和协同性水平有着重要影响。本章通过实例研究认为节点的质量行为协同效率是影响该层质量行为协同性水平的主要因素。从表 7.6 可以看出,节点作为一个独立的提供商个体参与 SMN 的协同,与相对稳定的协同机制和协同结构相比,协同效率成为影响质量行为协同水平的最主要因素。

服务集成商作为 SMN 中的主导企业,其结构或模块划分的合理性对集成商和 SMN 的协同性水平都有巨大的影响。本章通过对 SMN 单位的组织层次进行划分,认为结构的合理性在集成商执行层参与网络协同的过程中的影响尤其明显。

由表 7.7 可知，作为质量行为策略发起点和协同信息的源头，集成商的组织结构和模块任务的划分关系到 SMN 的协同性难易程度，特别是一些涉及多部门协作的任务，如技术研究、顾客参与等，结构的合理划分有助于优化协同过程，提高有序度，进而减少协同熵。

2. SMN 模块化质量协同性管理策略

由 7.2.1 节中对 SMN 节点质量行为的阐述可知，SMN 节点质量行为本质上是 SMN 中的节点企业为适应环境而采取的相关应对策略，是网络中的节点为保证产品或服务质量而采取的策略上的调整。上述案例分析表明，网络中各个层级的组织结构在质量行为协同的过程中具有不同的特点，对不同层级的组织采取针对性的控制策略，以提高其协同水平是十分有必要的。本节在上述研究结论的基础上，提出各个层级组织的质量行为控制策略，以提高整个 SMN 的质量水平。

1）服务提供商部门层 d_{ij} 质量行为协同性管理策略

根据 7.4.3 节的协同性度量结果，对服务提供商的部门层 d_{ij}，其质量行为机制协同性最差，即部门间的合作关系、质量要求匹配程度及部门之间的业务联系程度，对质量行为协同的适应性最小。因此，对于 SMN 中节点部门层的模块化质量控制，应从合作关系、质量标准匹配程度等方面调整管理对策，以提升节点质量行为的协同度，改进服务质量。

SMN 质量行为本质上是一种策略，机制是影响节点间质量行为协同性的重要因素，而节点质量行为的协同机制正是反映 SMN 节点间的机制对其质量行为协同过程影响程度的一种描述。协同创新效应（解学梅等，2014）、激励机制、风险与利益分配机制（王耀忠等，2002）、匹配关联程度等因素对保证企业的稳定、良性的协同关系有着积极作用。合作关系中的战略联盟、研发外包、要素转移等模式有助于企业的协同创新效应的加强，说明提供商部门层在合作关系的调整中应选择能优势互补且合作关系长期稳定的合作伙伴。匹配程度和关联水平同样对部门层质量行为的机制协同性有着重要影响，则部门层在与其他部门协同时应充分考虑成本利益分配和技术互补等方面的因素，及时与有协同关系的部门订立适合的质量标准，且充分考虑顾客需求在这个过程中的影响因子。

2）服务提供商节点层 e_i 质量行为协同性管理策略

根据 7.4.3 节的协同性度量结果，对服务提供商的节点层 e_i，其质量行为效率协同性最低，即各节点企业的质量努力水平、服务合格率及创新程度对 SMN 质量行为协同的自适应性最差。因此，SMN 节点企业应该加大信息共享的程度，提升质量努力水平、顾客服务水平以及质量创新水平。

SMN 节点质量行为协同效率是反映节点间的协同效率对质量行为实施的

影响因素，协同效率的本质是企业最大化利用企业控制的有形或无形资源，通过协同的方式，把市场机会变为企业机会，这里企业应注重互补效应和共用效应来提升协同效率（李作奎，2009）。其中，互补效应可形成交叉作用，进而提高企业的资源利用率，提升企业整体竞争力；共用效应强调的是企业发展必需的资源的多样性和共用性，充分利用共用效应的影响力可提高资源贡献率。SMN 中的节点层企业应加强互补效应和共用效应，以提高企业的资源利用率和协同贡献度，进而提高节点企业的协同效率水平，带动节点资源的多样性创新，提升质量创新水平；应重点避免陷入组织松散、低资源利用率的困境，保证核心竞争力的同时避免陷入协同效率困境，加强节点的资源配置，进而提升节点的质量努力水平。

3）服务集成商执行层 b_i 质量行为协同性管理策略

由执行层的协同性度量结果可知，对服务集成商的执行层 b_i，其质量行为结构协同度在其质量行为的协同过程中程度最低，即执行层的组织结构最易影响其质量行为协同水平。其质量行为的改进应侧重于优化执行层的组织结构、减少模块层次和模块数量及明确模块任务等来提高其协同性。

SMN 作为一种新型的网络，其网络组织结构优势给企业带来发展机遇的同时，也增加了组织结构协同的难度，SMN 中的集成商作为网络组织中的盟主，具有管理协调功能，可通过指令、契约等信息来管理协调整个网络组织的运行。SMN 中的服务集成商执行层企业应首先选择"高内聚，低耦合"的组织结构划分，尽量将关联性高的业务作为一个模块，避免出现业务划分不清、责任不明等"耦合"现象，减少参与协同的模块数量，保证协同结构的高效，进而提高执行层结构协同水平；SMN 中的集成商执行层可加强信息化集成技术的应用，以弱化组织结构中的模块数量、模块层级等对结构协同水平的影响。

4）服务集成商整体质量行为协同性管理策略

对 SMN 整体的质量行为协同性，随着低层级向高层级的传递，其协同距离逐渐缩短，处于中间层级的节点质量行为将对 SMN 整体协同性产生重要影响，集成商在分层优化管理时应加强对 SMN 中间节点层的监督管理。

集成商应重视产品或服务的过程质量控制和网络信息收集。质量行为本质上是网络中的节点为应对质量要求所提出的提供、保持和改进策略，质量行为在网络中协同的过程中，集成商的战略层和执行层应及时与网络中其相对应的模块沟通，及时对网络中出现的质量问题提供反馈意见，实施过程监控；集成商在整体调控质量行为的协同性时，应注重网络质量信息的整体收集整理与共享，信息的及时共享是质量行为协作的基础，集成商应提供统一的数字化信息平台来保证网络节点的协同；集成商应基于其层级特征，注重 SMN 整体业绩与各个层级的竞争力的共同提升，进而提升 SMN 的适应及协作能力。

7.5　本　章　小　结

　　本章基于 SMN 质量行为协同结构，构建了 SMN 节点质量行为评价体系及质量行为熵模型，对网络中的协同活动进行了度量评价分析，并结合实例提出了相应的质量行为管理策略。与其他文献不同，本章提出的基于质量行为结构的熵模型及度量方法，可帮助节点企业了解不同层级的质量行为协同性差异，以更好地采取分层改进策略，这为第 8 章的研究奠定了基础。

　　SMN 的组织结构比传统的网络组织结构复杂，节点质量行为更具复杂性，其协同性评价指标的选取是一个探索的过程，本章只考虑了效率、结构及机制三个维度，在后续研究中可根据顾客参与、节点任务修正评价指标体系。本章提出的基于质量行为结构的熵模型评价方法，可对分层改进后的协同性进行对比研究，并研究协同性改进对最终服务质量提升水平的影响。

第8章　服务型制造网络模块化质量的多层级控制

本章考虑一种更复杂的多层级 SMN 结构，具体包含项目集成商（SMN 中的第 1 层）、项目承包商（SMN 中的第 2 层）及模块提供商（SMN 中的第 3 层），结合"质量改善率"和"资源成本"两个目标，研究了两种不同决策顺序（项目集成商优先决策、项目承包商优先决策）下的 SMN 模块化质量控制模型。结果表明，当备选方案在质量改善率和资源成本上都没有明显差异时，项目集成商进行优先决策的优势并不明显。只有当备选方案在质量改善率或资源成本方面存在明显差异时，项目集成商作为项目的优先决策者对项目的总体质量改善率才具有显著影响。此外，由于质量目标的可传递性和资源限制，来自较低级别的模块质量将影响较高级别的模块质量。本章探索了决策顺序与质量控制最终方案选择的关系，为服务型制造项目管理者选择质量控制方案提供了参考（Feng et al.，2020）。

8.1　问题的提出

在当今瞬息万变的商业环境中，潜在的经营风险不断增加，越来越多的公司通过与合作伙伴或者供应商共同制订研发方案，实现风险共担（Gray et al.，2015；Hoegl et al.，2004；Ou et al.，2010）。近年来，不少航空航天公司通过合作外包关系已经获得了显著优势（Altfeld，2016；Olmos-Sanchez and Bocquet，2016）。研发外包的主要驱动力是参与者可以认识并实现知识共享、信息共享和风险共担（Lee，2001）。例如，在复杂产品研制项目的 SMN 中，具有多层结构的项目集成商（SMN 的第 1 层）和项目承包商（SMN 的第 2 层）的复杂外包项目下，项目集成商首先需要基于主工程定义制定质量标准，然后制定策略以在生产能力、风险分担能力和时间交付能力等方面评估和约束承包商。项目的初始质量改善目标通常由项目集成商决定，项目承包商必须制订合适的方案以确保在规定的时间内以规定的成本实现规定的质量。但是项目承包商内部在实现合同目标方面仍可能具有灵活性。由于市场的复杂性和不确定性，项目集成商和项目承包商在详细质量方案的最终决策上可能存在不同的优先级，因此以不同的决策顺序研究整个网络中的质量控制问题具有重要意义。本章关注的关键问题是如何以两个不同的决策顺序协调服务型制造项目的质量方案和成本问题。

　　本章以某航空装备研制的服务型制造项目为例,该项目涉及一个项目集成商、一个项目承包商以及多个模块供应商。项目集成商首先需要选择通过认证的承包商,然后与之签订合同,并建立稳定和互利的战略合作伙伴关系。在全面评估质量、资源成本和潜在风险之后,项目集成商制定项目目标并与项目承包商讨论可行的解决方案。项目承包商承接任务并根据项目集成商的质量需求将其分配给产品模块供应商。项目集成商和项目承包商通常保持长期合作关系,并及时帮助模块供应商解决技术问题,以确保项目取得令人满意的进展。在这种外包模式下,模块供应商与项目承包商共享质量方案的详细信息,项目集成商和项目承包商可以帮助其制定最终的质量方案决策。

　　一般来说,项目管理可以被描述为一系列工具和技术的应用,这些工具和技术指导各种资源的使用,从而在时间、成本和质量的限制下完成一个独特、复杂的一次性任务(Atkinson,1999)。实际上,航空装备研制之类的大型项目非常复杂,因为它涉及风险、人力资源、成本管理和质量管理等(Goh and Hall,2013;Might and Fischer,1985;Pich et al.,2002;Xu et al.,2018)。许多项目管理者倾向于将部分生产和研发业务外包,以降低风险和成本(Buell et al.,2017;Grushka-Cockayne and De Reyck,2009)。近年来,不少文献研究了项目管理的方法(Johns,1999;Lo et al.,2017)。Demirkesen 和 Ozorhon(2017)采用实证方法对项目绩效进行了探究,发现项目集成管理和质量管理对项目绩效有直接的影响。针对这一问题,有必要找到一种航空项目管理的系统方法(Song and Su,2015)及质量管理方法(Jung and Wang,2016)。Eastham 等(2014)使用分层决策模型建立了项目管理的选择模型。Al-Harbi(2001)介绍了层次分析法在项目管理中的应用。Lyneis 和 Ford(2007)将系统动力学理论作为一种集成方法引入项目管理中。随着工业 4.0 的兴起,项目管理正面临着更多的机遇和挑战。例如,借助物联网,参与项目的多方可以通过标准界面相互交互,预测故障并及时做出响应。然而,由于不同参与方和组织需要相互连接以实现信息的实时响应并准确地做出决策,因此项目管理的难度大大增加了(Lee et al.,2014;Rüßmann et al.,2015)。特别是工业 4.0 带来了新的涉及多层级供应商的高度模块化生产系统(Weyer et al.,2015),因此项目管理者在提高职能部门的跨职能集成能力、创新组织管理模式等方面面临着更多的挑战(Illés et al.,2017;Petrisor and Cozmiuc,2020;Saucedo-Martínez et al.,2018)。以往的项目管理研究主要从项目集成商的角度研究资源管理、质量改进和风险控制等问题。然而,在项目集成商、项目承包商、模块供应商组成的 SMN 中,模块供应商提供的模块质量也将影响项目的最终质量。本章通过建立多层递阶模型实现复杂项目中质量改进目标和资源约束的传递。

　　大型复杂项目中,项目承包商与模块供应商之间的协作变得越来越紧密,这导致质量控制和改进呈现更加复杂的特性。因此，针对具有跨文化、跨组织特点的大型复杂项目，目前已经存在行之有效的管理方法（Flynn et al.，1994；Nikoofal and Gümüş，2018；Pyzdek and Keller，2013），如全面质量管理已在大型项目管理中被广泛采用（Ahire，1997；Cruz and Pinedo，2008；Psomas et al.，2014；Serban，2015）。一般来说，项目管理者应该有效地将项目设计和质量控制方案的选择结合起来，以提高项目的整体质量。针对如何提高大型复杂项目的质量管理问题，有文献提出了多种质量管理模型（Kuei et al.，2001；Rahman，2006）。Li 等（2014）建立了用于复杂项目研发的多级质量策划模型，该模型主要从资源利用的角度解决优化问题。刘远等（2012）设计了用于选择供应链质量控制方案的分层决策模型。然而，不同层级的质量改进目标和资源分配存在传递性，现有研究较少涉及不同层级的质量改进方案匹配问题。本章基于航空装备研制的服务型制造项目的多层级特征，研究其质量方案决策控制问题。

模块化的方法可将复杂的任务分解为简单的活动，从而降低产品管理和组织管理难度（Albert，2018；Mikkola，2006；Mikkola and Gassmann，2003），模块化的思想、方法已广泛用于工业生产和组织管理中（Cabigiosu and Camuffo，2012）。考虑到模块化在航空工业中的应用（Buergin et al.，2018；Watkins and Walter，2007），在本章中模块化概念被纳入航空装备研制项目的 SMN 质量管理中，考虑了参与航空电子采购的各方，包括项目集成商、项目承包商和一定数量的模块供应商。

航空电子设备的模块化结构导致了项目的多样性和多层级性（Gaska et al.，2015；Weyer et al.，2015），因此本章主要研究以下质量控制方案问题：①构建合适的模型以体现多层级决策问题中质量改进目标和资源约束的可传递性；②考虑项目中存在一个项目集成商和多个项目承包商，研究不同决策顺序对最终决策方案的影响；③研究获得最优质量方案下项目集成商及项目承包商的决策顺序。本章基于两种不同的决策顺序开发了决策模型：顺序一为项目集成商优先决策；顺序二为项目承包商优先决策。

8.2　SMN 模块化质量的多层级决策控制模型

8.2.1　问题陈述及公式

对于大规模复杂系统或产品的研制项目，通常采用总集成和总承包的服务型制造模式（Bernstein and DeCroix，2004；Zhou，2013）。本章将顾客视为项目集成商，项目集成商在确定质量需求后将其发送给项目承包商。然后，项目承包商将其任务分配给合适的模块供应商。质量改善率是指在实施了质量改进方案后，以质量改善率 h 为目标，当前的百万机会缺陷率 q 与新的缺陷率的差值。因此，改进后的百万机会缺陷率为 $q(1-h)$。一个产品研发项目可以细分为 m 个子项目（在本章的研究中也称为模块）。一旦确定了初始模块质量改进目标并选择子模块供应商，子模块供应商将制订质量方案并将其提交给项目承包商，项目承包商将与项目集成商讨论以确定最终方案。需要注意的是，选择质量改进方案有多种评估标准和优化目标，例如，交货时间、产品改进目标、系统改进目标和资源消耗目标（Atkinson，1999；Jeang，2015）。本章主要关注多层级研发项目中方案的可传递性，因此假定所有可选方案都能够按时交付订单以简化分析。同时，假定各方都知道所有备选方案的成本（包括风险成本），并且都希望降低风险成本。因此，本章不直接考虑风险分担问题，仅将方案的风险成本作为一种常见的成本类型。实际上，项目承包商和项目集成商在制定决策时可能具有不同的风险优先级（risk priority number，RPN）。本章不考虑 RPN 问题，因为它不影响本模型的适用性。此外，模型中假设其他与人力、物力等相关的成本都被归类为资源成本，本章的研究只包含两个目标：质量改善率和总资源成本。需要说明的是，如果进一步定义详细的成本因素，本章所建立的模型仍然适用。

　　定义 w_i 为模块 i 的质量权重，h_i 为模块 i 的目标质量改善率，其中 $i=1,2\cdots,m$。假设存在 n 个潜在的质量改进方案，每个方案对模块质量都有不同的影响。每个模块只能选择一个改进方案。设 u_{is} 为方案 s 中模块 i 的预期质量改善率；其中 $s=1,2,\cdots,n$。考虑到模块间可能存在关联关系，因此模块间的质量相互影响。令 $I=\{I_{ij}\}_{m\times m}$ 为质量关联矩阵，其中 I_{ij} 为质量相关系数，代表模块 i 的质量对模块 j 的质量的影响程度。假定方案实施涉及 k 种资源，g_r 是资源类型 r 的预算，$r=1,2,\cdots,k$。φ_r 是资源 r 的权重（单位成本）。方案 s 下模块 i 使用的资源 r 的量假定为 g_{ris}。为了比较每个方案的资源利用率，将 v_{is} 定义为方案 s 下模块 i 的质量改善率与其资源消耗的比值。v_{is} 值越大，方案 s 下模块 i 的资源利用率越高。实际项目研发过程中，项目集成商和项目承包商通常对目标具有不同的要求。例如，项目集成商的优先目标通常是最大限度地提高质量，而项目承包商的优先目标可能是在满足基础质量的前提下，尽可能节约资源。决策变量是每个模块的方案选择，定义：

$$y_{is}=\begin{cases}1, & \text{如果模块}i\text{选择方案}s\\0, & \text{否则}\end{cases}$$

　　对于某研发项目，项目集成商和项目承包商通常具有不同的主动权，因此二

者通常在不同时间采取行动。当项目集成商优先进行决策时，他将有更多选择来
优化自己的目标。否则，项目承包商在实现资源节约方面将拥有更多优势。因此，
本章考虑了两个决策顺序，一个以项目集成商为优先决策者，另一个以项目承包
商为优先决策者。为了方便读者阅读，以上符号概括如表 8.1 所示。

表 8.1 符号及含义

符号	描述
w_i	模块 i 的质量权重，$i = 1, 2, \cdots, m$
h_i	模块 i 的目标质量改善率
u_{is}	方案 s 下模块 i 的预期质量改善率，$s = 1, 2, \cdots, n$
n	潜在的质量改进方案的数量
I	质量关联矩阵，$I = \{I_{ij}\}_{m \times m}$
g_r	资源 r 的预算，$r = 1, 2, \cdots, k$
g_{ris}	方案 s 下模块 i 对资源 r 的消耗
φ_r	资源 r 的权重（单位成本）
ψ^a	第 a 层模块所消耗资源权重的矩阵，其中 $\psi^a = (\varphi_1, \varphi_2, \cdots, \varphi_k)$
y_{is}	表示模块 i 是否采用方案 s 的二进制变量
F	项目集成商的客观约束
Q	项目承包商的客观约束
a	项目层级
t	项目级别数上限
v_{is}	方案 s 下模块 i 的资源利用率

8.2.2 决策顺序一：项目集成商优先

第一个决策顺序是项目集成商优先进行决策。项目集成商不仅要考虑整个项
目的质量改进目标，还要确保每个模块都达到其目标质量改善率。对于整个项目
质量改进 F，以下优化模型［式（8.1）～式（8.4）］可能有多个最优解，记作 F^*。
式（8.2）确保满足每个模块的质量目标，式（8.3）确保每个模块可以选择且只能

选择一个方案，式（8.4）用于资源预算。

$$\max F = \sum_{i=1}^{m} w_i \sum_{j=1}^{m} I_{ij} \sum_{s=1}^{n} u_{js} y_{js} \tag{8.1}$$

$$\text{s.t.} \quad \sum_{s=1}^{n} u_{is} y_{is} \geqslant h_i, \quad i = 1, 2, \cdots, m \tag{8.2}$$

$$\sum_{s=1}^{n} y_{is} = 1, \quad i = 1, 2, \cdots, m \tag{8.3}$$

$$\sum_{i=1}^{m} \sum_{s=1}^{n} g_{ris} y_{is} \leqslant g_r, \quad r = 1, 2, \cdots, k \tag{8.4}$$

$$y_{is} \in \{0, 1\}$$

式（8.1）～式（8.4）可能有多个解决方案，实现最大质量改进 F^*。除了质量改善率外，项目承包商在选择质量改进方案时通常希望节省资源和相关成本。因此，项目承包商的资源最小化问题为整数规划问题 [式（8.5）～式（8.9）]：即在式（8.1）～式（8.4）的最大化问题的所有最优解中选择成本最低的一个。式（8.5）使所有消耗的资源 Q 的总成本最小化，最优资源消耗表示为 Q^*，式（8.6）确保仍可实现最优的质量改进，式（8.7）与式（8.3）相同，式（8.8）确保满足每个模块的质量目标，并且式（8.9）与式（8.4）相同。

$$\min Q = \sum_{r=1}^{k} \left(\sum_{i=1}^{m} \sum_{k=1}^{n} g_{rik} y_{jk} \right) \tag{8.5}$$

$$\text{s.t.} \quad \sum_{i=1}^{m} w_i \sum_{j=1}^{m} I_{ij} \sum_{s=1}^{n} u_{js} y_{js} \geqslant F^* \tag{8.6}$$

$$\sum_{s=1}^{n} y_{is} = 1, \quad i = 1, 2, \cdots, m \tag{8.7}$$

$$\sum_{s=1}^{n} u_{is} y_{is} \geqslant h_i, \quad i = 1, 2, \cdots, m \tag{8.8}$$

$$\sum_{i=1}^{m} \sum_{s=1}^{n} g_{ris} y_{is} \leqslant g_r, \quad r = 1, 2, \cdots, k \tag{8.9}$$

$$y_{is} \in \{0, 1\}$$

8.2.3 决策顺序二：项目承包商优先

本节研究项目承包商作为优先决策者的决策顺序二，项目的资源最小化问题为主要目标。与式（8.5）～式（8.9）相似，以下优化模型［式（8.10）～式（8.13）］用于使总资源成本最小化：

$$\min Q = \sum_{r=1}^{k}\left(\sum_{i=1}^{m}\ \sum_{s=1}^{n}g_{ris}y_{js}\right) \tag{8.10}$$

$$\text{s.t.}\quad \sum_{s=1}^{n}u_{is}y_{is} \geqslant h_i\ ,\quad i=1,2,\cdots,m \tag{8.11}$$

$$\sum_{s=1}^{n}y_{is}=1\ ,\quad i=1,2,\cdots,m \tag{8.12}$$

$$\sum_{i=1}^{m}\ \sum_{s=1}^{n}g_{ris}y_{is}\leqslant g_r\ ,\quad r=1,2,\cdots,k \tag{8.13}$$

$$y_{is}\in\{0,1\}$$

该模型的约束集［式（8.11）～式（8.13）］与式（8.2）～式（8.4）相同。类似地，式（8.10）～式（8.13）可能具有多种解决方案，可以实现最小的资源消耗 Q^*。最大整体质量改进问题是由一个整数规划［式（8.14）～式（8.18）］来表示的，以从多个最优解决方案中选择一个来解决资源最小化问题：

$$\max F = \sum_{i=1}^{m}w_i\sum_{j=1}^{m}I_{ij}\sum_{s=1}^{n}u_{js}y_{js} \tag{8.14}$$

$$\text{s.t.}\quad \sum_{r=1}^{k}\varphi_\eta=\left(\sum_{i=1}^{m}\ \sum_{s=1}^{n}g_{\eta is}y_{is}\right)\leqslant Q^* \tag{8.15}$$

$$\sum_{s=1}^{n}u_{is}y_{is}\geqslant h_i\ ,\quad i=1,2,\cdots,m \tag{8.16}$$

$$\sum_{s=1}^{n}y_{is}=1\ ,\quad i=1,2,\cdots,m \tag{8.17}$$

$$\sum_{i=1}^{m}\ \sum_{s=1}^{n}g_{ris}y_{is}\leqslant g_r\ ,\quad r=1,2,\cdots,k \tag{8.18}$$

$$y_{is} \in \{0,1\}$$

8.2.4　多层级质量控制

8.2.2 节和 8.2.3 节仅考虑了一个层级的质量方案选择决策，但是对于复杂的系统产品，如飞机，可以大致分为三个层级：模块、子模块和组件。因此，在实施阶段需要进一步划分子模块的质量控制方案，并且进一步分配用于质量改进的资源。在这种情况下，项目集成商和项目承包商通过考虑质量改善率和资源成本做出最优方案的决策之后，所需的质量改善率和资源约束将会转移到模块供应商。然后，模块供应商会将每个模块的详细要求传递给其下一层级的子模块供应商。因此，上下层级之间存在资源和质量改进目标的传递性。由于子模块方案是模块方案的细化，因此在选择子模块方案时需要考虑上一层级的质量改进目标和资源成本，体现了质量控制方案之间的联系。同时，下一层级子模块的方案选择也将反映到上一层级的质量改善率当中。因此，航空装备研制项目的质量控制是一个多层级的规划问题。最后，本章基于多层递阶规则，获得了针对各层的最优组合方案。

8.3　SMN 模块化质量多层级控制模型求解算法

根据 8.2 节中的多层级决策控制模型，质量改进目标由质量改进方案和项目资源预算共同确定。假设在第 a 层有 m^a 个模块，并且第 a 层的第 i 个模块可以进一步细分为第 $a+1$ 层的 m_i^{a+1} 个子模块。即第 $a+1$ 层有 m^{a+1} 个子模块（其中，$m^{a+1} = \sum_{i \in m^a} m_i^{a+1}$）。假设项目中存在可满足第 a 层模块 i 的资源成本和质量目标约束的备选方案共 n_i^a 种，则决策顺序一的算法如图 8.1 所示。具体算法如下：首先，令项目层级 $a=1$，设该层级模块 i 的质量关联矩阵为 I_i^a，质量改善率矩阵为 U_i^a，质量权重为 w_i^a，质量改进目标矩阵为 H_i^a，资源消耗矩阵为 G_i^a。假设第 a 层模块与方案的匹配矩阵共包含 n_i^a 种，其中 $\sigma_i^a = 1, 2, \cdots, n_i^a$，通过迭代可找出满足最优改进目标 F_i^a，以及最优资源目标 Q_i^a 的对应方案矩阵 Y_i^a，并获得 $G_i^{a^*}$；其次，将模块 i 的 $H_i^{a^*}$ 和 $G_i^{a^*}$ 传递到第 $a+1$ 层，并获得 $F_i^{(a+1)}$ 和 $Q_i^{(a+1)}$；最后，令 $a = a+1$，当 $a \leqslant t$ 时，继续迭代；否则退出循环并得出最优 $Y_i^{t^*}$。

对于决策顺序二，解决方案的第一步类似于决策顺序一。第二步，需要首先找到层级 a 下的最优资源成本 $Q_i^{a^*}$，并确定相应的最大 $F_i^{a^*}$。后续步骤与图 8.1 相同。

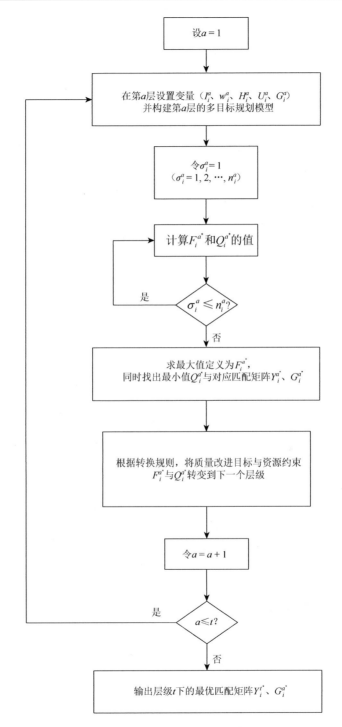

图 8.1　顺序一中求解算法流程图

8.4　SMN 模块化质量多层级控制案例分析

8.4.1　项目模块化结构

以某大型商用航空装备研制项目中的生产模式为例，该项目涉及五个外包系统（即五个模块）。随后将模块分为 16 个子模块（刘远等，2012）。某型号飞机的模块划分如图 8.2 所示（其中 Level 0～2，分别代表模块的层级），飞机产品分为第 1 层的五个模块和第 2 层的 16 个子模块。其中，$m^1 = \{1,2,3,4,5\}$，$m^2 = \{6,7,8,\cdots,21\}$，$m_1^2 = \{6,7,8\}$，$m_2^2 = \{9,10,11,12\}$，$m_3^2 = \{13,14,15\}$ 等。

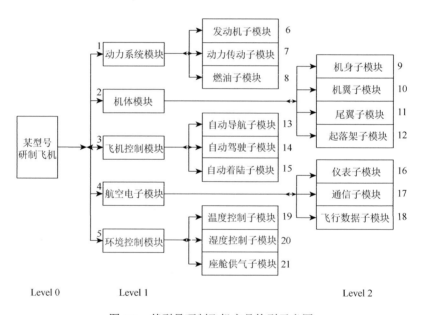

图 8.2　某型号研制飞机产品构型示意图

8.4.2　质量控制方案的选择

不失一般性，设定第 1 层的五个模块有六个备选的质量控制方案（其他可行值产生相似的结果），方案和模块的数量之间没有关系。实际上，通常允许方案的数量大于模块的数量。本章中，为了简化模型，考虑两种类型的资源成本。由于第 1 层模块之间的相关性较弱，为了简单起见，将质量关联矩阵 I^1 作为单位矩阵。w^1 表示第 1 层模块的权重向量，其中权重值参考刘远等（2012）的研究。为了表示方案的不确定性并保护商业机密，U^1、H^1、G^1、G_1^1 和 G_2^1 的矩阵数据为随机生成的，而不是从方案中获取的真实数据。

$$w^1 = (0.38, 0.12, 0.2, 0.12, 0.18)$$

$$H^1 = (20\%, 8\%, 18\%, 17\%, 15\%)$$

$$G^1 = (8000, 5000)$$

$$\psi^1 = (1, 1)$$

$$U^1 = \begin{bmatrix} 0.23 & 0.21 & 0.22 & 0.20 & 0.19 & 0.21 \\ 0.10 & 0.12 & 0.10 & 0.09 & 0.08 & 0.09 \\ 0.20 & 0.21 & 0.19 & 0.17 & 0.22 & 0.18 \\ 0.18 & 0.17 & 0.19 & 0.19 & 0.20 & 0.18 \\ 0.17 & 0.16 & 0.15 & 0.16 & 0.18 & 0.18 \end{bmatrix}$$

$$G_1^1 = \begin{bmatrix} 2500 & 2200 & 1900 & 2400 & 2300 & 2500 \\ 900 & 1000 & 1000 & 900 & 1100 & 1000 \\ 1500 & 1300 & 1400 & 1500 & 1400 & 1700 \\ 1000 & 1100 & 1200 & 1500 & 1400 & 1300 \\ 1300 & 1200 & 1200 & 1300 & 1700 & 1600 \end{bmatrix}$$

$$G_2^1 = \begin{bmatrix} 1800 & 1900 & 1700 & 1300 & 1400 & 1200 \\ 800 & 700 & 700 & 600 & 900 & 800 \\ 1100 & 1000 & 1200 & 1200 & 900 & 1300 \\ 700 & 800 & 900 & 900 & 1000 & 1100 \\ 900 & 800 & 1000 & 1100 & 1200 & 1000 \end{bmatrix}$$

　　第 2 层的子模块是第 1 层模块的细分。从图 8.2 中可以看出，机体（飞机的总称，包括机身、机翼、尾翼和起落架）在第 2 层可分为另外四个子模块。我们令 I_2^2 表示机体模块和子模块的质量关联矩阵。以第 1 层的机体模块为例，可以考虑四个方案：$C_{2,1}^2$、$C_{2,2}^2$、$C_{2,3}^2$、$C_{2,4}^2$。方案的详细信息如下：

$$w_2^2 = (0.25, 0.28, 0.29, 0.18)$$

$$H_2^2 = (10\%, 11\%, 13\%, 9\%)$$

$$U_2^2 = \begin{bmatrix} 0.13 & 0.10 & 0.14 & 0.12 \\ 0.14 & 0.12 & 0.15 & 0.10 \\ 0.14 & 0.13 & 0.15 & 0.14 \\ 0.09 & 0.11 & 0.10 & 0.13 \end{bmatrix}$$

$$I_2^2 = \begin{bmatrix} 1.00 & 0.89 & 0.86 & 0.69 \\ 0.89 & 1.00 & 0.96 & 0.62 \\ 0.86 & 0.96 & 1.00 & 0.60 \\ 0.69 & 0.62 & 0.60 & 1.00 \end{bmatrix}$$

$$G_{2,1}^2 = \begin{bmatrix} 210 & 230 & 270 & 200 \\ 260 & 210 & 250 & 220 \\ 230 & 250 & 270 & 210 \\ 190 & 240 & 210 & 260 \end{bmatrix}$$

$$G_{2,2}^2 = \begin{bmatrix} 150 & 130 & 170 & 140 \\ 170 & 130 & 180 & 120 \\ 160 & 160 & 190 & 140 \\ 140 & 160 & 180 & 130 \end{bmatrix}$$

根据决策顺序一进行方案选择。在图 8.1 的解决方案中，项目集成商是优先决策者，因此首要目标是最大限度地提高整体质量改善率。经过计算和分析，第 1 层的最优方案选择是

$$Y_{\text{sequence1}}^{1^*} = \begin{bmatrix} 0 & 0 & 1 & 0 & 0 & 0 \\ 0 & 1 & 0 & 0 & 0 & 0 \\ 0 & 0 & 0 & 0 & 1 & 0 \\ 1 & 0 & 0 & 0 & 0 & 0 \\ 0 & 0 & 0 & 0 & 0 & 1 \end{bmatrix}$$

根据 $Y_{\text{sequence1}}^{1^*}$ 的结果，很容易发现整体质量改善率 $F_{\text{sequence1}}^{1^*}$ 为 19.6%。详细的质量改善率和资源成本如表 8.2 所示。

表 8.2 决策顺序一下第 1 层的最优结果

模块名称	资源消耗		权重	质量改善率
	资源 1/万美元	资源 2/万美元		
动力系统模块	1 900	1 700	0.38	22%
机体模块	1 000	700	0.12	12%
飞行控制模块	1 400	900	0.12	22%
航空电子模块	1 000	700	0.12	18%

续表

模块名称	资源消耗		权重	质量改善率
	资源 1/万美元	资源 2/万美元		
环境控制模块	1 600	1 000	0.18	18%
开发项目整合	6 900	5 000	1	19.6%
资源总成本/万美元	11 900			

类似地，决策顺序一下机体模块在第 2 层的最优方案选择为

$$Y_{2,\text{sequence1}}^{2^*} = \begin{bmatrix} 0 & 0 & 0 & 1 \\ 0 & 1 & 0 & 0 \\ 0 & 0 & 0 & 1 \\ 1 & 0 & 0 & 0 \end{bmatrix}$$

以上结果表明，起落架子模块应选择方案 $C_{2,1}^2$，机翼子模块的最优方案为 $C_{2,2}^2$。机身子模块和尾翼子模块应一起选择方案 $C_{2,4}^2$。机体模块在第 2 层的质量改善率为 17.57%。最优结果如表 8.3 所示。

表 8.3 决策顺序一下机体模块第 2 层最优结果

子模块名称	资源消耗		权重	质量改善率
	资源 1/万美元	资源 2/万美元		
机身子模块	200	140	0.25	13%
机翼子模块	210	130	0.28	12%
尾翼子模块	210	140	0.29	14%
起落架子模块	190	140	0.18	13%
开发项目整合	810	550	1	17.57%
资源总成本/万美元	1360			

根据决策顺序二进行方案选择。根据解决方案二的模型，项目承包商是优先决策者。因此，第一个目标是使总资源成本最小化。决策顺序二下第 1 层的最优方案是

$$Y_{\text{sequence2}}^{1^*} = \begin{bmatrix} 0 & 0 & 1 & 0 & 0 & 0 \\ 0 & 0 & 0 & 1 & 0 & 0 \\ 0 & 0 & 0 & 0 & 1 & 0 \\ 1 & 0 & 0 & 0 & 0 & 0 \\ 0 & 1 & 0 & 0 & 0 & 0 \end{bmatrix}$$

类似地，可以获得每个模型的质量改善率 $F_{\text{sequence2}}^{1^{*}}$ 和资源成本 $Q_{\text{sequence2}}^{1^{*}}$。结果如表 8.4 所示。

表 8.4　决策顺序二下第 1 层的最优匹配结果

模块名称	资源消耗		权重	质量改善率
	资源 1/万美元	资源 2/万美元		
动力系统模块	1 900	1 700	0.38	22%
机体模块	900	600	0.12	9%
飞行控制模块	1 400	900	0.2	22%
航空电子模块	1 000	700	0.12	18%
环境控制模块	1 200	800	0.18	16%
开发项目整合	6 400	4 700	1	18.9%
资源总成本/万美元	11 100			

与决策顺序一比较，整体质量改善率 $F_{\text{sequence2}}^{1^{*}}$ 降低为 18.9%。决策顺序二下第 2 层机体模块的质量方案是

$$Y_{2,\text{sequence2}}^{2^{*}} = \begin{bmatrix} 0 & 0 & 0 & 1 \\ 0 & 1 & 0 & 0 \\ 0 & 0 & 0 & 1 \\ 1 & 0 & 0 & 0 \end{bmatrix}$$

8.4.3　案例分析

基于两种不同的决策顺序，我们比较了第 1 层质量改善率和资源消耗的最优方案差异，结果见图 8.3 和图 8.4。在本案例中，决策顺序一与项目集成商是优先决策者相互对应。在决策顺序二中，项目承包商为优先决策者。本案例中，单位资源成本以万美元为单位。从图中可以看出，决策顺序一下整体质量改善率为 19.6%，其总资源成本为 1.19 亿美元。在决策顺序二下，第 1 层的质量改善率为 18.9%，资源成本为 1.11 亿美元。将 η 定义为资源成本的差异除以两种情况之间质量改善率的百分比差异。两种顺序在资源成本上的差异为 800 万美元，但质量改进的差异为 0.7 个百分点，即 $\eta = 11.43$。换句话说，当质量提高 1% 时，该项目需要额外支出 1143 万美元。

然而有趣的是，模块供应商在两种决策顺序下会做出相同的决策。案例分析表明，即使在两种不同的决策顺序下上一层级的质量决策和资源成本方案不同，

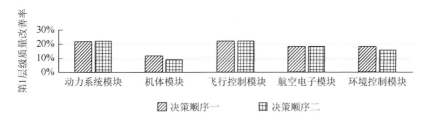

图 8.3　两种决策顺序下的第 1 层质量改善率

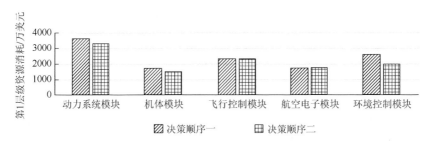

图 8.4　两种决策顺序下的第 1 层资源消耗

下一层级的最优决策方案仍然有可能是相同的。这说明，即使项目集成商提出了高质量的需求并为项目承包商制定了有限的资源约束，仍然存在项目承包商做出最终产品质量决策不变的可能性。这个发现并不仅仅是一个巧合，当项目集成商先行决策时，项目集成商通常尝试使整体质量改善率最大化，并将其质量需求和资源约束分配给项目承包商。然后，项目承包商将采取需求下的质量目标并选择最优方案以最小化其资源成本。因此，每个模块供应商都将其质量目标和资源约束传递给其子模块供应商。但是，如果项目集成商首先进行决策，则不会考虑优化资源成本，因此项目集成商将资源约束提供给下一层级的模块供应商时，可能导致资源浪费。这个发现表明，如果项目承包商在决策过程中拥有优先权，则资源利用率会更高。因此，对于项目管理者来说，让项目集成商成为第一位决策者未必是最优选择。因为，当分析这些方案的资源利用率（v_{ij}）时，发现资源利用率并没有太大差异。基于此现象，相应地出现一个新问题：当质量方案的资源利用率有显著差异时，最优方案的选择是否会改变？

8.4.4　扩展分析

为了与 8.4.3 节中的发现做比较，本节分析了部分方案在资源利用方面与其他方案存在较大差异的情况。不失一般性，选择质量改进率 $u_{21}^1 = 0.4$（其他可行值产生相似的结果），其他变量与 8.4.2 节中的相同。在这里，我们仍然使用

图 8.1 中所示的算法来获得最优结果。决策顺序一下第 1 层的最优决策矩阵表示为 $Y_{\text{sequence1}}^{1^*}$。不难发现，决策顺序一下第 1 层的整体质量改善率为 22.34%，资源成本为 1.19 亿美元。

$$Y_{\text{sequence1}}^{1^*} = \begin{bmatrix} 0 & 0 & 0 & 0 & 0 & 1 \\ 1 & 0 & 0 & 0 & 0 & 0 \\ 0 & 0 & 0 & 0 & 1 & 0 \\ 0 & 0 & 1 & 0 & 0 & 0 \\ 0 & 1 & 0 & 0 & 0 & 0 \end{bmatrix}$$

决策顺序二下第 1 层的最优方案表示为 $Y_{\text{sequence2}}^{1^*}$。类似地，第 1 层的整体质量改善率为 18.88%，资源成本为 1.11 亿美元。

$$Y_{\text{sequence2}}^{1^*} = \begin{bmatrix} 0 & 0 & 1 & 0 & 0 & 0 \\ 0 & 0 & 0 & 1 & 0 & 0 \\ 0 & 0 & 0 & 0 & 1 & 0 \\ 1 & 0 & 0 & 0 & 0 & 0 \\ 0 & 1 & 0 & 0 & 0 & 0 \end{bmatrix}$$

接下来，分析决策顺序一下机体模块在第 2 层的最优方案。最优结果表示为矩阵 $Y_{2,\text{sequence1}}^{2^*}$：

$$Y_{2,\text{sequence1}}^{2^*} = \begin{bmatrix} 0 & 1 & 0 & 0 \\ 0 & 1 & 0 & 0 \\ 0 & 0 & 0 & 1 \\ 1 & 0 & 0 & 0 \end{bmatrix}$$

从最优结果中可以明显看出，质量改善率为 41.58%，资源成本为 1380 万美元。在决策顺序二下，机体模块的第 2 层最优方案是

$$Y_{2,\text{sequence2}}^{2^*} = \begin{bmatrix} 0 & 0 & 0 & 1 \\ 0 & 1 & 0 & 0 \\ 0 & 0 & 0 & 1 \\ 1 & 0 & 0 & 0 \end{bmatrix}$$

因此，质量改善率为 39.86%，资源成本为 1360 万美元。该案例表明，最优质量方案随决策顺序而变化。当项目集成商首先做出决策时，其首要目标是最大限度地提高质量改善率，不优先考虑资源利用率。因此，项目集成商可能以高质量的改进需求和超高资源消耗将任务分配给项目承包商。项目承包商在接受任务时，必须选择质量改进方案以满足项目集成商的高质量需求。但是，如果项目承包商是第一位决策者，则其将会选择具有较高资源利用率的质量改进方案。因此，

当方案之间在质量改善率或资源成本方面存在较大差异时，项目集成商在方案选择中会起到重要的作用。

从资源利用最大化的角度出发，让项目承包商成为优先决策者是一个较优的选择。但是，当项目集成商是优先决策者时，始终可以获得最高的质量改善率。因此，如果项目管理者不仅关注质量改善率，而且关注资源成本，则项目集成商和项目承包商应共同制订项目质量改进方案和资源成本方案。

8.4.5 对工程管理的启示

（1）多层级控制的 SMN 模块化质量控制方法具有普遍适用性。本章使用航空航天案例来说明已开发的质量管理方法，该方法也适用于所有复杂的 SMN 的模块化质量控制项目。质量改进是工程管理中的重要问题，几乎所有的工程管理人员都需要不断地处理该问题，并且需要经常与供应商合作来解决。各个层级的工程管理人员可能扮演项目集成商或项目承包商的角色，并且面临质量改进需求与资源节约目标之间的权衡。本章开发的多层级优化模型可以帮助总承包商的管理者做出更好的决策，并且掌握在决策顺序中成为优先决策者的价值。

（2）多层级控制模型与工业 4.0 技术的集成应用具有可拓展性。需要注意的是，已开发的多层级控制模型需要在项目集成商和项目承包商之间进行真正的信息共享，这对于具有长期战略合作关系的企业来说可能是可实现的，但是对于不同企业的工程管理人员来说，要真正共享全部相关信息，通常还需要其他机制。工业 4.0 技术的发展将有助于在项目的概念（范围）阶段实时共享信息，提高各方的决策能力。然而，管理者面临的挑战是如何构建数字化集成的信息平台，以促进项目集成商与项目承包商之间的互动和决策。如果项目在概念阶段适当地确定了质量改进范围，那么范围渐变的风险就会降低，财务和进度影响的风险也会降低。实际上，工程管理人员还可能面临其他约束，例如，进度和可持续性问题以及其他技术限制等。此外，谁将是决策顺序中的优先者还可能取决于许多其他因素，特别是议价能力和市场竞争力。最后，在实践中选择质量改进方案时，应充分考虑横向和纵向竞争。

8.5 本 章 小 结

本章考虑了一种更复杂的 SMN 模块化结构来研究质量控制问题，通过构建多层级决策控制模型，并提出相应的多层级算法，为在不同的情况下制订更好的项目质量决策方案提供指导，以提高质量和节约资源。与单层决策方法相比，多层级决策考虑了跨层级目标的连续性和可传递性。

　　具体地，本章通过构建整数规划模型来解决质量控制问题，匹配最佳方案，并以飞机开发项目为案例研究论证了决策顺序的影响。主要基于两种类型的决策顺序：一种是项目集成商在决策过程中优先采取行动；另一种则是项目承包商拥有优先权。比较两个决策模型后，发现无论决策顺序如何，都将节省更多资源。但是，只有当备选方案的资源成本与质量改善率之间的差异较大时，项目集成商优先进行决策才会对项目的整体质量改善率产生重大影响。因此，当备选方案在质量改善率和资源成本上没有明显差异时，项目集成商就不必成为优先决策者。

　　前述章节已经研究了 SMN 模块化质量识别、协同演化与多层级优化控制，然而，在服务型制造模式下，SMN 的质量管理问题往往涉及各模块节点企业的产品或服务质量特性、质量水平及质量行为等因素，对于如何针对整个 SMN 质量进行优化改进，将在第 9 章中论述。

第9章　服务型制造网络模块化质量的多目标优化

前述第 3、4、5 章的研究，已经识别了 SMN 模块化质量行为、属性及水平，在此基础上，本章将从这三个维度进行论述。通过质量屋将顾客需求转化为模块化质量属性，根据质量属性重要度排序确定关键优化指标；将模块化质量属性与质量损失相联系，建立基于质量特性损失最小、质量水平损失最小、质量行为损失最小的 SMN 模块化质量多目标优化配置模型；通过 NSGA-Ⅱ对多目标优化模型进行求解，得到满足条件的帕累托最优解集（Pareto optimal solution set）；探讨不同偏好下的最优配置方案决策，为服务型制造企业质量优化改进提供参考。

9.1　问题的提出

SMN 具有资源整合、价值增值等功能，本质上是产品供应链和服务供应链融合的混合供应链网络，是由多个模块节点相互协同构成的模块化网络组织，其模块化质量涉及网络中的各个模块节点企业。因此，在服务型制造模式下，SMN 的质量管理问题需要全面考虑各模块节点企业的产品或服务质量特性、质量水平及质量行为等因素，通过各节点企业的模块化协作完成供应链网络的质量任务，共同致力于整个 SMN 质量的优化改进。

目前，相关研究主要围绕以产品为主的供应链质量问题，大多文献研究产品质量特性的容差设计，以实现质量优化。质量特性容差优化是通过调整产品质量特性，实现对产品生产成本的控制。汪建均等（2011）运用田口质量损失函数实现了相关多质量特性稳健性优化设计。刘远等（2013）构建了考虑质量特性的复杂产品质量容差优化模型，大大改善了复杂产品的整体质量。Chiang 等（2015）针对质量特性服从偏正态分布的特点并结合质量损失函数，提出质量特性容差的优化设计方法。Yadav 和 Bhamare（2010）提出了一种基于混合质量损失函数的优化模型，通过同时处理质量损失、可变性和生命周期问题来优化产品设计。还有许多学者建立了以公差成本、质量损失成本等为目标函数的公差优化模型（Geetha et al.，2013；Balamurugan et al.，2017；Hemmesi et al.，2017），通过田口质量损失函数工具，将产品质量特性与质量成本相联系来优化产品设计，实现质量优化。

除了产品层面的质量特性优化设计外，一些学者立足于整个供应链网络来探讨优化问题。王欢等（2019）通过图示评审技术（graphical evaluation and review technique，GERT）网络模型，实现了复杂产品供应链质量损失成本的优化。Ardalan 等（2016）以利润最大化为目标，构建了多种需求模式的供应链网络优化模型，通过拉格朗日松弛算法求解模型。Huang 等（2011）提出了一种基于不确定性和遗传算法的服务选择与组合优化方法，实现了 SMN 服务的集成和优化。此外，相关研究（Wei et al.，2014；Sadjady and Davoudpour，2012；Ene and Ozturk，2018；Ardalan et al.，2016；单子丹等，2019）还包括多个目标之间的权衡优化，考虑各个目标函数的最优方案配置问题，多以质量、成本、利润等为目标建立优化模型来研究供应链网络设计优化问题。

综上所述，质量优化研究多考虑产品层面的质量特性，供应链网络质量优化方面主要研究供应链利润或质量成本问题，现有文献均忽略了企业质量水平与行为变化对网络组织整体质量的影响。SMN 是具有多模块特性、服务特性以及模块节点协作等特性的集成网络组织，研究其质量问题也要考虑服务层面的质量，如模块本身的质量水平以及模块协作的质量行为。因此，本章综合探讨不同维度的网络组织产品服务质量，从质量特性、质量水平、质量行为三个维度来衡量模块化质量属性，研究 SMN 模块化质量优化问题，通过改进的田口质量损失函数将其转化为可度量的质量损失，以实现 SMN 模块化质量的多目标优化配置。

9.2　SMN 模块化质量优化目标分析

对于整个 SMN 组织来说，各个价值模块在模块外部进行模块间的交流和传递，在模块内部通过物流、信息流、现金流等进行交流和传递。除此之外还有质量流，质量流贯穿于整个 SMN 中各个模块的生产活动过程，最终体现在产品或服务质量上以满足顾客的需求。SMN 是由多个模块节点相互协同构成的网络组织，包含众多节点以及众多指标，其模块化质量的优化十分复杂。SMN 模块化质量优化的前提是对优化目标进行分析。SMN 中顾客全程参与进来，因此在分析优化目标时，要充分考虑顾客的需求。首先界定 SMN 模块化质量属性为质量特性、质量水平、质量行为；其次，通过粗糙数 AHP 法来确定 SMN 模块化顾客需求重要度；再次，通过 QFD 质量屋分别将模块化顾客需求转化为模块质量属性，得到质量属性重要度排序；最后，分别选取各个质量维度重要度最高的指标，作为 SMN 模块化质量优化的关键目标，并在 9.3 节建立优化模型。

9.2.1　SMN 模块化质量分析

SMN 通过节点企业的协同运作，最终为顾客提供"产品＋服务"集成系统，而系统的质量直接影响着各节点企业以及整个网络组织的效益。基于前面章节对 SMN 模块化分析以及 SMN 模块化质量的理解，本章研究的 SMN 模块化质量属性可以从质量特性、质量水平、质量行为三个维度对 SMN 模块化质量进行综合表征。SMN 模块化质量是指发生在 SMN 整个供应流程中，产品模块和服务模块刻画自身质量特征的属性，既包括产品模块和服务模块提供产品或服务本身固有的质量特性，也包括产品模块和服务模块提供满足顾客需求服务的质量水平以及模块行为主体对服务质量进行控制、优化、改进等一系列质量行为，最终达到令顾客满意的质量要求。

9.2.2　SMN 模块化顾客需求分析

整个 SMN 中的各个模块围绕顾客效用模块这个中心，以服务集成模块为核心作用力，以服务提供模块为重要合作者，以顾客需求为重要推动力完成服务型制造任务，最终实现整个 SMN 的增值效益。网络中各个不同类型的模块节点彼此之间密切合作，通过任务分工、资源配置实现较高的顾客满意度，从而推动网络的长期平稳运行。SMN 中各个价值模块都围绕主导企业高效率运作，组织的模块化使各个模块提供商协助集成商完成产品的生产以及整套服务的供给，最终满足顾客需求。可见，顾客需求是研究 SMN 模块化质量优化首要考虑的因素，因此有必要对顾客需求进行分析。本章基于 SMN 中的价值功能模块，对 SMN 中的顾客需求进行模块化分解，然后使用粗糙数与层次分析法相结合的方法求出顾客需求重要度。

1. SMN 模块化顾客需求分解

满足顾客的需求是实现顾客价值的重要前提，顾客需求对产品服务系统的整个生命周期各个环节都有重大的影响。因此，在进行 SMN 模块化质量优化目标分析时，首先要考虑顾客需求。只有准确识别顾客需求并转化为 SMN 模块化质量属性，才能设计出令顾客满意的 SMN 集成服务方案。特别说明，这里所指的顾客需求不仅仅指最终产品服务系统的消费者，顾客还可以是产品服务生命周期所影响以及被影响的组织和个人的需求，如产品模块和服务模块等，可以看作利益相关者，其中服务提供模块和服务集成模块属于内部利益相关者，顾客效用模块属于外部利益相关者，它们的需求都可以称为顾客需求。鉴于此，本章将 SMN 中的顾客需求进行模块化分解，分为顾客效用模块需求、服务提供模块需求、服务集成模块需求三个部分。在模块化顾客需求分解过程中，分解的指标选取要适当，以确保顾客需求的有效性和准确性。参考 Song 等（2013）的文献中的顾客价值主张与需求分解模型，分别收集顾客对产品模块以及服务模块的需求，剔除重复需求后，建立顾客需求指标集合，得出 SMN 模块化顾客需求分解模型，如图 9.1 所示。

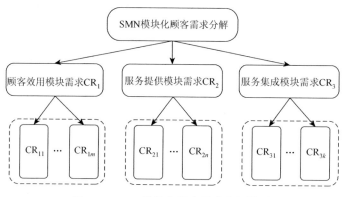

图 9.1　SMN 模块化顾客需求分解模型

2. SMN 顾客需求重要度求解

为了确保不同顾客需求的实现，需要对顾客需求的重要度进行确定，从而将有限的资源投入关键的顾客需求中。但是，传统的顾客需求重要度评价方法通常具有明显的主观性和对信息判断的模糊性，对最终的评价结果影响较大。AHP 是一种通过对待评价的指标层层分析，确定权重的决策分析方法。AHP 法虽然便于求得权重，但是具有主观性强等缺陷。为了能更好地反映专家的真实评判效果，同时能兼顾多个专家的意见，本书将粗糙数与 AHP 相结合，处理顾客需求评价过程中的不确定信息。粗糙数能够很好地帮助需求分析和决策人员获取真实的顾客感知，具体步骤如下（Song et al.，2013）。

1）构造需求比较矩阵

假设有 s 个专家参与需求评价，顾客需求有 n 个，分别构造每个专家对 n 个需求打分的需求比较矩阵。需求评价团队的专家对所获取的 SMN 顾客需求进行两两比较，以此获得确定值形式的评价矩阵。专家打分采取萨蒂（Saaty）的 1～9 级判断矩阵标准度表，假设第 k 个专家的需求比较矩阵表示如下：

$$A_k = \left(a_{ij}^k\right)_{n \times n} = \begin{pmatrix} 1 & a_{12}^k & \cdots & a_{1n}^k \\ a_{21}^k & 1 & \cdots & a_{2n}^k \\ \vdots & \vdots & & \vdots \\ a_{n1}^k & a_{n2}^k & \cdots & 1 \end{pmatrix} \tag{9.1}$$

2）一致性检验

为了避免评分矩阵出现逻辑矛盾、确保判断矩阵的准确性，要对 s 个成对比较矩阵进行一致性检验。把权向量 w 作为矩阵 A 的特征向量，求最大特征根 $\lambda_{\max}$，一致性检验公式为

$$CI = \frac{\lambda_{\max} - n}{n-1} \tag{9.2}$$

$$CR = \frac{CI}{RI} \tag{9.3}$$

式中，CI 为判断矩阵的一般一致性指标；CR 为判断矩阵的随机一致性比率；RI 为判断矩阵的平均随机一致性指标，其值可通过查表得到。当 CR < 0.1 时，成对比较矩阵通过一致性检验，专家对产品服务需求的评判趋于一致并可以接受。而当 CR > 0.1 时，需要重新调整评判结果。

3）构造粗糙群判断矩阵

通过一致性检验后，确定判断矩阵。由 s 个专家进行评判的群需求判断矩阵 A 表示如下：

$$A = (\tilde{a}_{ij})_{n \times n} = \begin{pmatrix} 1 & \tilde{a}_{12} & \cdots & \tilde{a}_{1n} \\ \tilde{a}_{21} & 1 & \cdots & \tilde{a}_{2n} \\ \vdots & \vdots & & \vdots \\ \tilde{a}_{n1} & \tilde{a}_{n2} & \cdots & 1 \end{pmatrix} \tag{9.4}$$

式中，$\tilde{a}_{ij}$ 为一个集合，$i, j \in [1, n]$ 且 $i \neq j$，$\tilde{a}_{ij} = \{a_{ij}^1, a_{ij}^2, \cdots, a_{ij}^n\}$，表示某个专家 k 对 n 个顾客需求的打分集。

4）粗糙重要度确定

将矩阵 A 中的需求评判值转化成粗糙数形式，以便得到粗糙群决策矩阵 A，各个专家的评价通过几何平均方法进行确定。专家 k 对 n 个需求的评价为 $\tilde{a}_{ij} = \{a_{ij}^1, a_{ij}^2, \cdots, a_{ij}^n\}$。

（1）粗糙边界区间确定。粗糙集的"粗糙"主要由边界的上下限来体现，粗糙边界区间分为粗糙下限和粗糙上限。为了减少不同专家主观性的影响，各专家的评判计算方式采用算术平均法，用数学表示分别如下。

粗糙下限：

$$L\left(\bar{a}_{ij}\right) = \frac{\sum_{k=1}^{s} a_{ij}^k}{s} \tag{9.5}$$

粗糙上限：

$$L\left(\bar{a}_{ij}^+\right) = \frac{\sum_{k=1}^{s} b_{ij}^k}{s} \tag{9.6}$$

式中，a_{ij}^k 和 b_{ij}^k 分别为所对应的粗糙下、上限所包含的元素。

（2）粗糙群需求矩阵确定：

$$
EA = \left[a_{ij}^{-}, a_{ij}^{+} \right]_{n \times n} = \begin{pmatrix} [1,1] & \left[a_{12}^{-}, a_{12}^{+} \right] & \cdots & \left[a_{1n}^{-}, a_{1n}^{+} \right] \\ \left[a_{21}^{-}, a_{21}^{+} \right] & [1,1] & \cdots & \left[a_{2n}^{-}, a_{2n}^{+} \right] \\ \vdots & \vdots & \ddots & \vdots \\ \left[a_{n1}^{-}, a_{n1}^{+} \right] & \left[a_{n2}^{-}, a_{n2}^{+} \right] & \cdots & [1,1] \end{pmatrix} \tag{9.7}
$$

（3）粗糙群矩阵分解。将上一步得到的粗糙群需求矩阵按照下限和上限进行分解，得到粗糙下限矩阵 $E\bar{A}$ 和粗糙上限矩阵 $E\overset{+}{A}$ ：

$$
E\bar{A} = \left(a_{ij}^{-} \right)_{n \times n} = \begin{pmatrix} 1 & a_{12}^{-} & \cdots & a_{1n}^{-} \\ a_{21}^{-} & 1 & \cdots & a_{2n}^{-} \\ \vdots & \vdots & & \vdots \\ a_{n1}^{-} & a_{n2}^{-} & \cdots & 1 \end{pmatrix} \tag{9.8}
$$

$$
E\overset{+}{A} = \left(a_{ij}^{+} \right)_{n \times n} = \begin{pmatrix} 1 & a_{12}^{+} & \cdots & a_{1n}^{+} \\ a_{21}^{+} & 1 & \cdots & a_{2n}^{+} \\ \vdots & \vdots & & \vdots \\ a_{n1}^{+} & a_{n2}^{+} & \cdots & 1 \end{pmatrix} \tag{9.9}
$$

（4）粗糙重要度确定。按照以下公式，分别计算粗糙下限矩阵 $E\bar{A}$ 和粗糙上限矩阵 $E\overset{+}{A}$ 的粗糙重要度 $E\bar{W}_i$ 和 $E\overset{+}{W}_i$ 。最后再利用算术平均法，将粗糙重要度 $E\tilde{W}_i$ 转化为重要度 EW_i' ，归一化处理后求得最终的需求重要度 EW_i ：

$$
E\tilde{W}_i = \left[E\bar{W}_i, E\overset{+}{W}_i \right] \tag{9.10}
$$

$$
E\bar{W}_i = \frac{\sum\limits_{j=1}^{n} a_{ij}^{-}}{n} \tag{9.11}
$$

$$
E\overset{+}{W}_i = \frac{\sum\limits_{j=1}^{n} a_{ij}^{+}}{n} \tag{9.12}
$$

$$
EW_i' = \frac{E\bar{W}_i + E\overset{+}{W}_i}{2} \tag{9.13}
$$

$$EW_i = \frac{EW'_i}{\sum\limits_{i=1}^{n} EW'_i}$$　　　　　（9.14）

根据以上步骤，可以较为准确地求得 SMN 模块化顾客需求的重要度，便于通过质量屋将顾客需求转化为关键的产品服务质量技术指标，以识别出 SMN 模块化质量优化的关键质量属性。

9.2.3　SMN 质量屋

1. 质量屋理论

20 世纪 70 年代初，赤尾洋二（Yoji Akao）和水野滋（Shigeru Mizuno）提出了 QFD 方法。QFD 是一种将顾客需求转化为产品技术特性的方法。顾客需求是顾客的语言，在进行 QFD 设计时要倾听来自顾客的声音，由于顾客的语言难以在设计时直接使用，所以需要将其用关系矩阵进一步转化为技术需求。1988 年，豪泽（J.R.Hauser）和克劳辛（D.Clausing）提出一种将顾客需求与产品或服务性能联系起来的方法——质量屋。质量屋通过矩阵关系将顾客需求转化为关键质量特性，是 QFD 实现需求展开的基本工具，也是驱动整个 QFD 过程的核心。顾名思义，质量屋类似于一个房间，由各个部分组合而成。通常一个完整的质量屋包括以下内容（熊伟，2005）。

（1）左墙——顾客需求。这是 QFD 的初始点，质量小组收集整理顾客需求，正确评价各项顾客需求及其重要度，并配置到产品或服务规划质量屋的左墙位置。

（2）右墙——市场竞争力评估矩阵。包含对主要竞争对手产品的竞争性分析，确定对于每项顾客需求是否要进行技术改进以及改进目标等。

（3）天花板——技术要求。由顾客需求推演而出，从技术角度分析，针对前述的顾客需求，提出对应的产品或服务技术需求。

（4）屋顶——技术特性自相关矩阵。屋顶呈三角形位于质量屋的上方，用来反映各项技术要求之间的相关关系。

（5）房间——顾客需求与技术特性的关系矩阵。质量屋的本体部分，刻画了技术要求对顾客需求的贡献和影响程度，用数学关系矩阵表示。

（6）地板——技术竞争力评估矩阵。对技术要求进行竞争性评估，确定技术要求的重要度和目标值等。

2. SMN 质量屋结构

在实际设计质量屋时，不同的功能设计要求不同，质量屋的结构可能会根据顾客需求等有所变化。例如，屋顶的相关矩阵有时候不进行设置，右墙的质量规划有时候不予考虑，竞争分析和技术评估中的某些要素等也会根据不同情况而有所增减。本章结合 SMN 模块化质量属性需求，在进行 SMN 模块化顾客需求-模块化质量属性配置时，不考虑屋顶的自相关矩阵和右墙的质量规划矩阵，构造了 SMN 模块化质量屋，结构如图 9.2 所示。

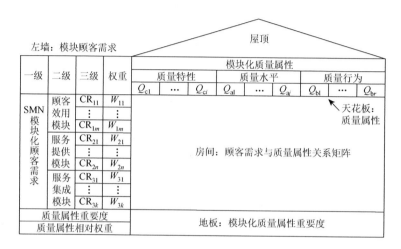

图 9.2　SMN 质量屋结构示意图

9.2.4　SMN 模块化质量优化目标确定

随着人们经济条件的不断改善，汽车出行已经成为很多家庭的选择。在汽车产品的功能技术不断提高的同时，人们对汽车产品附加的服务也提出了更高的要求，汽车制造业更加重视服务的质量，已经从单纯的生产制造向服务领域渗透。某汽车产品有限公司是一家典型的服务型制造企业，通过 SMN 中的模块分工与协作，最终提供满足顾客要求的汽车"产品＋服务"综合系统。本节以汽车产品服务系统为例，分析其 SMN 中的模块化质量目标以及顾客需求，最终得出关键 SMN 模块化质量属性集。顾客需求通过质量屋映射到质量属性中，SMN 模块化质量目标分析流程图如图 9.3 所示。

第一步：SMN 模块化顾客需求层次结构确定。根据 SMN 模块化顾客需求分解，获取各级顾客需求。一级顾客需求包括 SMN 中的三个模块的顾客需求，二级顾客需求分别为各个模块需求进一步展开的子项。

第二步：SMN 模块化顾客需求重要度确定。专家对各个模块的顾客需求进行打分，通过粗糙数和 AHP 相结合的方法确定顾客需求重要度。

第三步：SMN 模块化质量属性确定。进行模块化质量展开分析，分别得出客

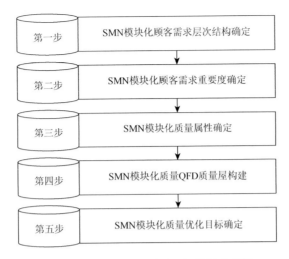

图 9.3　SMN 模块化质量目标分析流程图

户需求对应的产品模块质量属性和服务模块质量属性。

第四步：SMN 模块化质量 QFD 质量屋构建。这是流程中最为关键的一步，将顾客需求通过质量屋的形式转化为 SMN 模块化质量属性。

第五步：SMN 模块化质量优化目标确定。通过质量屋可以确定 SMN 质量属性的重要度排序，从而确定每个质量维度关键优化目标。

1. SMN 模块化顾客需求层次结构确定

首先找出 SMN 中不同利益相关者的需求，按照 SMN 进行模块化顾客需求划分，分别从顾客效用模块、服务提供模块以及服务集成模块三个模块，分析其对产品服务系统质量的需求。本章以汽车产品服务系统为研究对象，顾客效用模块需求为汽车的购买者以及使用者的需求，包括对汽车产品模块和服务模块的需求，如安全性、动力性、经济性等方面的需求；服务提供模块需求是生产性服务模块和服务性生产模块对所提供的产品服务系统的需求，更多的是对服务提供的需求；服务集成模块需求是汽车主制造企业对产品服务模块以及各行为主体相互协作过程的需求。具体的 SMN 模块化顾客需求层次结构如图 9.4所示。

2. SMN 模块化顾客需求重要度确定

邀请来自 SMN 中节点企业不同部门的 3 位专家参与顾客需求评分，组成评分小组，分别给出每个专家的评分矩阵。以顾客效用模块的 5 项需求为例，专家评分需求比较评价矩阵分别为

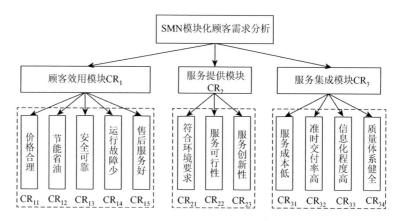

图 9.4　SMN 模块化顾客需求层次结构

$$A_1 = \begin{pmatrix} 1 & 1/3 & 1/7 & 1/2 & 2 \\ 3 & 1 & 1/4 & 2 & 6 \\ 7 & 4 & 1 & 5 & 9 \\ 2 & 1/2 & 1/5 & 1 & 4 \\ 1/2 & 1/6 & 1/9 & 1/4 & 1 \end{pmatrix}, \quad A_2 = \begin{pmatrix} 1 & 2 & 1/5 & 1/2 & 4 \\ 1/2 & 1 & 1/7 & 1/4 & 2 \\ 5 & 7 & 1 & 3 & 9 \\ 2 & 4 & 1/3 & 1 & 1/6 \\ 1/4 & 1/2 & 1/9 & 1/6 & 1 \end{pmatrix}$$

$$A_3 = \begin{pmatrix} 1 & 1/3 & 1/9 & 1/6 & 1/2 \\ 3 & 1 & 1/5 & 1/2 & 2 \\ 9 & 5 & 1 & 3 & 7 \\ 6 & 2 & 1/3 & 1 & 4 \\ 2 & 1/2 & 1/7 & 1/4 & 1 \end{pmatrix}$$

将以上矩阵数据代入式（9.2）和式（9.3），运用 MATLAB 可求得三个判断矩阵的随机一致性比率分别为 $CR_1 = 0.024$，$CR_2 = 0.017$，$CR_3 = 0.014$，均满足 $CR < 0.1$。因此，比较矩阵通过一致性检验。由式（9.4）确定群需求判断矩阵为

$$A = \begin{pmatrix} 1,1,1 & 1/3,2,1/3 & 1/7,1/5,1/9 & 1/2,1/2,1/6 & 2,4,1/2 \\ 3,1/2,3 & 1,1,1 & 1/4,1/7,1/5 & 2,1/4,1/6 & 6,2,2 \\ 7,5,9 & 4,7,5 & 1,1,1 & 5,3,3 & 9,9,7 \\ 2,2,6 & 1/2,4,2 & 1/5,1/3,3 & 1,1,1 & 4,6,4 \\ 1/2,1/4,2 & 1/6,1/2,1/2 & 1/9,1/9,1/7 & 1/4,1/6,1/4 & 1,1,1 \end{pmatrix}$$

例如，对于 $a_{32} = \{4,7,5\}$ 来说，有

$$\begin{cases} \overline{\text{Lim}}(4) = 4, \overset{+}{\text{Lim}}(4) = \dfrac{4+5+7}{3} \approx 5.33 \\[3mm] \overline{\text{Lim}}(5) = \dfrac{4+5}{2} = 4.5, \overset{+}{\text{Lim}}(5) = \dfrac{5+7}{2} = 6 \\[3mm] \overline{\text{Lim}}(7) = \dfrac{4+5+7}{3} \approx 5.33, \overset{+}{\text{Lim}}(7) = 7 \end{cases}$$

$$\overline{a_{32}} = \frac{\overline{\text{Lim}}(4) + \overline{\text{Lim}}(5) + \overline{\text{Lim}}(7)}{3} = \frac{4 + 4.5 + 5.33}{3} = 4.61$$

$$\overset{+}{a_{32}} = \frac{\overset{+}{\text{Lim}}(4) + \overset{+}{\text{Lim}}(5) + \overset{+}{\text{Lim}}(7)}{3} = \frac{5.33 + 6 + 7}{3} = 6.11$$

式中，$\overline{\text{Lim}}(4)$、$\overline{\text{Lim}}(5)$、$\overline{\text{Lim}}(7)$ 为粗糙数下近似限；$\overset{+}{\text{Lim}}(4)$、$\overset{+}{\text{Lim}}(5)$、$\overset{+}{\text{Lim}}(7)$ 为粗糙数上近似限。最终计算得到平均粗糙区间为[4.61，6.11]，同理可求得所有的粗糙区间，得到群需求对比矩阵以及粗糙上、下限矩阵：

$$\text{EA}_1 = \left[\overline{a_{ij}}, \overset{+}{a_{ij}}\right]_{5\times5} = \begin{pmatrix} (1,1) & (0.52,1.35) & (0.13,0.17) & (0.30,0.46) & (1.31,3.06) \\ (1.47,2.72) & (1,1) & (0.17,0.22) & (0.51,1.39) & (2.44,4.44) \\ (6,8) & (4.61,6.11) & (1,1) & (3.22,4.22) & (7.78,8.78) \\ (2.44,4.44) & (1.31,3.06) & (0.25,0.32) & (1,1) & (4.22,5.22) \\ (0.51,1.39) & (0.30,0.46) & (0.12,0.14) & (0.20,0.24) & (1,1) \end{pmatrix}$$

$$\overline{\text{EA}_1} = \left(\overline{a_{ij}}\right)_{5\times5} = \begin{pmatrix} 1 & 0.52 & 0.13 & 0.30 & 1.31 \\ 1.47 & 1 & 0.17 & 0.51 & 2.44 \\ 6 & 4.61 & 1 & 3.22 & 7.78 \\ 2.44 & 1.31 & 0.25 & 1 & 4.22 \\ 0.51 & 0.30 & 0.12 & 0.20 & 1 \end{pmatrix}$$

$$\overset{+}{\text{EA}_1} = \left(\overset{+}{a_{ij}}\right)_{5\times5} = \begin{pmatrix} 1 & 1.35 & 0.17 & 0.46 & 3.06 \\ 2.72 & 1 & 0.22 & 1.39 & 4.44 \\ 8 & 6.11 & 1 & 4.22 & 8.78 \\ 4.44 & 3.06 & 0.32 & 1 & 5.22 \\ 1.39 & 0.46 & 0.14 & 0.24 & 1 \end{pmatrix}$$

对粗糙重要度进行转化得到的重要度及归一化处理后的需求重要度为

$$\text{EW} = \left[0.917, 1.536, 5.072, 2.326, 0.536\right]^{\text{T}}$$

同理，重复上述步骤，根据相关公式可以求得服务提供模块和服务集成模块的各个模块需求子项的重要度。对于一级需求不再进行专家打分，直接给出三个模块需求的重要度。由于顾客效用模块的核心地位，顾客直观的产品服务需求对整个 SMN 质量的影响很大，显然顾客效用模块需求的重要度更大，因此顾客效用模块需求设为 0.4，服务提供模块需求和服务集成模块需求的重要度均设为 0.3。最终，将一级需求和二级需求进行相乘，求得所有需求子项的粗糙重要度以及归一化处理后的重要度。SMN 模块化需求重要度如表 9.1 所示。

表 9.1　SMN 模块化需求重要度

一级需求		二级需求			综合 重要度	归一化 处理
需求 1	重要度 1	需求 2	粗糙重要度	重要度 2		
顾客效用 模块需求	0.4	价格合理	[0.652，1.208]	0.917	0.367	0.049
		节能省油	[1.118，1.954]	1.536	0.614	0.082
		安全可靠	[4.522，5.622]	5.072	2.029	0.271
		运行故障少	[1.844，2.808]	2.326	0.894	0.119
		售后服务好	[0.426，0.646]	0.536	0.214	0.029
服务提供 模块需求	0.3	符合环境要求	[0.543，0.593]	0.568	0.170	0.023
		服务可行性	[2.203，2.703]	2.453	0.736	0.098
		服务创新性	[1.170，1.363]	1.267	0.380	0.051
服务集成 模块需求	0.3	服务成本低	[0.480，0.748]	0.614	0.184	0.025
		准时交付率高	[0.895，1.835]	1.365	0.410	0.055
		信息化程度高	[1.250，1.993]	1.622	0.487	0.065
		质量体系健全	[2.820，3.820]	3.320	0.996	0.133

3. SMN 模块化质量属性确定

SMN 模块化质量属性既包括产品和服务模块提供的产品或服务本身固有的质量特性，也包括产品和服务模块提供满足顾客需求的服务具有的质量水平以及模块行为主体对产品服务质量进行控制、优化、改进等一系列质量行为。第 5 章从 SMN 质量属性的三个维度：质量特性、质量水平和质量行为进行划分，本节给出一个简化了的 SMN 模块化质量属性指标体系，如表 9.2 所示。

表 9.2　SMN 模块化质量属性指标

质量属性	一级质量属性	二级质量属性	质量属性技术指标
模块化 质量	质量特性	技术特性	差错率
			安全性
			舒适性
		经济特性	设计经济
			使用经济

续表

质量属性	一级质量属性	二级质量属性	质量属性技术指标
模块化质量	质量特性	社会特性	环保性
			节能性
	质量水平	服务质量水平	响应时间
			服务柔性
			服务费用
		质量创新水平	创新意识
			研发投入
		质量管理水平	检测水平
			监督水平
	质量行为	适应性质量协作	质量意识培训
			质量体系水平
		合约化质量协调	质量合同
			风险合作
		模块化质量协同	信息平台建设
			集成联盟建设

属性一：质量特性 Q_c。质量特性是指为了便于对产品质量进行度量，而将产品或服务的固有特性转化为具体特性。服务型制造模式中典型的服务特性更加凸显，其模块化质量特性不同于传统的产品质量特性以及单一的企业，而是包括若干具有相似功能的节点企业的 SMN 模块的服务质量特性。因此，SMN 中模块质量特性是指用于区分不同模块提供产品或服务质量性能差异的特性，同时表征模块提供产品和服务各个过程的质量固有属性。本章从技术特性、经济特性、社会特性三个维度进行模块质量特性的划分。

（1）技术特性：产品模块或服务模块技术方面的固有特性指标，如差错率、安全性和舒适性等。

（2）经济特性：经济特性主要是从产品或服务模块经济性的角度出发，包括产品和服务的设计经济性和使用经济性。

（3）社会特性：模块所提供服务具有的且与社会要求关联紧密的质量特性，如环境要求方面的指标。

属性二：质量水平 Q_a。质量水平是 SMN 中模块化组织单元提供服务模块的过程中节点能力具有的质量水平。除了产品服务特性方面的质量，模块集成商对模块提供商的质量水平要求越来越高，高质量水平的模块能顺利完成模块集成商分配的质量任务，更能在提供服务的过程中获得良好的声誉。对于某个模块来说，质量水平主要体现在三个方面：服务质量水平、质量创新水平以及质量管理水平。

（1）服务质量水平：用来衡量节点企业服务质量能力的大小，体现节点提供模块化服务的质量水平。本书认为顾客满意的模块质量水平与响应时间、服务柔性、服务费用相关。

（2）质量创新水平：企业通过采取一系列技术、管理等多种创新方法，实现自身质量水平持续不断地改进和提高以满足顾客的质量需求，最终实现更高的效益。质量创新水平与模块进行质量创新活动的研发投入以及服务人员的创新意识有关。

（3）质量管理水平：质量管理水平是模块通过实施质量改进、控制，对自身质量水平的调节能力。包括对产品或服务提供过程中的检测和监督水平。

属性三：质量行为 Q_b。质量行为是 SMN 中模块化服务组织单元基于自身能力对环境变化的规律性反应。由于模块节点的能力水平存在差异，在进行服务化模块提供时要针对自身能力采用不同的质量行为。根据模块能力的差异，SMN 的质量行为包括：适应性质量协作、合约化质量协调、模块化质量协同。

（1）适应性质量协作：SMN 中具有基础能力优势的节点，各个方面都处于弱势，缺乏整体的竞争力，采取被动性的适应性质量协作、质量意识培训和质量体系建设。

（2）合约化质量协调：在合作的过程中为了更好地完成质量任务，可以通过合同约束供应双方的质量行为，包括质量合同和风险合作。

（3）模块化质量协同：模块化质量协同是具有核心能力优势的质量行为主体合作与模块质量特性的自适应过程，包括信息平台建设和集成联盟建设。

SMN 模块化质量的三个质量属性基于不同的维度，每个质量属性的侧重点不同。其中质量特性更多地指产品层面的物理质量特性，质量水平主要是指模块本身所具有的质量水平，质量行为主要是指模块在与其他模块进行质量协作时模块行为主体的质量行为。

4. SMN 模块化质量 QFD 质量屋构建及 SMN 模块化质量优化目标确定

下面结合 SMN 模块化顾客需求及其相关的产品服务模块技术特性，构建 SMN 质量屋。SMN 模块化顾客需求的重要度前面已经求得，具体数值已填写到质量屋中。质量屋中的 SMN 模块化顾客需求与 SMN 模块化质量属性之间的关联程度可以用符号"◎""○""△"来表示。其中，"◎"表示强相关，"○"表示中等相关，"△"表示弱相关。SMN 模块化顾客需求与模块化质量属性之间的关联程度越大，该项质量属性对顾客满意度的影响越大，也是质量优化需要重点关注的质量属性指标。关系矩阵中的符号可以直接配置成数字形式，强相关赋值为 5，中等相关赋值为 3，弱相关赋值为 1，"空"为 0。SMN 模块化顾客需求与模块化质量属性的配置过程质量屋如表 9.3 所示。

表 9.3　SMN 模块化顾客需求与模块化质量属性的配置过程质量屋

顾客需求				质量特性							质量水平								质量行为					
				技术特性			经济特性		社会特性		服务质量水平			质量创新水平		质量管理水平		适应性质量协作		合约化质量协调		模块化质量协同		
一级需求	二级需求	重要度		差错率	安全性	舒适性	设计经济	使用经济	环保性	节能性	响应时间	服务柔性	服务费用	创新意识	研发投入	检测水平	监督水平	质量意识培训	质量体系水平	质量合同	风险合作	信息平台建设	集成联盟建设
顾客效用模块	价格合理	0.049				△	◎	○					△							○			
	节能省油	0.082					◎	◎	◎	◎								△		△			
	安全可靠	0.271		◎	◎						◎				△				◎	○			
	运行故障少	0.119			◎			○								◎	△	△	○	○			
服务提供模块	售后服务好	0.029		○		○					◎	○	○		○	○	○	○	○	○			
	符合环境要求	0.023		◎		○			◎	○				◎		◎	△	○	△	○		△	△
	服务可行性	0.098		◎	△	△					◎							△	○	○	○		
	服务创新性	0.051				△					○				○			△	△	○			

续表

顾客需求（一级需求）	二级需求	重要度	质量特性							质量水平							质量行为					
			技术特性			经济特性		社会特性		服务质量水平			质量创新水平		质量管理水平		适应性质量协作		合约化质量协调		模块化质量协同	
			差错率	安全性	舒适性	设计经济	使用经济	环保性	节能性	响应时间	服务柔性	服务费用	创新意识	研发投入	检测水平	监督水平	质量意识培训	质量体系水平	质量合同	风险合作	信息平台建设	集成联盟建设
SMN模块化质量客需求	服务成本低	0.025	○			◎	◎			△		◎										
	准时交付率高	0.055								◎	◎					△	△	◎	○	△		△
	信息化程度高	0.065											△					△	△	○	◎	○
	质量体系健全	0.133	○							○	○				○	○	○	◎	△	△		△
质量属性重要度			2.87	2.05	0.61	0.78	1.04	0.56	0.48	2.84	0.76	0.26	0.32	0.51	1.81	1.32	1.73	3.17	2.07	0.68	0.35	0.38

上述 QFD 质量屋实现了 SMN 模块化顾客需求到 SMN 模块化质量属性的转化，质量屋中的矩阵关系体现了模块化质量属性对顾客需求影响的程度。但由于各个模块化质量属性维度包含众多指标，在实际 SMN 运作中，模块集成商的资源和精力有限，无法同时考虑所有的质量指标，而是根据各质量属性指标的相对权重，分别确定 SMN 模块化质量属性各维度的关键指标，作为企业实施质量优化改进需要重点关注的内容。

为了简化研究，根据质量屋中质量属性的重要度排序，取每个质量维度质量属性相对权重最高的指标作为优化的关键目标。SMN 模块化质量优化的关键目标集的具体内容如下：质量特性维度中，差错率的重要度最高，为 2.87；质量水平维度中，响应时间的重要度最高，为 2.84；质量行为维度中，质量体系水平的重要度最高，为 3.17。得出 SMN 关键质量优化属性集为：{差错率；响应时间；质量体系水平}。因此，简化处理后，本章在对 SMN 模块化质量进行优化时，模块优化配置方案应该重点将模块的差错率、响应时间以及质量体系水平作为 SMN 模块化质量的优化目标参数，以获得更高的顾客满意度。实际工作中，其他参数优化可以参考本章给出的优化模型设计及求解思路。

9.3　考虑质量损失的 SMN 模块化质量多目标优化模型

9.3.1　多目标优化相关理论

1. 多目标优化基本概念

根据目标函数个数进行分类，优化问题可分为单目标优化问题和多目标优化问题。多目标优化问题最早由法国经济学家帕累托（Pareto）于 1896 年提出。在许多实际的优化决策问题中，单一的指标无法衡量一个方案的优劣，而是需要考虑多个指标共同作用带来的影响，即存在多个待优化的目标。这些目标之间往往存在较为复杂的关系，大多数情况下相互影响、相互矛盾。多目标优化问题通过构建两个或两个以上目标函数，获得整体最优解。在求解多目标优化问题时，不同的决策变量对不同目标函数的优化效果不同，要使每个目标函数都实现最优是难以达到的。多目标优化问题只能以牺牲某个目标最优为代价，寻求整体的最优，因此多目标优化问题得到的优化解不是唯一的解，而是包含多个最优解的帕累托最优解集。

2. 多目标优化数学模型

多目标优化问题涉及的内容和种类较多，但是通常情况下多目标优化模型都具有共同的要素：决策变量、目标函数以及约束条件。在一个具体的多目标优化实际问题中，有 m 个目标函数、n 个决策变量、目标函数为 $f(x)$ 的包含等式和不等式约束的最小化问题数学模型如下（李巧花，2019）：

$$\min Z = F(x) = \left(f_1(x), f_2(x), \cdots, f_m(x) \right)$$

$$\text{s.t.} \begin{cases} g_i(x) \leqslant 0, & i = 1, 2, \cdots, q \\ h_j(x) = 0, & j = 1, 2, \cdots, p \\ x \in D \end{cases} \tag{9.15}$$

式中，x 为所求解的向量；D 为满足条件的向量空间；Z 为目标函数；$g_i(x)$ 和 $h_j(x)$ 分别为不等式约束和等式约束。

在 SMN 模块化质量优化配置问题中，服务集成模块的质量管理者通过一系列指标对模块质量属性进行评价，整个网络质量优化的结果是追求多个质量属性的最优，如差错率最低、响应时间最短、质量体系水平最高。这些目标之间存在矛盾关系，如差错率的降低必然以付出更多的响应时间为代价。SMN 模块化质量多目标优化要解决的问题就是对各个质量属性目标进行综合权衡处理，使各个目标之间实现协调，最终选择各个单目标相对最优化的模块节点配置方案。

9.3.2　SMN 模块化质量单目标优化模型

20 世纪 50 年代，美国质量专家费根鲍姆提出质量成本的概念，定义质量成本为：为了确保产品（或服务）满足规定要求而产生的费用以及没有满足规定要求而引起的损失（Albright and Roth，1992）。SMN 中的质量成本作为产品或服务质量的一部分，表面上看是由服务集成商来承担，实际上涉及整个供应网络上的所有模块节点企业成员。服务集成商作为整个供应网络的集成者，起着核心领导者的作用，有义务和能力去领导网络组织中的各个成员致力于质量成本的优化改进。最小化网络中的质量成本不仅能够提高 SMN 中各模块节点的切身利益，也能够降低整个供应网络的成本，有利于整个网络协同稳定地运行。传统的质量成本理论模型包括费根鲍姆模型、朱兰质量模型、田口质量成本模型以及戈维尔（K.K.Govil）提出的 K.K.Govil 函数等（尚珊珊和尤建新，2010）。这些模型所指的质量成本一般都是讨论产品质量特性与质量成本之间的关系，但实际上质量特性已经不能完全准确地反映令顾客满意的质量。本书全面考虑 SMN 模块化质量的内涵，基于 SMN 模块化质量的三个属性：质量特性、质量水平、质量行为，需要确定每个维度的优化指标，探讨质量与损失成本之间的关系。实际上，由于

SMN 各个质量维度的指标受多种因素影响，在讨论每个模块的质量属性时，应该根据各个模块的不同功能特性并结合影响因素，分别确定各质量维度具体的决策变量。为了简化研究问题，结合 9.2 节中的分析结论，确定 SMN 模块化质量多目标优化模型的关键优化指标为：选取差错率作为质量特性维度关键优化指标；选取响应时间作为质量水平维度关键优化指标；选取质量体系水平作为质量行为维度关键优化指标。

1. 田口质量损失函数

由于质量波动给顾客造成的损失就是质量损失，质量损失是指企业在生产、经营过程和活动中，由于产品的质量问题而导致的社会损失。日本质量专家田口玄一认为产品输出特性波动会给使用者和社会造成损失。质量损失的存在不利于企业的经济效益，给企业的经营造成了严重的影响。因此，减少质量损失是企业发展需要关注的重要方向。田口质量损失函数用来定量表征质量特性与目标值产生偏差时的质量损失，用二次函数表示。设 $L(Y)$ 为质量指标偏离目标值引起的质量损失，Y 为质量特性值，m 为顾客满意的目标值。若 $L(Y)$ 在 $Y = m$ 处存在二阶导数，则按照泰勒级数展开，可近似表示为（Cosmin and Ana-Maria，2013）

$$L(Y) \approx L(m) + \frac{L'(m)}{1!}(Y - m) + \frac{L''(m)}{2!}(Y - m)^2 \tag{9.16}$$

当 $Y = m$ 时，质量损失为零，此时 $L(m) = L'(m) = 0$，由此得到传统的田口质量损失函数如下：

$$L(Y) = K(Y - m)^2 \tag{9.17}$$

式中，K 为质量损失系数，由产品丧失功能时的质量损失决定。

2. 质量特性损失函数关系

质量管理中定义质量是一组固有特性满足要求的程度。这种要求需要转化为有指标的特性作为评价和检验的依据，而不只是主观判断。质量特性是为了度量产品或服务质量，将固有的特性量化为可以直接测量的质量特性指标，是产品或服务本身固有的特性。差错率作为质量特性维度的关键指标，能够很好地表征模块的质量特性。服务差错的产生，从短期看会产生额外的质量成本损失，降低企业的经济效益；从长远看会大大降低企业的信用，不利于企业在市场上长久生存。产品或服务模块的差错率越小，越能够有效提高模块节点的声誉效益和竞争优势，有利于企业长期的经济效益发展。SMN 中的顾客参与到服务的设计过程中，与模块集成商一起制定符合要求的质量特性标准。质量特性损失成本可以看作在服务模块提供产品或服务的质量特性值偏离顾客满意的标准时所造成的损失，这种损失可采用期望的田口质量损失函数加以度量。SMN 产品服务系统模块的配置既包含生产业务，也包含服务业务。对于服务性生产模块，模块的差错率越低，产品的质量可靠性就越高，在性能上越能使顾客满意。对于生产性服务模块，服务差错率是指服务模块为顾客提供满意的无差错服务的能力，模块的差错率越小表示服务提供模块的服务能力越强，模块在进行质量合作时造成的质量损失越小。

当 SMN 中的顾客效用模块参与到产品服务的整个流程中，提出产品或服务需求时，服务性生产模块和生产性服务模块应该尽可能满足顾客的要求，质量特性损失符合具有望小特性的田口质量损失函数。为了方便建模，本书假设差错率的范围为 $[0,1]$，在实际中总会存在差错率，这种偏差就会产生质量损失，而且偏差越大损失就越大。假设顾客对于模块的差错率容忍区间是一个范围 $Z \in [0, C_{c\text{-max}}]$，在顾客差错率容忍区间内，质量特性损失随着差错率的增加而减小，符合田口质量损失曲线，质量特性指标即差错率 Q_c 为 0 时，不产生质量特性损失；在顾客的差错率容忍区间外，造成的质量损失较大。对于产品服务模块，当差错率超出顾客差错率容忍区间后，可认为该模块不合格，此时服务集成商会对服务模块提供商进行惩罚，即产生一个固定的惩罚成本 $L(Q_{co})$，可认为该惩罚成本与模块的常规成本有关，占常规成本的比例为 α，$L(Q_{co}) = \alpha C_{ijo}$。

综上，质量特性损失与差错率之间的函数关系如图 9.5 所示。

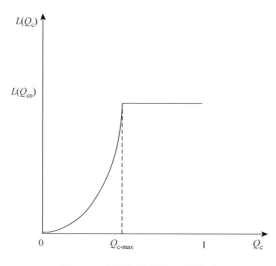

图 9.5　质量特性损失函数关系

质量特性损失函数表达式如下，其中 k_1 为质量特性损失函数系数：

$$L(Q_c) = \begin{cases} k_1(Q_c)^2, & 0 \leqslant Q_c \leqslant Q_{c\text{-max}} \\ L(Q_{co}), & Q_{c\text{-max}} < Q_c \leqslant 1 \end{cases} \quad (9.18)$$

3. 质量水平损失函数关系

SMN 中衡量一个模块质量的重要标准是其质量水平的高低。SMN 模块的质量水平在很大程度上影响着模块节点的质量协作。在模块集成商将非核心业务外包给模块提供商时，质量水平的高低衡量了一个模块和其他功能相同模块竞争的优势程度。顾客在提出相应的产品服务需求后，由 SMN 中不同类型的模块对产品服务任务进行分工，最终集成商负责对各个模块任务进行集成，将产品和服务整体提供给顾客。在此过程中，产品或服务模块提供的时间对顾客满意度影响很大，响应时间的长短在一定程度上表征了模块的质量水平，更优的质量水平能够带来更大的顾客效用。响应时间是模块质量水平的关键优化指标，为了方便后文建模，将服务性生产模块所需时间以及生产性服务模块响应时间统称为响应时间。这两部分数据都可以根据服务提供模块过往提供产品或服务所用的时间得出。

随着智能自动化技术的提高以及模块化程度的加深，产品生产制造的整个过程的效率明显提高。产品模块响应时间关系到整个网络的质量协作能力，影响着整个网络的运行效率。本书定义产品模块响应时间是指产品模块中各个组件从设计、生产、制造到交付于服务集成商手中所用的总时间。顾客效用模块是 SMN 产品服务系统提供的中心模块，SMN 中各节点的企业应该把顾客的利益放在第一位，及时响应顾客的需求，从而获得顾客的信任。在产品服务提供的过程中，响应时间是影响顾客对企业提供产品或服务满意度的重要指标。服务响应时间是生产性服务模块完成顾客所需的某项服务需求所用的时间。当顾客提出需求后，期待产品服务提供模块能够快速响应服务，服务提供模块的响应时间越短越好。

假设顾客所能接受的产品或服务响应时间是一个区间，在期望的区间内，质量成本关系符合具有望小特性的田口质量损失函数。当响应时间小于等于 $Q_{a\text{-max}}$ 时，不产生质量成本损失；当超过区间上限后，质量损失不再随响应时间无限增加，而是达到一个固定的质量损失值 $L(Q_{ao})$，认为该惩罚成本与模块的常规成本有关，占常规成本的比例为 λ，$L(Q_{ao}) = \lambda C_{ijo}$。对于产品模块，不考虑提早到货产生的库存等成本，只考虑由于延迟交货带来的损失。本书参考文献（詹钧凯等，2020）建立质量损失与响应时间的函数关系。

综上，质量水平损失与响应时间之间的函数关系如图 9.6 所示。

质量水平损失函数表达式如下，其中 k_2 为质量水平损失函数系数：

$$L(Q_a) = \begin{cases} 0, & Q_a < Q_{a\text{-}min} \\ k_2(Q_a - Q_{a\text{-}min})^2, & Q_{a\text{-}min} \leqslant Q_a \leqslant Q_{a\text{-}max} \\ L(Q_{ao}), & Q_a > Q_{a\text{-}max} \end{cases} \tag{9.19}$$

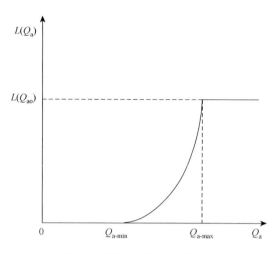

图9.6 质量水平损失函数关系

4. 质量行为损失函数关系

质量行为是指SMN中模块化服务组织单元基于自身能力的差异性与环境变化，为匹配需求的服务质量表现出的规律性反应，如企业为提高产品或服务模块的质量采取质量体系的认证、对质量部门人员的培训、节点合作的合同设计等质量行为。在 SMN 运行的过程中，模块节点企业通过采取一系列基于能力的质量行为对网络的质量进行改进和控制。SMN 中一段供应合作关系开始之前，集成商会收集顾客需求，提出符合自身和顾客的产品服务质量要求，并设计质量合同条款展开业务往来，对供应模块节点企业进行质量约束。在满足产品或服务的质量要求以及达到合同要求的前提下，尽可能降低整个过程的质量成本，使双方的合作互惠互利，实现整体的协同优化。在质量能力协同运行的过程中，各服务提供模块可提供不同的产品服务方案，不同的模块实例所投入的质量体系水平不同，质量行为产生的损失也不同。

模块的质量体系水平是体现模块质量行为能力的重要因素，在各个模块相互协作的过程中，质量体系水平的高低也会产生不同的损失。模块的质量体系水平可由服务集成商设置统一衡量标准，对各模块节点质量体系水平进行评判打分。质量体系水平越高，节点质量行为能力就越强，给供应双方的合作造成的质量损失就越小。本书认为质量行为损失符合具有望大特性的田口质量损失函数。

综上，质量行为损失与质量体系水平之间的函数关系如图9.7所示。

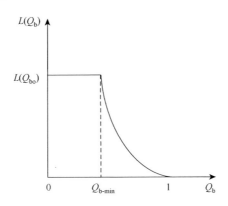

图 9.7 质量行为损失函数关系

质量行为损失函数表达式如下，其中 k_3 为质量行为损失函数系数：

$$L(Q_b) = \begin{cases} k_3(Q_b - 1)^2, & Q_{b\text{-min}} \leqslant Q_b \leqslant 1 \\ L(Q_{bo}), & Q_b < Q_{b\text{-min}} \end{cases} \tag{9.20}$$

9.3.3 SMN 模块化质量多目标优化模型

在顾客参与程度日益加深的服务型制造背景下，模块集成企业依据顾客的需求整合 SMN 中的产品服务资源，与外部服务性生产模块和生产性服务模块共同协作，完成令顾客满意的产品服务系统的供应，实现经济效益。在 SMN 中，各个模块相互协作，在将产品服务系统提供给最终使用者的整个周期中，各个模块都不可避免地会产生质量损失，不仅降低了各模块企业的经济效益，还对整个 SMN 的稳定运行造成了破坏。SMN 的最终目的是在保证产品或服务质量使顾客满意的前提下，实现整个网络的质量成本最优，这是解决 SMN 模块化质量优化问题的关键所在。网络组织中存在众多模块节点，不同的模块节点的质量特性、质量水平、质量行为能力各不相同，质量能力差异不仅会造成经济损失，也对整个网络的稳定运行存在影响。模块集成商在选择模块节点进行质量协作时，需要综合考虑模块供应节点的质量能力、自身利益以及网络整体效益等因素，对模块节点进行评价，最后要在满足顾客产品服务要求的基本前提下，选择使网络质量损失最小的模块节点配置方案。为了简化模型，仅以差错率、响应时间、质量体系水平这三个关键模块质量属性作为质量优化的具体指标，将这三个指标定量转化为质量损失进行模块节点的优化选择，最终确定使质量损失最小的节点优化配置方案。综合上述三个质量损失目标函数关系式以及各种约束条件，建立 SMN 模块化质量多目标优化模型。

1. 问题描述

SMN 服务模块集成商在选择模块供应节点进行合作时，应关注整个网络中各个模块节点的质量属性，包括质量特性、质量水平以及质量行为。为了简化问题，考虑某 SMN 由一个服务集成模块，多个服务性生产模块、生产性服务模块以及顾客效用模块组成。服务模块集成商需要充分考虑顾客需求与各服务模块提供商的利益，确定最优的 SMN 模块节点优化配置方案。SMN 模块化节点优化配置方案由 m 个模块节点组成，从服务性生产模块、生产性服务模块以及顾客效用模块中各选取一个模块节点，同时考虑集成模块需求和顾客效用模块需求，最终构成一个满足各维度质量属性损失最小的 SMN 模块化质量节点优化配置方案。SMN 模块化质量节点优化配置方案是由不同模块节点组成的方案，$P = \{M, S, C\}$。

（1）服务性生产模块节点集合表示为 $M = \{M_1, M_2, \cdots, M_k\}$，每个模块 M_i 都包括 n_i 个待选模块节点，$M_i = \{M_{i1}, M_{i2}, \cdots, M_{in_i}\}$，模块 M_i 中的第 j 个模块节点表示为 M_{ij}，其中 $i \in [1, k], j \in [1, n_i]$。

（2）生产性服务模块节点集合表示为 $S = \{S_{k+1}, S_{k+2}, \cdots, S_t\}$，每个模块 S_i 包括 n_i 个待选模块节点，$S_i = \{S_{i1}, S_{i2}, \cdots, S_{in_i}\}$，模块 S_i 中的第 j 个模块节点表示为 S_{ij}，其中 $i \in [k+1, t], j \in [1, n_i]$。

（3）顾客效用模块节点集合表示为 $C = \{C_{t+1}, C_{t+2}, \cdots, C_m\}$，每个模块 C_i 都包括 n_i 个待选模块节点，$C_i = \{C_{i1}, C_{i2}, \cdots, C_{in_i}\}$，模块 C_i 中的第 j 个模块节点表示为 C_{ij}，其中 $i \in [t+1, m], j \in [1, n_i]$。

2. 相关假设与参数说明

为了便于研究，做出以下假设：①各模块质量损失只考虑质量特性损失、质量水平损失以及质量行为损失，不考虑其他方面的损失；②由于具有相同功能待选模块的常规成本差异不大，将其按同一常规成本处理；③不考虑产品服务模块提前交付产生的库存等成本，只考虑由于响应时间超出顾客容忍区间的损失；④每个模块仅选择由一个单独的模块提供商匹配提供。模型涉及的相关参数及符号说明见表 9.4。

表 9.4　相关参数及符号说明

参数	说明	参数	说明
Q_c	质量特性	$Q_{c\text{-max}}$	质量特性上限
Q_a	质量水平	$Q_{a\text{-min}}$	质量水平下限
Q_b	质量行为	$Q_{a\text{-max}}$	质量水平上限

续表

参数	说明	参数	说明
Q_{ijc}	模块节点 ij 的质量特性	$Q_{\text{b-min}}$	质量行为下限
Q_{ija}	模块节点 ij 的质量水平	x_{ij}	决策变量（$x_{ij} \in \{0,1\}$）
Q_{ijb}	模块节点 ij 的质量行为	n_i	模块 i 的子模块待选实例个数
$L(Q_{co})$	质量特性惩罚成本	m	所选产品服务模块实例个数
$L(Q_{ao})$	质量水平惩罚成本	α	质量特性惩罚成本占比
$L(Q_{bo})$	质量行为惩罚成本	β	质量水平惩罚成本占比
$L(Q_c)$	质量特性损失	ϕ	质量行为惩罚成本占比
$L(Q_a)$	质量水平损失	k_{ij1}	质量特性损失函数系数
$L(Q_b)$	质量行为损失	k_2	质量水平损失函数系数
C_{ijo}	模块 ij 的常规成本	k_{ij3}	质量行为损失函数系数

3. 目标函数

日本质量专家田口玄一提出质量损失函数定量表征质量特性与目标值产生偏差时的质量损失。本节基于模块化质量属性的三个维度，分别构建改进的质量损失函数，来衡量 SMN 模块质量损失。

1）质量特性损失最小

服务提供企业在产品服务提供过程中会出现服务差错，给企业带来很大的经济损失，不利于 SMN 的稳定发展。以前文中确定的模块差错率表示质量特性，模块差错率是指 SMN 中模块服务出现差错的概率，只要存在差错率就会产生质量损失，差错率越小的模块能获得越高的顾客满意度。假设顾客对于质量特性的容忍区间是一个范围 $[0, Q_{\text{c-max}}]$，在顾客容忍区间内，质量特性损失随着差错率的增大而增大，符合望小特性的田口质量损失函数。

在区间 $[0, Q_{\text{c-max}}]$ 内，质量特性损失最小的目标函数为

$$\min L(Q_c) = \sum_{i=1}^{m}\sum_{j=1}^{n_i} x_{ij} L_{ij}(Q_c) = \sum_{i=1}^{m}\sum_{j=1}^{n_i} x_{ij} k_{ij1}(Q_{ijc})^2 \tag{9.21}$$

2）质量水平损失最小

在模块集成商选择模块提供商时，通过质量水平指标衡量该模块节点企业竞争的优势程度。本章以模块响应时间表示质量水平，模块响应时间关系到整个网络的质量协作能力，影响着整个网络的运行效率。参考相关文献中响应时间的概念，将各模块从设计、生产、制造到交付于服务集成模块所需时间统称为响应时间。假设顾客能接受的质量水平为一个区间 $[Q_{\text{a-min}}, Q_{\text{a-max}}]$，符合望目特性的田口质量损失函数。

在区间 $[Q_{a\text{-min}}, Q_{a\text{-max}}]$ 内，质量水平损失最小的目标函数为

$$\min L(Q_a) = k_2 \left(\sum_{i=1}^{m} \sum_{j=1}^{n_i} x_{ij} Q_{ija} - Q_{a\text{-min}} \right)^2 \tag{9.22}$$

3）质量行为损失最小

在 SMN 运行的过程中，模块节点企业通过采取一系列的质量行为对网络质量进行改进。模块的质量体系水平能够体现其质量行为能力，在各个模块相互协作的过程中，质量体系水平差异也会产生不同的损失，有必要通过优化质量体系水平来促进双方的质量协作，其评判采用统一的标准。设模块质量行为为 $[Q_{b\text{-min}}, 1]$，偏离最优的质量行为水平会造成损失，符合望大特性的田口质量损失函数。

在区间 $[Q_{b\text{-min}}, 1]$ 内，质量行为损失最小的目标函数为

$$\min L(Q_b) = \sum_{i=1}^{m} \sum_{j=1}^{n_i} x_{ij} L_{ij}(Q_b) = \sum_{i=1}^{m} \sum_{j=1}^{n_i} x_{ij} k_{ij3} (Q_{ijb} - 1)^2 \tag{9.23}$$

4）质量损失函数系数的确定

杨晓英和施国洪（2013）将惩罚成本与质量损失联系起来，参考该文献，本书认为质量损失最大值与集成商对节点企业的惩罚成本有关。假设该惩罚成本占常规成本一定比例，各个质量损失函数系数的确定如下：

$$k_{ij1} = \alpha C_{ijo} / (Q_{c\text{-max}})^2 \tag{9.24}$$

$$k_2 = \beta \sum_{i=1}^{m} \sum_{j=1}^{n_i} C_{ijo} / (Q_{a\text{-max}} - Q_{a\text{-min}})^2 \tag{9.25}$$

$$k_{ij3} = \phi C_{ijo} / (Q_{b\text{-min}} - 1)^2 \tag{9.26}$$

4. 约束条件

为了保障在满足顾客需求下整个配置方案的总质量最优，在进行最优 SMN 服务提供模块方案配置选择时必须满足以下几个条件。

（1）质量特性约束：为了确保产品服务模块的质量特性，产品服务模块的差错率必须小于顾客能接受的最大差错率，即

$$0 \leqslant Q_{ijc} \leqslant Q_{c\text{-max}} \tag{9.27}$$

（2）质量水平约束：为了提高顾客满意度，产品服务模块方案的总响应时间必须要小于顾客所能接受的最大响应时间，即

$$Q_{a\text{-min}} \leqslant \sum_{i=1}^{m} \sum_{j=1}^{n_i} x_{ij} Q_{ija} \leqslant Q_{a\text{-max}} \tag{9.28}$$

（3）质量行为约束：为了促进供应模块和集成模块更好地合作，模块行为主

体的质量体系水平应该大于集成商的最低要求，否则质量体系水平较低会生成更
多的隐形成本，即

$$Q_{\text{b-min}} \leqslant Q_{ij\text{b}} \leqslant 1 \tag{9.29}$$

（4）其他基本约束：在进行 SMN 产品服务模块优化选择时，保证每个模块
实例必须选取且只能选取一个模块实例，即

$$
\begin{aligned}
& 1 \leqslant i \leqslant m \\
& 1 \leqslant j \leqslant n_i \\
& x_{ij} \in \{0,1\} \\
& \sum_{j=1}^{n_i} x_{ij} = 1 \\
& \sum_{i=1}^{m} \sum_{j}^{n_i} x_{ij} = m
\end{aligned}
\tag{9.30}
$$

5. 多目标优化模型

通过对以上各个目标函数关系式以及约束条件的分析，建立质量特性损失最小、
质量水平损失最小、质量行为损失最小的 SMN 模块化质量多目标优化配置模型：

$$\min L(Q_{\text{c}}) = \sum_{i=1}^{m} \sum_{j=1}^{n_i} x_{ij} L_{ij}(Q_{\text{c}}) = \sum_{i=1}^{m} \sum_{j=1}^{n_i} x_{ij} k_{ij1}(Q_{ij\text{c}})^2$$

$$\min L(Q_{\text{a}}) = k_2 \left(\sum_{i=1}^{m} \sum_{j=1}^{n_i} x_{ij} Q_{ij\text{a}} - Q_{\text{a-min}} \right)^2$$

$$\min L(Q_{\text{b}}) = \sum_{i=1}^{m} \sum_{j=1}^{n_i} x_{ij} L_{ij}(Q_{\text{b}}) = \sum_{i=1}^{m} \sum_{j=1}^{n_i} x_{ij} k_{ij3}(Q_{ij\text{b}} - 1)^2$$

$$
\text{s.t.}
\begin{cases}
0 \leqslant Q_{ij\text{c}} \leqslant Q_{\text{c-max}} \\
Q_{\text{a-min}} \leqslant \sum_{i=1}^{m} \sum_{j=1}^{n_i} x_{ij} Q_{ij\text{a}} \leqslant Q_{\text{a-max}} \\
1 \geqslant Q_{ij\text{b}} \geqslant Q_{\text{b-min}} \\
1 \leqslant i \leqslant m \\
1 \leqslant j \leqslant n_i \\
x_{ij} \in \{0,1\} \\
\sum_{j=1}^{n_i} x_{ij} = 1 \\
\sum_{i=1}^{m} \sum_{j}^{n_i} x_{ij} = m
\end{cases}
\tag{9.31}
$$

9.4　基于NSGA-Ⅱ算法的多目标优化模型求解及仿真分析

9.3 节对 SMN 中各模块质量各个维度目标进行了综合分析，分别探讨了 SMN 模块化质量各维度的质量损失函数关系，构建了 SMN 集成商进行质量优化配置时需要考虑的模块化质量多目标优化模型。本节将在 9.3 节构建的多目标模型基础上，研究用于多目标优化问题的 NSGA-Ⅱ算法设计以及通过算法求解模块优化配置方案。首先，介绍多目标优化问题两种求解方法的相关理论；其次，针对多目标优化问题的特点设计多目标优化算法流程；最后，以某汽车服务型制造企业为例进行分析，通过 NSGA-Ⅱ算法求解得到帕累托最优解集。为了更加精准地指导决策者选择最优方案，设置不同的模块化质量属性偏好系数组合，选择最优的模块节点集合作为 SMN 模块化质量多目标优化配置方案。

9.4.1　多目标优化问题求解方法

多目标优化模型解决实际问题的应用领域越来越广，目前涉及生产管理、经济规划、工程项目、系统控制等众多领域。如何利用相关技术手段解决这些多目标优化问题尤为重要。20 世纪 80 年代以来，学者不断探索多目标优化问题的求解方法，多目标优化问题的求解算法也在不断向前发展。目前，多目标优化问题的求解方法大致上可以分为两类（李红魁，2019）：第一类是传统数学优化方法，可通过对目标函数分配权重等方式，将多目标优化问题转化为单目标优化问题再进行求解；第二类是现代智能优化算法，经过算法求解可以得到包含多个相对最优解的多目标优化帕累托最优解集。

1. 传统优化方法

传统优化方法是通过单目标的优化来实现多目标问题的优化。传统的多目标优化求解方法大都运用传统方法如设置目标函数的权重和优先级等方法，将目标函数中的各个分目标经过变换处理，把多个目标优化问题转化成单一目标优化问题，再借助数学规划工具来求解。传统多目标优化方法主要包括线性加权法、约束法、理想点法、分层排序法等（井清正等，2015）。

1）线性加权法

线性加权法是多目标优化方法中使用比较广泛的方法，根据目标函数的重要度设置目标的权重，加权处理转化为一个单目标函数，以实现多目标优化问题转化为单目标问题求解。数学表达式如下：

$$F(x) = \sum_{i=1}^{m} \lambda_i f_i(x)$$

$$0 \leqslant \lambda_i \leqslant 1 \qquad (9.32)$$

$$\sum_{i=1}^{m} \lambda_i = 1$$

式中，$F(x)$ 为加权后的单目标函数；$f_i(x)$ 为每个目标函数；λ_i 为权重系数。

线性加权法的实现比较简单，将多个目标函数转化为单目标函数降低了问题的复杂度，但也存在权重受主观判断影响较大、求解帕累托前沿效率太低等问题，无法保证求解的优越性和效率性，最优解经常与实际期望的最优解有较大差距。

2）约束法

约束法是在多个目标中确定某一个目标作为主要目标，把其他的目标作为约束条件放置在模型的约束中，从而将复杂的多目标优化问题转化为一个在新的约束条件下求解单目标最优化的问题。数学表达式如下：

$$\min F = f_k(x)$$

$$g(x) \leqslant 0$$

$$h(x) = 0 \qquad (9.33)$$

$$f_i(x) \leqslant \varepsilon_i, \quad i \neq k$$

式中，$f_k(x)$ 为选定的目标函数；$f_i(x)$ 为其他目标函数；$g(x)$、$h(x)$ 分别为不等式约束和等式约束；ε_i 为其他目标函数作为约束的参数值。

约束法同样可以简化复杂的多目标问题，但是约束参数需要根据各个目标的特点进行考虑，参数的设置比较困难，准确性难以把握，不能确保问题的最优解。

3）理想点法

理想点法是决策者根据求解问题的情况，以每一个目标函数的最优解作为期望值，比较实际值与期望值之间的偏差，距离期望解最近的点即多目标优化问题的最优解。最终将多目标优化问题变成对目标函数值的求解，求得绝对偏差最小的解。数学表达式如下：

$$\min F = \sum_{i=1}^{m} \left[f_i(x) - f_i(x)^* \right]^2 \qquad (9.34)$$

式中，$f_i(x)$ 为每个目标函数的实际值；$f_i(x)^*$ 为每个目标函数的期望值。

理想点法将最优解求解问题转化为求目标与理想解的距离，然而在求解时也存在运行次数多、求解效率低等缺陷。

4）分层排序法

分层排序法是依据各个目标函数的关键程度进行分层排序。在各个目标函数的重要性程度确定之后，先求出第一个最重要目标的最优解，在保证该最优解的前提下，求解第二个重要目标的解，以此类推。最终得到多目标问题的最优解，数学表达式如下：

$$f_1(x^1) = \max_{x \in R_0} f_1(x)$$
$$f_2(x^2) = \max_{x \in R_1} f_2(x)$$
$$\vdots$$
$$f_m(x^m) = \max_{x \in R_{m-1}} f_m(x)$$

（9.35）

式中，$f_m(x)$ 为第 m 个重要度的目标函数；$f_m(x^m)$ 为第 m 层的最优解；$R_i(0 \leq i \leq m-1)$ 为第 $i-1$ 层最优解的集合。

分层排序法是求解多目标优化问题的有效方法，但是也存在以下不足：各目标优先层次的确定难以把握和协调；目标函数较多时，难以优化到最后一层。

2. 智能优化算法

随着多目标优化理论的不断应用与发展，人们对优化算法的性能和精度提出了更高的要求，传统的数学方法已经不能满足要求。现代智能优化算法具有鲁棒性强、通用性强等优点，是一类全局优化的算法，已经被广泛应用于求解优化调度问题、物流运输问题以及组合优化问题等。目前常见的智能优化算法主要包括遗传算法（genetic algorithm，GA）、粒子群优化（particle swarm optimization，PSO）算法、蚁群优化（ant colony optimization，ACO）算法、模拟退火算法（simulated annealing algorithm，SAA）等（Gao et al.，2013）。

1）遗传算法

遗传算法源于生物进化论和遗传学说，它模拟大自然中种群在选择压力下的演化，通过种群的一代代繁衍，保留最优的后代个体，最终达到寻求最优解的目的，从而得到问题的一个近似解。相比于传统数学方法，遗传算法直接对对象进行操作，操作更为简单，对类似的问题具有普适性，大大提高了优化问题的求解效率（李锐，2020）。

2）粒子群优化算法

粒子群优化算法是一种模仿鸟类捕食过程的算法。鸟群捕食的目的是寻找食物源，在整个搜寻的过程中，鸟群通过相互传递各自位置的信息，最终整个鸟群都能聚集在食物源周围，即找到了问题的最优解。粒子群优化算法具有操作较简单、精度较高、收敛速度较快等优点（杜学美等，2019）。

3）蚁群优化算法

蚁群优化算法是模拟自然界中蚁群觅食行为过程中以最短路程找到食物的过

程，来寻找问题的最优解决方案（马小陆和梅宏，2021）。该算法借鉴蚂蚁群体利用信息素相互传递来实现路径优化的机理，用来在图中寻找优化路径。

4）模拟退火算法

模拟退火算法模拟热力学中退火过程能使金属原达到能量最低状态的机制，通过结合概率突变性质在搜索区域中随机搜索目标函数的全局最优解（魏冰，2019）。模拟退火算法便于实现，具有应用范围广、全局搜索能力强等优点。

3．两种方法比较

多目标优化问题在转化为单目标问题的过程中存在较大的局限性、主观性和不确定性。我们对以上两类多目标优化问题的求解方法进行分析发现，传统的数学优化方法虽然简单可行，能够大大简化多目标优化模型的求解，但也存在很多的不足之处，难以满足复杂的多目标优化问题的发展要求。将传统优化方法和智能优化算法之间的优劣比较归纳如下。

（1）多目标转化为单目标会涉及权重设置问题，各个目标函数的权重设定因人而异，通常比较主观，人为因素确定权重存在的差异对优化结果的影响较大。而智能优化算法直接求解多目标优化模型，不存在确定权重的问题。

（2）由于各个目标之间的量纲通常不统一，在多目标加权成单目标的过程中可能会出现鲁棒性变差的问题。而智能优化算法求解多目标优化问题，无须考虑各个目标的量纲差异就能求得最优解集。

（3）大多数智能优化算法能同时处理一组解，算法每次执行程序都能得到一个满足条件的帕累托最优解集。而传统优化方法将多目标转化为单目标，每次运算只能得到一个可行解，无法满足不同管理者的决策需求。

研究 SMN 中各模块质量属性，建立多目标优化模型来选择最优的模块节点配置方案，确定使 SMN 模块化质量最优的解，属于典型的组合优化问题。遗传算法虽然能够解决大多数的组合优化问题，但是遗传算法在求解的过程中收敛速度慢，容易陷入局部最优，而带精英策略的快速 NSGA-Ⅱ求解精度更高，求解速度更快，能更有效地求解多目标组合优化问题，因此选用 NSGA-Ⅱ算法求解 SMN 模块化质量多目标优化模型。

9.4.2　NSGA-Ⅱ算法求解模型

1. NSGA-Ⅱ算法理论基础

SMN 模块化质量节点优化配置问题是典型的组合优化问题，当涉及的服务提供模块节点数量较少时，要实现最小的质量损失，可通过手动优化计算方法对各服务模块最优的质量组合进行计算。而实际上，SMN 组织结构复杂，存在众多生产性服务节点、服务性生产节点以及顾客效用节点，提供的产品或服务模块数量庞大，手动进行优化计算无法准确实现，因此需要寻找优化算法来实现最优质量节点方案组合。遗传算法通过对问题的可行解进行编码，并采用群体搜索和自然进化机制来搜索最优解，在求解 SMN 模块多目标优化问题上更加精准。

遗传算法模拟自然界遗传机制和生物进化论，是基于自然选择和遗传变异的一种全局优化搜索算法，具有并行性高、鲁棒性强以及操作性好等优点（杨校伟，2019）；非支配排序遗传算法（non-dominated sorting genetic algorithm，NSGA）是在遗传算法的基础上进行改进的（Deb et al.，2002）；NSGA-II 是对上述 NSGA 的改进，通过采用快速非支配排序方法，引入拥挤距离保证帕累托解集的均匀性和多样性，降低了算法的时间复杂性。此外还带有精英策略，将父代中的优秀个体保留下来，将其合并参与到下一代新个体的产生过程中，在遗传进化的过程中能够确保留下最优的个体，大大提高了种群中个体的质量。

通过对以上算法的分析可知，相比之下 NSGA 比遗传算法更加优越，NSGA-II 比 NSGA 更加优越。因此，本章选择更加优越的 NSGA-II 来求解 SMN 模块化质量多目标优化模型。

2. NSGA-II 求解流程

通过分析，本节选择基于 NSGA-II 方法求解 9.3 节中所建立的 SMN 模块化质量多目标优化配置模型。NSGA-II 的主要求解步骤如下。

（1）对 SMN 模块化产品服务模块配置方案进行编码，初始化种群，种群中每一个染色体对应一个模块划分方案，设置种群规模。

（2）计算种群中各染色体的综合评价函数值，并将该值作为适应度值。

（3）执行遗传操作，遗传算子分别为锦标赛选择算子、二维两点交叉算子和改进的变异算子，并设置交叉概率和变异概率，采取最优保留策略来产生新一代种群，并判断种群中是否出现满足终止计算条件的个体。

（4）满足终止计算条件时，输出适应度值最大的染色体作为最优的模块选择方案；否则跳转到步骤（2），循环上述步骤。

NSGA-II 求解多目标优化模型的流程，如图 9.8 所示。

9.4.3 SMN 模块化质量优化方案仿真分析

1. 优化方案数值仿真

某汽车有限公司是一家服务型制造企业，长期致力于汽车产品和服务的生产

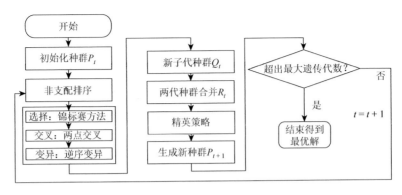

图 9.8　NSGA-Ⅱ求解多目标优化模型的流程

设计。该企业在 SMN 中扮演服务模块集成商的角色，通过与 SMN 节点企业进行质量协作，整合网络组织中的各个功能模块。通过服务集成模块对各个模块质量的优化选择，确定满足多目标优化模型的最优节点配置方案。由于企业实际数据的保密性，SMN 模块节点相关信息参考 Song 和 Chan（2015）、詹钧凯等（2020）的文献，并结合本书作者对多家企业现场的调研咨询，对相关参数赋值如表 9.5 表示。

表 9.5　SMN 模块节点相关赋值信息

模块	模块名称	模块节点	常规成本/万元	质量特性（差错率）	质量水平（响应时间/h）	质量行为（质量体系水平）
服务性生产模块 M	发动机模块 M_1	M_{11}	3.0	0.16	15.0	0.77
		M_{12}		0.13	16.0	0.76
		M_{13}		0.12	16.5	0.75
	变速器模块 M_2	M_{21}	2.0	0.21	6.0	0.78
		M_{22}		0.19	5.9	0.80
		M_{23}		0.15	6.5	0.80
	制动模块 M_3	M_{31}	2.5	0.20	5.5	0.76
		M_{32}		0.17	6.0	0.79
生产性服务模块 S	金融支持模块 S_4	S_{41}	1.0	0.15	7	0.80
		S_{42}		0.10	4	0.84
	市场营销模块 S_5	S_{51}	0.8	0.19	4.0	0.81
		S_{52}		0.17	4.5	0.82
		S_{53}		0.14	5.0	0.85
	物流服务模块 S_6	S_{61}	1.2	0.18	6.5	0.76
		S_{62}		0.14	7.0	0.78

模块	模块名称	模块节点	常规成本/万元	质量特性（差错率）	质量水平（响应时间/h）	质量行为（质量体系水平）
顾客效用模块 C	个性化定制模块 C_7	C_{71}	1.0	0.18	5.5	0.75
		C_{72}		0.16	6.0	0.80
	售后服务模块 C_8	C_{81}	0.9	0.17	4.0	0.79
		C_{82}		0.15	4.5	0.83
		C_{83}		0.13	4.5	0.84

2. 结果分析

设置模型参数 $Q_{a\text{-min}} = 0.75$ ，$Q_{b\text{-min}} = 0.70$ ，$Q_{a\text{-max}} = 50$ ，$Q_{c\text{-max}} = 65$ ，$\alpha = \beta = \phi = 0.15$ ，初始种群规模为 100，交叉概率为 0.85，变异概率为 0.15，迭代次数为 100，运行环境为 MATLAB R2019a。从图 9.9 中可以看出，随着迭代次数的增加，目标函数的均值不断下降，在第 24 代左右趋于稳定值。随着迭代次数的不断降低，最终得到帕累托最优解集如图 9.10 所示，可以看出帕累托解的分布比较均匀，NSGA-Ⅱ 在求解 SMN 模块化质量多目标优化问题时体现出了较好的优化能力，本章建立的 SMN 模块化质量多目标优化模型及其 NSGA-Ⅱ 具有有效性。

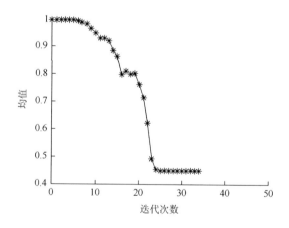

图 9.9　目标函数的收敛曲线变化图

SMN 模块化质量优化模型各目标函数之间不是相互独立的。为了探讨三个质量属性目标之间的关系，分别得到质量特性与质量水平帕累托最优解集、质量特性与质量行为帕累托最优解集、质量水平与质量行为帕累托最优解集，如图 9.11～图 9.13 所示。

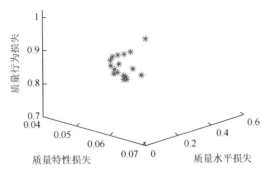

图 9.10　多目标优化模型帕累托最优解集

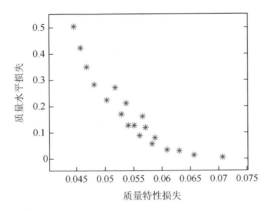

图 9.11　质量特性与质量水平帕累托最优解集

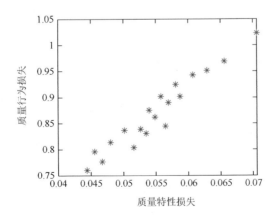

图 9.12　质量特性与质量行为帕累托最优解集

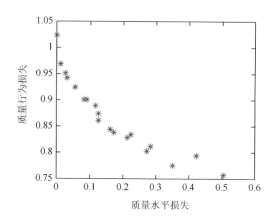

图 9.13　质量水平与质量行为帕累托最优解集

帕累托最优解集中得到 19 种满足顾客要求的优化配置方案。部分帕累托最优解及对应的质量损失如表 9.6 所示，满足要求的模块节点配置方案如表 9.7 所示。

表 9.6　部分帕累托最优解及质量损失

方案	优化配置方案集合	$L(Q_c)$	$L(Q_a)$	$L(Q_b)$
（1）	$\{M_{11}, M_{22}, M_{31}, S_{41}, S_{51}, S_{61}, C_{71}, C_{81}\}$	0.0707	0.0022	1.0235
（2）	$\{M_{13}, M_{23}, M_{32}, S_{42}, S_{52}, S_{62}, C_{72}, C_{83}\}$	0.0445	0.5040	0.7600
（3）	$\{M_{13}, M_{23}, M_{32}, S_{42}, S_{52}, S_{62}, C_{71}, C_{83}\}$	0.0457	0.4235	0.7960
⋮	⋮	⋮	⋮	⋮
（18）	$\{M_{11}, M_{23}, M_{32}, S_{42}, S_{51}, S_{62}, C_{71}, C_{83}\}$	0.0541	0.1260	0.8753
（19）	$\{M_{11}, M_{23}, M_{32}, S_{42}, S_{51}, S_{62}, C_{71}, C_{81}\}$	0.0560	0.0875	0.9019

表 9.7　帕累托最优模块节点配置方案集合

方案	M_{11}	M_{12}	M_{13}	M_{21}	M_{22}	M_{23}	M_{31}	M_{32}	S_{41}	S_{42}	S_{51}	S_{52}	S_{53}	S_{61}	S_{62}	C_{71}	C_{72}	C_{81}	C_{82}	C_{83}
（1）	1	0	0	0	1	0	1	0	1	0	1	0	0	1	0	1	0	1	0	0
（2）	0	0	1	0	0	1	0	1	0	1	0	1	0	0	1	0	1	0	0	1
（3）	0	0	1	0	0	1	0	1	0	1	0	1	0	0	1	1	0	0	0	1
（4）	0	0	1	0	0	1	0	1	0	1	0	1	0	0	1	0	1	0	0	1
（5）	0	0	1	0	0	1	0	1	0	1	1	0	0	0	1	0	1	0	0	1

续表

方案	M_{11}	M_{12}	M_{13}	M_{21}	M_{22}	M_{23}	M_{31}	M_{32}	S_{41}	S_{42}	S_{51}	S_{52}	S_{53}	S_{61}	S_{62}	C_{71}	C_{72}	C_{81}	C_{82}	C_{83}
(6)	0	0	1	0	1	0	0	1	1	0	1	0	0	0	1	1	0	1	0	0
(7)	0	0	1	0	1	0	0	1	0	1	1	0	0	0	0	0	1	1	0	0
(8)	1	0	0	0	0	1	0	1	1	0	1	0	0	0	1	1	0	1	0	0
(9)	1	0	0	0	0	1	0	1	1	0	1	0	0	0	1	1	0	1	0	0
(10)	0	0	1	0	0	1	0	1	1	0	1	0	0	1	0	0	1	0	0	1
(11)	1	0	0	0	0	1	0	1	1	0	1	0	0	1	0	1	0	1	0	0
(12)	1	0	0	0	0	0	1	0	1	0	1	0	0	1	0	1	0	1	0	1
(13)	1	0	0	0	0	1	0	1	0	1	0	0	0	1	0	1	0	1	0	1
(14)	1	0	0	0	1	0	0	1	1	0	1	0	0	1	0	1	0	1	0	0
(15)	1	0	0	0	0	1	0	1	1	0	1	0	0	1	0	1	0	1	0	1
(16)	0	0	1	0	0	1	0	1	1	0	1	0	0	0	1	0	1	0	0	1
(17)	0	0	1	0	0	1	0	1	1	0	1	0	0	0	1	0	1	0	0	1
(18)	1	0	0	0	0	1	0	1	1	0	1	0	0	0	1	1	0	1	0	1
(19)	1	0	0	0	0	1	0	1	0	1	1	0	0	0	1	1	0	1	0	0

9.5　SMN 模块化质量优化管理对策

9.5.1　基于偏好的优化方案

通过 NSGA-Ⅱ求解 SMN 模块化质量多目标优化模型得到的帕累托最优解不是唯一确定的方案，而是由众多相对最优的模块节点配置方案构成的集合。从表 9.6 中可以看出，以上 SMN 模块化质量多目标优化的帕累托最优解集中包括多种优化配置方案，数量较多，仍然不方便决策者直观地选择最优的配置方案。因此，为了进一步缩小方案的决策范围，我们根据集成商对模块化质量属性的不同偏好处理目标函数。考虑到不同模块自身能力的不同，对三个模块属性要求也不同，通过设置各个模块质量目标函数的偏好系数，将三个目标函数归一化处理转化为隶属度函数，然后采用综合线性加权法，将三个目标函数转化成单目标函数。最终可得到一个综合最优的配置方案，决策者可以根据不同的偏好情况，从帕累托前沿面中选择使模块质量损失最小的节点配置选择方案。对各个质量属性目标函数归一化和加权处理如下：

$$L(Q)_r^* = \frac{L(Q)_r - L(Q)_{\min}}{L(Q)_{\max} - L(Q)_{\min}} \qquad (9.36)$$

$$\min U(Q) = \lambda_c L(Q_c)_r^* + \lambda_a L(Q_a)_r^* + \lambda_b L(Q_b)_r^* \qquad (9.37)$$

式中，$L(Q_c)_r^*$、$L(Q_a)_r^*$、$L(Q_b)_r^*$ 为帕累托解集中第 r 种方案对应的质量特性损失、质量水平损失、质量行为损失隶属度函数；$L(Q)_{min}$、 $L(Q)_{max}$ 分别为各目标函数的最小值和最大值；λ_c、λ_a、λ_b 分别为各目标函数的偏好系数；$U(Q)$ 为加权处理后的综合质量损失。

考虑三种不同的 SMN 模块化质量偏好系数：① $\lambda_a = \lambda_b < \lambda_c$；② $\lambda_c = \lambda_b < \lambda_a$；③ $\lambda_c = \lambda_a < \lambda_b$。探讨每种质量属性偏好系数组合下的模块节点最优配置方案，得到每种偏好下的最优配置方案作为推荐方案。该最优配置方案考虑到多种偏好组合情况，能够为不同决策偏好下的质量管理者提供方案决策参考，指导服务型制造企业模块节点的质量优化选择。不同质量属性偏好下的优化配置方案，如表 9.8 所示。

表 9.8　不同质量属性偏好下的优化配置方案

编号	偏好情况	λ_c	λ_a	λ_b	最优配置方案推荐	综合质量损失
①	质量特性偏好	0.6	0.2	0.2	方案（2）	0.2000
②	质量水平偏好	0.2	0.6	0.2	方案（8）	0.2941
③	质量行为偏好	0.2	0.2	0.6	方案（4）	0.1963

根据以上求得的帕累托最优解集以及考虑偏好系数下的最优方案配置结果，可根据 SMN 模块节点的自身能力差异，选择不同质量属性偏好下的优化配置方案。SMN 中各个模块节点能力的竞争优势不同，自身的质量目标等也存在差异，因此对质量属性的要求也有所不同。服务能力较低的模块，首先要突出对产品质量和服务质量固有特性的满足，可选择质量特性偏好下的节点配置方案（2）；服务能力较高的模块，应该更加注重模块节点合作企业的产品服务质量水平，可选择质量水平偏好下的节点配置方案（8）；具有核心能力优势的模块，模块节点的协同运作能力相对成熟，应该更加注重合作模块节点的质量行为能力，因此可选择质量行为偏好下的节点配置方案（4）。

9.5.2　SMN 模块节点质量优化策略

本节根据 SMN 模块化质量多目标优化模型求得的帕累托最优解集，以及考虑不同偏好系数下的最优方案配置结果，结合 SMN 的多模块特性、多维度质量属性，分别从服务集成模块、服务提供模块以及顾客效用模块的视角提出质量管理对策。服务集成模块可根据不同发展阶段选择不同偏好下的配置方案；服务提供模块可针对不同的质量属性维度,有效地进行质量优化改进;顾客效用模块应积极参与,提高顾客价值。SMN 多目标优化模型结果及质量管理对策,在一定程度上能够为 SMN 集成企业进行模块节点选择时提供思路,实现网络整体的效益最大化,促进 SMN 模块节点企业间相互协作。

1. 服务集成模块质量优化策略

在服务模块集成商选择网络中的模块节点进行协作时,首先要对模块提供商自身能力及所提供的产品或服务进行全面的风险评价,主要是以产品服务质量为核心展开评估,尽可能从多个维度对服务模块节点进行质量能力评价,从而选择合适的模块供应节点进行质量合作。SMN 中各个模块节点能力处在不同的发展阶段,其能力竞争优势也不同,自身的质量目标等也存在差异,因此对质量属性的要求也有所不同。

1)优化节点配置方案

具有基础能力优势的服务集成模块,服务能力相对较低,在同类型的市场竞争中不占据主导地位。应该更加注重模块节点合作企业对产品质量和服务质量固有特性的满足,对模块提供商的质量特性要求更高,因此可选择质量特性偏好下的节点配置方案;具有竞争能力优势的服务集成模块,具备一定的市场竞争实力,具有较高的服务质量能力。应该更加注重模块节点合作企业的产品服务质量水平,对产品服务提供模块的质量水平要求更高,因此可选择质量水平偏好下的节点配置方案;具有核心能力优势的服务集成模块,模块节点的协同运作能力相对成熟,具有显著的自主创新能力,致力于和网络中的模块节点企业长期稳定合作。服务集成模块更加注重服务提供模块的质量行为能力,因此可选择质量行为偏好下的节点配置方案。

2)促进模块相互协作

服务集成模块通过模块化分工与资源整合促进网络的平稳运行,在 SMN 中起着连接组织中各个模块节点成员的枢纽作用。服务集成模块作为整个网络的核心引领者,有能力和义务带领 SMN 中各模块成员致力于质量能力的提高,为顾客提供高质量的产品和服务,促进整个网络的质量提升。从模块集成商的立场看,模块集成商应该聚焦于质量优化改进,不断优化模块节点质量合作管理流程,建立健全的质量管理体系,实现双方的互利共赢,促进整个网络的高质量发展。

2. 服务提供模块质量优化策略

从模块质量属性维度看,SMN 模块质量属性包括模块质量特性、质量水平以及质量行为三个维度,模块提供商要想实现高质量发展,应该全面考虑各个维度的质量，从而促进与模块集成商更长久地稳定合作，有利于促进整个 SMN 的高质量发展。

1）全面提高模块质量

（1）在质量特性改进方面，服务提供模块应该致力于模块本身提供产品或服务固有的特性的改进。模块提供商应该结合顾客对产品服务质量的要求，注重质量特性的改进，借助精益生产、6σ 等质量改进工具，降低产品服务差错率以减少质量特性损失，确保为顾客提供更加优质的产品和服务。

（2）在质量水平提升方面，服务提供模块应注重提升产品和服务模块提供满足顾客需求的服务的质量水平，在保证产品服务质量的前提下尽可能缩短产品服务的生产设计周期，提高服务效率，及时响应顾客需求，缩短顾客等待产品服务系统的时间，从而减少质量水平损失，以高质量水平获得顾客的满意度。

（3）在质量行为优化方面，服务提供模块应不断加强自身质量体系能力的建设，优化质量管理体系，不断提高企业质量管理水平。积极搭建与模块集成商质量协作的数字化运行平台，与模块集成商建立长期稳定的合作关系，实现供应双方质量协作的互利共赢，提高模块提供商在同类市场中的竞争能力。

2）有效改进模块质量

通过模型求解结果的帕累托前沿投影图可知，SMN 模块化质量特性损失、质量水平损失、质量行为损失三个目标函数中，两两之间都存在明显的关系。在较短的质量优化周期内，由于模块提供商前期经验不足、时间精力有限，可以针对性地进行质量优化，无须对三个属性一一进行优化，可重点对其中的两个质量属性加以改进，在节约时间成本、人力成本的同时达到质量优化改进的效果，避免造成资源的浪费。质量改进是一个长期的过程，从长期的发展来看，模块提供商应该致力于三个质量属性的综合提升。模块提供商实施质量改进不仅能以优质的产品和服务获得顾客的满意度，获得自身的竞争优势，也能增强与模块供应商紧密的合作关系，提高整个 SMN 的运行效率和经济效益，促进 SMN 各个模块节点企业高质量发展。

3. 顾客效用模块质量优化策略

在服务型制造模式中，顾客的主导地位不断提高，全程参与到整个产品服务流程中，对服务质量也提出了更严苛的需求。顾客效用模块是 SMN 中重要的参与者，既包括提供与顾客相关服务的模块，也包括使用产品和服务的顾客。顾客的参与使网络各模块要有效考虑顾客需求，将顾客需求作为产品服务生产设计的起始点。顾客效用模块作为网络中不可或缺的一部分，要积极主动地参与到 SMN 的运行中，实现更高的顾客价值。

1）实时反馈顾客需求

顾客需求是整个 SMN 的核心驱动力，通常呈现出多样化、个性化、多变性等特点。在产品服务系统供应的整个周期中，顾客的需求并不是一成不变的。顾客需求的动态变化不仅会给产品服务的质量带来影响、降低顾客满意度，还会对网络中模块的质量经济效益产生影响，不利于整个网络的运行。因此，顾客产品服务生产设计的整个过程中，有必要实时反馈顾客需求。顾客应该根据自身需求的变化，及时与服务集成模块和服务提供模块进行有效沟通，确保产品服务质量能够达到自身满意的水平，以提高顾客满意度。

2）积极监督模块行为

顾客作为整个 SMN 的重要成员，是 SMN 重要的能力合作者。顾客效用模块应该积极主动地参与到网络的运作中，提高顾客的参与价值。顾客应对生产周期中产品服务的质量进行积极监督，不仅能提高产品服务系统的质量，也能促进整个网络各个模块质量特性、质量水平以及质量能力的优化提升。顾客的主动参与、积极监督模块质量行为，有利于产品服务质量水平和顾客自身价值的提高。长期来看，这会对 SMN 模块化质量起到积极的促进作用，能够推动网络组织的平稳运行，促进网络组织的高质量发展。

9.6 本章小结

基于服务型制造背景，本章研究了其网络组织中的模块化质量属性优化问题。首先分析 SMN 模块化、顾客需求以及模块化质量属性，通过 QFD 质量屋将顾客需求转化为关键模块化质量属性。改进田口质量损失函数，探讨质量属性损失函数关系，建立多目标优化模型并通过 NSGA-II 进行求解；进一步对最优方案进行偏好选择，得到最优的方案配置结果。本章建立的 SMN 模块化质量多目标优化模型及求解结果，旨在为服务型制造企业的模块节点质量优化提供参考，为服务型制造企业决策管理者提供更优的方案，实现 SMN 整体的效益最大化，为制造企业转型升级的高质量发展提供帮助。

由于 SMN 是一个涉及众多模块节点的复杂网络，在运行过程中会产生模块不协同、信息壁垒等质量问题，本章只考虑了基于模块化质量特性、质量水平及质量行为三个维度的质量优化配置，研究中涉及的模块构成、质量属性指标及参数赋值均为简化处理，随着新一代数字化技术的普及和发展，运用数字化技术赋能打破 SMN 质量问题壁障是其发展新需求，这将在第 10 章展开讨论。

第10章　服务型制造网络模块化质量的数字化赋能

当前新一代信息技术的发展与渗透融合使产业链上的企业合作更加深入，信息共享更加频繁，数字化技术的应用能够提高服务精准度、缩短决策时间、提升企业运作效率，同时增强生态链上各家企业对核心企业的黏性，实现新的产业链整合，对 SMN 进行数字化赋能。因此，本章对 SMN 中的数字化技术进行简要阐述，讨论数字化赋能下的 SMN 两种结构模式的数字化质量管理场景，并在此基础上，探讨新技术条件下 SMN 模块化质量管理数字化赋能优化路径，以提升 SMN 模块化质量的数字化水平，打造数字化质量生态圈。

10.1　SMN 模块化质量管理数字化技术

SMN 由于结构功能复杂，在运行过程中会产生模块不协同、信息壁垒、数据不完整等质量问题。随着新一代数字化技术的普及和发展，运用数字化技术赋能打破 SMN 质量问题壁垒是其发展的新需求。目前常见的数字化技术有质量大数据技术、自适应控制技术、人工智能技术、区块链技术等，结合数字化技术特性可以有效提升 SMN 质量管理水平，促进 SMN 协同、动态、智能、自适应、透明、稳定、溯源、真实等，保障 SMN 高效运行。图 10.1 为质量大数据技术、自适应控制技术、人工智能技术、区块链技术等数字化技术对 SMN 赋能的效果。本节对四种数字化技术进行简要概述，并介绍其在 SMN 中的赋能作用。

10.1.1　质量大数据技术

1）质量大数据技术概述

1998 年，大数据作为一个专用名词被提出，当时的大数据还只是一个概念或假设，用来描述数据量的巨大。此后，大数据的概念在各行各业产生了很大影响，在工业互联网和大数据发展背景下，基于大数据技术的质量追溯、质量控制和质量预测等研究不断地涌现，质量大数据的相关概念被提出，其目的是解决庞大体量的工业产品设计生产运行数据的存储管理、分析应用，通过对数据间的关联关系进行展现，实现设备的故障预测、故障诊断、健康评估和智能维护决策，起到服务生产的作用（李泉洲等，2021）。质量大数据为产品设计、生产、运维全生命

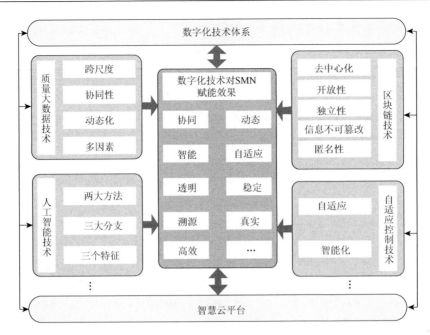

图 10.1　SMN 数字化技术赋能

周期的质量分析管理提供数据来源，主要聚焦于与质量相关联的服务。进入工业 4.0 时代，质量大数据技术成为新时代下制造业质量提升的重要手段。

质量大数据作为以大数据形式表征的工业产品、设备与系统质量数据集合，具有跨尺度、协同性、动态化、多因素等特征，其特征如表 10.1 所示。

表 10.1　质量大数据主要特征

特征	表现
跨尺度	不同阶段、不同模式、不同环节、多种质量数据、数字空间形式
协同性	不同实体、关系数据、联动变化、多要素、多环节
动态化	随时间的变化而实时变化、随系统状态的变化而变化、随产品全生命周期变化
多因素	影响来源多样、数据来源多样、数据形式多样

资料来源：工业和信息化部电子第五研究所.质量大数据白皮书，2022。

2）质量大数据技术赋能 SMN 模块化质量管理

SMN 作为制造业和服务业融合过程中，由制造企业、服务企业以及顾客组成的价值模块节点单元构成的能力与需求合作网络，具备资源整合、集成创新和价值增值的功能，具有高度融合性的特征（冯良清和马卫，2012a；刘炳春，2012）。而数据是在线监测、数字内容增值服务等服务模式的基础，是服务型制造模式下个性化定制、全生命周期管理的必要条件。质量大数据赋能 SMN,可以为服务型制造企业的产品服务创新和高质量发展提供更多的可能。结合质量大数据的跨尺度、协同性、动态化、多因素四个主要特征,质量大数据对 SMN 具有明显的赋能效果。

(1)"跨尺度"质量数据整合。服务型制造被理解为"服务的制造"和"制造的服务",是"服务+制造"的融合。在 SMN 中,涉及多个行业不同阶段、不同生产服务模式以及环节的多种质量数据。质量大数据技术可以针对这些质量数据在表征对象、属性、量度等方面存在的差异进行整合,实现质量数据在多个尺度的跨越。

(2)"协同性"质量数据联动。SMN 涉及多要素、多环节,各环节质量数据指标数值会对相关环节产生影响。因此,需要将 SMN 中产品质量数据分析过程中的各模块、各阶段质量数据作为整体看待,实现"协同性"质量数据联动。

(3)"动态化"质量数据更新。在大数据环境下,除了顾客和服务制造企业之外,更多的利益相关主体会嵌入 SMN 中参与价值创造过程,因此越来越多的质量数据会跟随时间、系统、产品全生命周期而变化。统计并理解产品质量特性数据在全生命周期的变化规律,实施"动态化"质量数据更新,能够实现对产品服务系统质量情况的全面了解。

(4)"多因素"质量数据集成。服务型制造中产品质量的影响因素来源多样、质量数据来源多样、数据形式多样,包括人员、物料、加工方法、加工环境、检测等多方面因素,在建立服务型制造质量大数据过程中,需要进行专门的集成和归纳。

10.1.2 自适应控制技术

1)自适应控制技术概述

自适应控制技术是在周围环境发生巨大的变化时,控制系统能够自行地调整相应的控制方式,使系统能够按照另一种规律运行。自适应控制技术能够智能地判断当前的现实环境与情况,采用最为合适的方式改变系统参数,使系统能够在最佳的状态当中运行(孙振华,2019)。其基本原理是在控制的过程当中,对于系统原有的参数进行相应的识别与分析,采用一个最为合适的方案,使其进行自我调整,实现自动控制。该技术最早应用在航空方面,随着计算机技术的发展和理论的不断完善,自适应控制技术不但用于各工业部门,如航海、化工和冶金等,还推广应用于非工业部门,如生物医学和物流仓储等。随着理论的不断完善和计算机技术的迅速发展,自适应控制技术的应用将会越来越广泛。

自适应控制技术最主要的特点就是智能化,能够自行地适应环境的变化,控制器会选择最为合适的参数进行调整，并且自适应控制技术具有非常广泛的使用范围，对于一些不能够被一般控制系统所控制的模型和参数，自适应控制系统都能够有效运行。

2）自适应控制技术赋能 SMN 模块化质量管理

在制造企业和服务企业经营环境不断变化以及顾客需求的个性化推动下，实现动态目标的自适应 SMN 特征越来越明显。自适应控制技术赋能下的 SMN 能够实现智能化判断当前的生产服务环境与情况，使网络系统能在最佳的状态当中运行。具有自适应能力的 SMN 可以表述为能有效识别目标的变化、内外部环境参数的变化，通过自身的经验及学习，动态改变自身的行为，适应这些变化并实现 SMN 的动态目标，保持持续的柔性和对环境的快速响应能力，实现制造、服务过程无缝衔接，从而迅速做出决策。

自适应的 SMN 具备两个特点：一是适应市场环境的变化和不确定性的影响；二是能够通过融合信息技术和利用外部资源以适应网络内部的变化。

在自适应控制技术赋能下的 SMN 能通过对不确定性来源进行分析，并制定相应的优化策略及学习机制来实现网络动态目标，为企业实现竞争优势提供了一种新的思路。

10.1.3　人工智能技术

1）人工智能技术概述

人工智能于 1956 年被提出，以 artificial intelligence 术语命名，简称 AI，是当前科学技术发展中的一门前沿学科，同时也是一门新思想、新观念、新理论、新技术不断出现的新兴学科，它是在计算机科学、控制论、信息论、神经心理学、哲学、语言学等多种学科研究的基础上发展起来的综合性边缘学科，其原理是通过模仿人类的思维方式，对外部数据进行归纳学习，模仿人类思想完成工作任务（Kaplan and Haenlein，2019）。人工智能技术主要分为两大方法，分别是工程学方法与模拟法。工程学方法是使用各种编程技术模拟出智能的效果；模拟法不仅模拟出智能的效果，也模拟出人类生物智慧的实现过程，遗传算法、人工神经网络均属于模拟法（马晓艳和王昊，2022）。

人工智能技术有三大分支（马晓艳和王昊，2022；邹蕾和张先锋，2012），分别是认知型人工智能（cognitive AI）、机器学习（machine learning）、深度学习（deep learning）。认知型人工智能是使用计算机技术模拟人类对事物感知的技术，其中包括自然语言处理、计算机视觉等；机器学习是使用计算机模拟或实现人类的学习行为来获得新的知识，其中包括决策树、贝叶斯学习、随机森林、线性回归等统计学习技术；深度学习是机器学习的一个新领域，也是机器学习的前沿技术，可以分为卷积运算神经网络、多层神经元的自编码神经网络、深度置信网络等。随着计算机硬件、计算机软件、商业模式的快速发展，数据量呈爆炸式增长，为了更加有效地利用数据，人们通过机器学习相关技术进行了数据挖掘与分析。现如今机器学习、深度学习等成为人工智能技术的重要组成部分。

人工智能具有以下三个特征（黄拓，2022）：①以数据为基础，设定相应程序经智能计算为人类提供必要的服务；②借助传感器等设备实现对周围环境的感知并利用核心中枢做出相应的反应，实现为人类服务的相应互动行为；③具备自我学习升级的能力，能灵活应对现实环境的需求。

随着国际竞争日趋激烈，企业智能化、服务化转型成为制造业高质量发展的重要方向。人工智能作为战略性技术，给经济社会中的众多领域带来了颠覆性变革，其核心内容是数字化、信息化基础上的智能化发展。作为 5G 基站建设、特高压、城际高速铁路和城市轨道交通、新能源汽车充电桩、大数据中心、人工智能、工业互联网七大"新型基础设施建设"板块中的重要组成部分，人工智能将会成为一个推动经济高质量发展的重要引擎。

2）人工智能技术赋能 SMN 模块化质量管理

《关于进一步促进服务型制造发展的指导意见》（工信部联政法〔2020〕101 号）中指出，积极利用工业互联网等新一代信息技术赋能新制造、催生新服务，加快培育发展服务型制造新业态新模式，促进制造业提质增效和转型升级，为制造强国建设提供有力支撑。人工智能作为新一代信息技术的重要发展成果，是推动产业转型升级的重要动力。在服务型制造中，随着顾客对个性化和定制化产品服务质量需求的不断增长，融入人工智能技术对服务型制造提质赋能，是我国发展先进制造业的重中之重。

在我国制造业服务化的融合发展背景下，要发挥人工智能技术在制造业服务化过程中的技术引领作用，要发挥人工智能技术对服务型制造业发展的推动作用，要全面把握人工智能的技术特征和服务型制造业的产业需求，实现需求端和供给端相吻合，为服务型制造业提供强大的技术供给（寇军和付宇豪，2022）。人工智能赋能服务型制造质量管理可以概括为三个方面：产品质量智能化感知、制造质量智能化控制、服务质量智能化提升。

（1）产品质量智能化感知。传统单一的产品已经不再能满足顾客的需求，服务型制造面临日益增长的多样性顾客需求，需要增强顾客体验和市场竞争力。根据人工智能三大特征和人工智能算法，可以对顾客需求进行动态感知，结合顾客的偏好自适应调整顾客的需求，例如，结合顾客产品需求、历史使用数据和产品使用习惯，通过智能算法分析顾客的偏好，从而提高产品的智能化。

（2）制造质量智能化控制。市场上的产品更新迭代的速度加快，顾客对高质量产品的需求，使服务型制造企业对生产的质量、效率和智能化水平有更高的要求，人工智能技术嵌入产品的制造环节，可以实现智能化生产。例如，人工智能深度学习机制通过对产品生产数据进行学习，找到产品生产流程的内在逻辑，并运用于复杂产品制造过程质量控制；人工智能技术通过传感器使车间设备连接，合理分配生产任务，实现设备互联，实现制造质量智能化控制。

（3）服务质量智能化提升。服务型制造通过为用户提供"产品＋服务"来实现差异化竞争，把智能化的产品服务作为提升市场竞争力的有效途径之一，采取服务智能化提高服务效果和用户体验。例如，通过人工智能技术实现仓储、库存、运输等环节的物流智能化，通过人工智能技术提高顾客需求、产品售后响应的时效化等，实现服务质量的智能化提升。

10.1.4　区块链技术

1）区块链技术概述

2008 年，日裔美国人中本聪首次提出了区块链的概念，被应用于比特币的公共交易中。区块链作为一种不可篡改和不可伪造的以加密算法进行保护的分布式公共账本，能够保存在网络成员之间模拟和共享的任何信息。每次的交易都由多个节点共同完成，同时也进行共同认证。与传统的账本相比，单个节点无法独自完成记账，从根本上避免了节点被控制或故意记录假账的可能性，由于记录节点足够多，除非篡改超过半数节点的记录，否则账本的记录不会丢失（郭瀚阳，2020）。目前区块链技术在国际上属于新兴的信息共享技术应用领域的一个重要术语，从这个技术应用本质和意义角度来讲，它可以理解为一个信息共享的技术数据库，用户存储在其中的大量技术数据或者技术信息，具有不可伪造、可以追溯及公开透明等诸多特点（张沛云，2021）。同时，区块链技术结合了加密算法、共识算法、智能合约、演化博弈、分布式等技术，可以使用计算机语言实现，具有良好的拓展性。

一个完整的区块链具备以下五大特征（姚忠将和葛敬国，2017）。

（1）去中心化：区块链技术不依赖额外的第三方管理机构或硬件设施，没有中心管制，除了自成一体的区块链本身，通过分布式核算和存储，各个节点实现了信息自我验证、传递和管理。去中心化是区块链最突出、最本质的特征。

（2）开放性：除被私钥加密的信息外，其余所有信息都能在区块链中获取，节点通过公共接口在可信环境中执行数据查询和进行相关交易，整个操作过程高度透明。

（3）独立性：区块链中各节点地位平等独立，其余节点无法对其施加影响。

（4）信息不可篡改：区块链采用分布式技术记录数据，即每个节点都有一个数据库,只要超过半数的节点记录没被篡改,数据记录就能恢复,不良节点无法随意对整个系统进行操控,系统安全性高。区块链的建立,使信息不对称和环境不良的情况被避免,取而代之的是一个节点间相互信任、相互共识的信息系统,不必担心数据被篡改的情况。同时,由于共识机制要求所有节点共同参与认证,保证了整个网络系统的安全。

（5）匿名性：由于只需要依据固定的算法就能进行内部交易,所以它是一个可信任的系统。除非有法律规范要求,单从技术上来讲,各节点在参与交易时身份信息不需要公开或验证,信息传递可以匿名进行。

2）区块链技术赋能 SMN 模块化质量管理

顾客需求趋于个性化、专业化和知识化,为产品全过程提供服务的模式得到认可,因此 SMN 结构变得更加复杂,经营活动的参与者类型和数量不断增多,复杂的网络结构与众多的参与者,使其运营过程中面临突出的数据隐私泄露问题、需求多样且多变、信息不对称等质量问题。减少或者避免各类风险对 SMN 的高质量、可持续发展至关重要。区块链技术作为一个加密数据库,具有去中心化、开放性、独立性、信息不可篡改、匿名性等特点,并且具备高度的数据可追溯性且完全不可逆。基于这些特点,将区块链技术赋能 SMN 可以奠定牢固的互信应用基础,创造可靠的合作沟通机制。有关研究表明,将区块链技术运用到供应链当中,可有效降低供应链运营成本,改善供应链协同效率和敏捷性,提高工业互联网平台的制造服务协同效率,为企业运营以及供应链管理领域创造价值（高华丽,2022）。结合区块链的技术特点,区块链技术赋能 SMN 模块化质量管理具有以下优势。

（1）实现数据共享,提高交易信息可信度。通过区块链技术可实现数据共享,构建 SMN 各方参与的集成平台。结合分布式账本技术将各方数据交叉验证后写入区块链运营数据平台,通过参与方共同维护链上数据,不仅可保证数据在全流程中不易被篡改,还能确保交易信息的真实性和准确性,增强网络内的信息透明度。并且链上的交易数据可运用非对称加密技术实施加密,实现数据按需调用,提高网络内部信息交互和共享效率。

（2）促进网络协同,增强网络稳定性。SMN 内部结构复杂、参与者类型多样,存在库存、物流、产品与服务匹配等的协同需求问题。通过区块链技术在网络内部形成联盟链,可形成产品制造、产品服务等方面的协同,既可加深各参与方的战略合作,又能节省成本实现全方位协作,增强网络稳定性。

（3）实施信息溯源,保障产品服务质量。区块链技术可以将分布式存储技术和密码共识算法技术相结合,在信息流通过程中实现信息数据的防篡改和防伪造与可追溯。利用区块链技术的可追溯性,可以有效保障 SMN 中产品和服务模块的质量。

10.2　SMN 模块化质量管理数字化场景

SMN 中的模块化质量是产品或服务模块动态分解的结果，也是产品或服务模块固有特性的表现形式。但目前 SMN 存在组织结构僵化，SMN 供给效率低、成本高，有效供给不足等问题（王晓蕾等，2022），制约 SMN 的发展，干扰模块化质量的自适应协同过程。而在数字化赋能下，以产业链为基础，通过服务性生产模块节点、生产性服务模块节点和顾客效用模块节点的协同整合，集成大数据、互联网平台、人工智能、自适应控制、区块链等新一代信息技术，以智慧云平台为核心，通过跨模块、跨流程、跨系统的全面协同，链接供应、制造、分配、流通等多个环节，实现新一代信息技术条件下的产业链整合，促进 SMN 质量管理的数字化升级是数字化赋能下 SMN 发展的新趋势。

云平台是工业互联网的核心，也是 SMN 模块化质量管理数字化赋能的重要抓手（杨眉，2022）。以数字化智慧云平台为核心，新一代信息技术对 SMN 进行渗透融合，将制造企业、服务企业、顾客三类主体通过人、机、物全面链接，构建新技术条件下的覆盖全 SMN 的智能制造服务体系（唐晓华等，2018），实现数字化赋能下 SMN 模块化质量管理的智能化协同。数字化赋能下的 SMN 更加注重信息的整合，将制造和服务在智慧云平台上实现零距离交互，制造企业、服务企业和顾客实现业务信息平台化。根据运营模式和运营流程的不同，数字化赋能下的 SMN 模块化质量管理可以分为面向制造商运营的支配型 SMN 模块化质量管理和面向第三方运营的平等型 SMN 模块化质量管理。

10.2.1　面向制造商运营的支配型 SMN 模块化质量管理数字化

面向制造商运营的支配型 SMN 模块化质量管理数字化是一种以某制造企业为服务集成商主导的 SMN 结构，通过工业互联网和统一数据交互平台，将制造资源、制造信息、制造能力接入云端，运用大数据和智能算法不断分析并更新资源、信息，以需求驱动实现个性化、大规模定制的用户全流程参与的数字化质量管理模式，如图 10.2 所示。

面向制造商运营的支配型 SMN 模块化质量以制造商为主导，以企业链为基础，制造商作为主导者将制造资源和制造能力接入互联网，围绕设计、生产、物流、销售和服务的全流程，对企业自动化、信息化、车间联网等进行全方面优化（刘雯霏和马婷艳，2022）。同时整合全产业链的制造资源，以用户需求为价值导向，运用大数据和智能算法实现与用户的精准对接，通过智能制造提升用户的个性化体验。

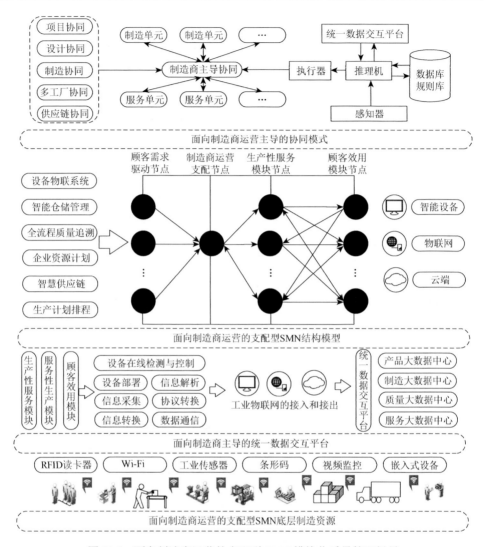

图 10.2　面向制造商运营的支配型 SMN 模块化质量管理场景

1）面向制造商运营的支配型 SMN 底层制造资源

制造商通过统一数据交互中心，借助可编程逻辑控制器（programmable logic controller，PLC）、传感器、射频识别（radio frequency identification，RFID）技术、分散控制系统（distributed control system，DCS）、输入/输出（input/output，I/O）、人机界面（human machine interface，HMI）等多种自动化工业设备联机，对制造的关键设备进行实时数据采集、监控、分析以掌握全局动态，保障整个数字化赋能下的 SMN 模块化质量（唐卿，2022）。在工业网络、服务器、数据库等网络基础架构之上，对智能生产装备、智能物流装备、智能检测装备、顾客信息、销售信息、市场信息、服务信息等进行在线监测与控制，将所采集的信息进行信息解析和协议转换，发送到统一大数据交互中心。通过对供应商物料信息、制造过程信息、设备信息、质量信息、仓储信息等的 SMN 底层资源信息的采集帮助企业实现从顾客订单、生产批次到装配物料批号的全面贯通，进而实现产品全生命周期的追溯。

2）面向制造商主导的统一数据交互平台

面向制造商运营的支配型 SMN 的核心是顾客的全流程参与，以顾客驱动实现大规模定制。通过制造商主导的数据交互平台，顾客可以在研发、计划、排产、制造、交货的全生命周期参与个性化的产品制造。同时，通过数据交互平台，产业链上的各中小企业、供应商等可以在与制造商的交互中根据顾客需求的变动、生产状态的变动、事业环境的变动随时进行设计协同、制造协同、多工厂协同、供应链协同（曹亚琪等，2022）。以制造商主导 SMN 打通交互定制、开放研发、数字营销、模块采购、智能生产、智慧物流、智慧服务等业务环节，通过统一的大数据交互平台使顾客全流程深度参与到产品的全生命周期，由传统的被动响应提升为需求驱动，依托数字化手段增强敏捷性与柔性，提升全产业链的运营效率并驱动业务，实现生态链的协作与共赢。

3）面向制造商运营的支配型 SMN 结构模型

整个产业链中，制造商作为主导企业，通过市场和顾客需求驱动价值，产业链上的中小企业通过为制造主导企业提供配套的制造流程和服务流程模块功能与主导企业实现协作。在面向制造商运营的支配型 SMN 结构模型中，整个网络结构以制造商为核心，以底层制造资源信息、服务过程信息为基础，通过设备物联系统、智能仓储系统、企业资源计划（enterprise resource planning，ERP）、智慧供应链、生产计划进行系统的管理，借助智能设备、物联网和云端将制造和服务过程信息接入互联网，以顾客需求驱动价值流动，实现产业链的整体价值最大化，是面向制造商运营的支配型 SMN 模块化质量管理数字化赋能的典型应用场景。

4）面向制造商运营主导的协同模式

面向制造商运营的 SMN 以制造商主导协同，产业链上各制造单元、服务单元通过为制造主导企业提供配套的制造流程和服务流程模块功能与主导企业实现协作，通过对底层制造和服务过程信息的采集与分析，针对流程异常情景、制造异常情景、服务异常情景进行自适应感知与决策，借助统一数据交互中心获取信息，分析信息，对所获取的信息进行实时决策，反馈给主导的制造商，通过项目协同、设计协同、制造协同、多工厂协同和供应链协同，来协同整个 SMN 的异常情景。整个制造商主导的生态链通过状态感知、实时分析、自主决策、精准执行形成数据共享与交互，进行分析和决策，实现制造商主导的协同模式。

10.2.2 面向第三方运营的平等型 SMN 模块化质量管理数字化

面向第三方运营的平等型 SMN 由专业的第三方搭建数字化云平台，整合海量的制造资源，以价值驱动运营，由数字化云平台作为桥梁连接供应商、制造商，借助云平台对接需求侧顾客和供给侧资源，借助数字化技术为产业链上的企业提供研发、设计、制造、采购、营销等全流程服务，是数字化赋能下 SMN 模块化质量管理的新模式。

面向第三方运营的平等型 SMN 通过整合供给端和需求端的资源要素，借助集成数据、数字化技术、互联网平台等数字化要素的云端，实现产业链结构网络式的转变，利用数字化技术连接供给侧资源、智能生产和需求实现全产业链精准化对接，同时通过整合全产业链结构，建立网络式组织架构，实现覆盖全产业链的服务与制造的深度融合，提高整个网络产业链的敏捷性和对外部环境的适应性。以智慧云平台为主导的平等型 SMN 发挥开放、共享、平等、去中心化的特征，实现分散化的资源集聚与整合，推动制造业与服务业的融合（李春发等，2020），实现数字化赋能下服务型制造模块化质量管理的模式创新，如图 10.3 所示。

1）面向第三方运营的 SMN 底层制造资源

面向第三方运营的 SMN 中的制造单元与服务单元借助 PLC、传感器、RFID、DCS、I/O、HMI 等多种自动化工业设备联机，对制造的关键设备进行实时数据采集、监控与分析。在工业网络、服务器、数据库等网络基础架构之上，对智能生产装备、智能物流装备、智能检测装备、顾客信息、销售信息、市场信息、服务信息等进行在线监测与控制，将所采集的信息进行信息解析和协议转换，发送到第三方运营的智慧云平台。在智慧云平台的基础上汇聚供给侧资源、工业设备、工艺体系、业务流程、顾客需求等关键数据和资源，通过对数据进行精准、实时的采集和分析，构建制造与服务融合、资源和需求结合的制造服务网络。

2）面向第三方运营的智慧云平台

基于智慧云平台的资源配置优化与功能集成，产业链上的企业形成具有高度协同的价值共同体，在智慧云平台的基础上集成协同研发平台、智能营销平台、精益制造平台、智能服务平台、敏捷供应平台、运营监控平台来实现资源、生产、物流、服务、顾客的全流程协同，构建以价值为核心的可持续发展的生态产业链（闫俊强，2018）。在智慧云平台的基础上，通过先进制造技术，生产设备物联，集成模块化设计、模块化生产、网络化协同、服务化延伸，实现数字化设计、智能化生产、安全化管控、数字化管理，提升整个产业链的竞争力和综合效益。

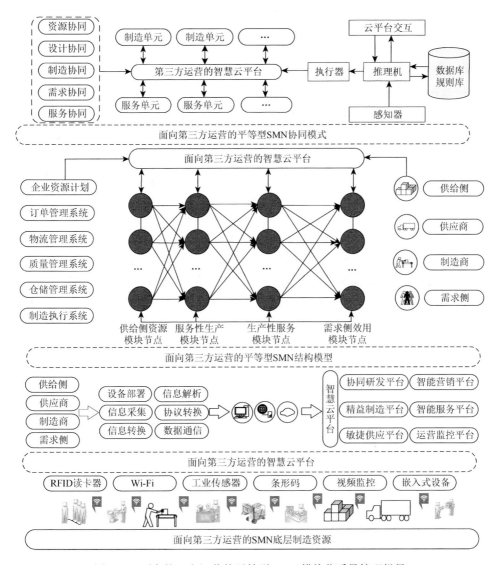

图 10.3　面向第三方运营的平等型 SMN 模块化质量管理场景

3）面向第三方运营的平等型 SMN 结构模型

面向第三方运营的平等型 SMN，以智慧云平台为基础，在大数据、云计算、区块链、物联网手段的支持下，制造商和供应商对接需求侧和供给侧的资源，打造工厂内、供应链与云平台全面的自适应协同控制。在第三方智慧云平台的基础上，制造及服务企业相互之间功能互补，分工合作，以工业大脑赋能智能制造，实现低成本、高效率的分散化价值模块协同功能，实现状态感知、实时分析、科学决策、智能分析与管理、精准执行的能力，从而帮助优化整个平台下服务提供模块节点的业务价值链和管理价值链，实现从业务运营到产品和服务的创新，提升用户体验，以数据驱动业务优化，以价值驱动产业运行，提升整个 SMN 的质量水平。

4）面向第三方运营的平等型 SMN 协同模式

面向第三方运营的平等型 SMN，由智慧云平台作为桥梁整合制造单元和服务单元，通过将各制造单元和服务单元的制造和服务信息由工业互联网接入云平台，由云平台对采集的信息进行分析与决策，将决策信息反馈到各制造单元和服务单元，借助大数据技术对整个产业链上的中小企业进行资源、制造、需求和服务的协同，实现参与主体之间的动态协作，使产业链上的各中小企业以柔性和动态适应性实现不同情景下的整体最优化。

面向制造商主导的支配型 SMN 和面向第三方运营的平等型 SMN 都是服务型制造数字化赋能下的新模式。支配型 SMN 中的制造商作为整合全产业链的主导者，将制造资源和制造能力接入互联网，优化自身生态体系，以顾客需求为价值驱动，通过智能制造提升用户的个性化体验，使用户全流程参与生产制造过程，发展基于能力的服务，实现制造业和服务业的数字化融合，是中国智能制造的创新实践。而面向第三方运营的平等型 SMN 通过借助智慧云平台来整合制造单元和服务单元、供给端资源和需求端资源，以智慧云平台驱动数字产业化、服务产业数字化，借助大数据中心为全产业链企业提供设计、制造、营销的全流程服务，打造工业物联网平台体系，实现服务业产品化，建设产业链的共创、共享与共赢，两种不同模式的 SMN 数字化结构，均是制造与服务共生发展的新生态。基于两种模式的 SMN 模块化质量管理数字化成为新的创新模式。

10.3　SMN 模块化质量管理数字化赋能的路径优化

10.3.1　基于质量链数字化的整合优化

质量链（quality chain，QC）是由加拿大哥伦比亚大学（University of British Columbia，UBC）的学者首先提出的概念，他们系统地研究了 QFD、SPC 等技术方法，以及工序性能、产品特征值和工序能力等质量概念，系统地、全面地揭示了它们之间的有机联系。随后，朱兰博士在 2003 年进一步提出"质量环/质量螺旋"（quality loop/quality spiral）的概念，其在本质上与"质量链"是一样的，它指在市场调查、开发、设计、计划、采购、生产控制、检验、销售、服务和反馈等整个过程的不断循环中，产品质量在全过程中形成，并以螺旋式的方式不断提高，作为交互作业活动的概念模型，这些活动影响着质量以及不能达成满意质量而造成的损失。

SMN 模块化质量管理基于质量链数字化框架结构如图 10.4 所示。其中，SMN 模块化是将制造企业、服务企业以及顾客三类主体进行深度整合，形成了"服务＋制造"的复杂网络，根据模块的特点，主要包括面向制造商运营的支配型 SMN 模块化质量管理和面向第三方运营的平等型 SMN 模块化质量管理两种应用场景，并且为质量链的应用提供资金、设备、人员等生产要素。质量链则是将涉及产品开发、设计、生产、销售、顾客反馈等多个环节中的质量要素相互联系在一起，形成了产品质量链和服务质量链构成的产品服务系统质量，为 SMN 模块化质量管理提供数据流、信息流、质量流等管理要素，不断强化 SMN 模块化质量管理。SMN 模块化质量管理与质量链之间以质量大数据、人工智能技术、自适应控制技术等数字化技术体系为桥梁，以智慧云平台为基础，相互融合、相互影响。由此而言，SMN 模块化质量管理基于质量链数字化赋能的整合优化，将会给 SMN 模块化质量管理效率、网络稳定性、动态化管理等方面带来较大的改善。

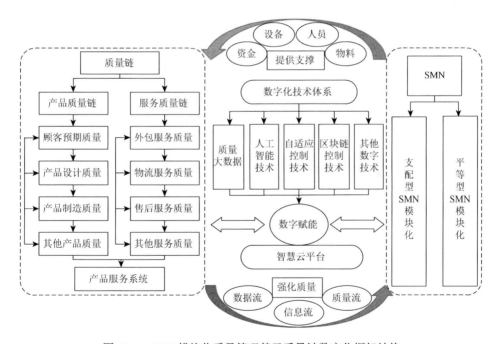

图 10.4　SMN 模块化质量管理基于质量链数字化框架结构

1）提升 SMN 的质量管理效率，增强 SMN 模块的稳定性

质量链数字化是利用新的信息技术打造数字化的质量管理平台，打通传统质量链从产品设计初期到顾客反馈的全过程质量和服务质量的联系通道，实现对质量的实时监控和持续改进。SMN 模块化质量管理基于质量链数字化的整合优化，它将利用这一优势，实现对大数据背景下的质量流、数据流、信息流等生产要素

的有效整合，形成系统性的质量管理框架，大幅度提升 SMN 的质量管理效率。此外，SMN 模块化从组织结构上看，各模块是由为顾客提供产品和服务的相关企业和组织所形成的，质量链数字化对 SMN 的数字化赋能，在提升 SMN 质量管理效率的同时，还将实现 SMN 的组织结构优化、生产管理升级以及原有资源的全面整合，从而有效增强 SMN 各模块的稳定性和抗风险能力，对实现 SMN 整体利益最优具有重要意义。

2）促进 SMN 各模块的质量协同，提高 SMN 的综合竞争力

SMN 模块化质量管理基于质量链数字化的整合致力于实现各成员企业间在整个网络上的广域集成和全面的质量协同。由于很多企业在发展过程中已经意识到，如果仅注重自身内部的质量管理，并不能提升产品的综合竞争力，还必须重视和参与产品制造群体在各个环节中的质量管理，强化外部质量，才能保证企业制造的产品在市场竞争中脱颖而出。因此，基于 SMN 模块化质量链数字化的整合优化，正是综合运用技术和管理的多种手段，从过程、体系等方面营造基于开放、合作、协同的企业间质量关系，以整体的、系统的、集成的观点看待并组织产品全生命周期与全过程的管理，在 SMN 的生产性服务模块、服务集成模块、服务性生产模块和顾客效用模块之间建立一条敏捷、畅通、受控、优化的数字化质量链，从整体上提高 SMN 的综合竞争力。

3）持续改进 SMN 各模块的质量，实现 SMN 的动态化管理

SMN 为质量链数字化提供支撑，质量链数字化能够不断强化 SMN 各模块的质量管理。两者通过数字化的技术体系和智慧云平台进行联系，质量链数字化的整合与 SMN 模块化质量管理将实现深度融合，从最初的顾客需求挖掘，到产品设计质量、制造质量，再到外包服务质量、物流服务质量等，都将实现各环节的数字化赋能。因此，伴随当今数字技术的快速发展，SMN 可以有效利用质量链数字化赋能的优势，对 SMN 各模块的质量管理进行持续改进，充分整合外部资源，对 SMN 整体进行产业优化和业务升级，不仅能够创造 SMN 各模块的发展机遇，还能实现 SMN 的动态化管理。

10.3.2　基于技术链数字化的整合优化

技术链是以产品为核心的不同技术的集合，包括产品技术和服务技术，是随着产业链的上、中、下游环节连在一起形成的技术链条。上游一般涉及产品设计技术、工艺设计技术、工业设计服务技术、检验检测服务技术等；中游一般涉及智能制造技术、集成制造技术、增材制造技术、定制化服务技术、物流配送服务技术等；下游则大多涉及产品追溯技术、用户参与技术、人机交互服务技术等。而无论上游、中游还是下游技术链，每个环节都由多个生产同质产品或提供服务

的独立企业群构成，这与 SMN 的组织结构非常相似，因此，SMN 模块化质量管理与技术链通过质量大数据、人工智能等数字化技术体系进行路径整合，将会助力于 SMN 各个模块的数字化进程，有效推动 SMN 整体核心技术、核心服务、核心产品的快速发展，提升 SMN 模块化质量的数字化管理水平。基于技术链数字化的 SMN 模块化质量管理整合优化如图 10.5 所示。

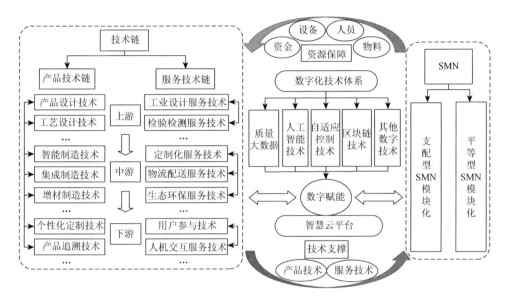

图 10.5　基于技术链数字化的 SMN 模块化质量管理整合优化

1）加速 SMN 的技术融合，推动核心技术的创新发展

一个系统的核心技术将决定系统的外围技术、从属技术等相关技术，SMN 的升级和整合离不开核心技术的融合和创新。国内外的实践证明，技术创新是产业升级的关键，是企业间竞争的关键，没有自主的技术创新就不可能突破跨国公司的技术封锁（朱瑞博，2011）。当前，全球竞争环境激烈，区域发展不均衡，缺乏技术创新特别是缺少关键核心技术的创新，已经成为影响中国产业升级的主要障碍。利用技术链数字化的整合优化，加速 SMN 的技术融合，可以有效提高 SMN 的核心技术创新水平，有效提升 SMN 整体的竞争水平，从而助力于中国经济的高质量发展。

2）强化 SMN 的模块协同，促进核心服务的协调发展

SMN 模块化是一种将服务经济环境下制造业和服务业融合发展的各个企业，按照产品、服务和顾客进行模块划分，因此，各个模块将涉及众多的企业和组织。这些企业和组织相互联系、相互影响，会使 SMN 结构复杂，技术接口众多，特

别是交付内容中既包括实物产品，又涉及提供相应的服务（高华丽，2022），进而使 SMN 在运行过程中，由于多个相关方参与而可能出现信息可靠度差、服务不及时、信息不对称等问题。利用技术链数字化整合 SMN，把上、中、下游产业链中所有参与产品制造和服务提供的相关方全部纳入技术链数字化管理体系中，建立统一的技术接口，共享顾客需求信息，不仅能够强化 SMN 各模块间的协同，还能够促进 SMN 核心服务的协调发展。

3）加快 SMN 的产业升级，增进核心产品的快速迭代

一方面，依托数字化技术的快速发展，SMN 模块化质量管理基于技术链数字化的整合不仅能够向纵深延伸，实现资源的深度开发，还能够向侧向延伸，实现上游原材料开发、零配件的辅助和配套技术的拓展，有助于 SMN 的产业升级和业务拓展。另一方面，技术链数字化的整合能够把系统内所有技术融为统一的整体，促使不同的产业基础进行协同和更新换代，不仅能够催生新的产业链，还促进了 SMN 核心产品的快速迭代。另外，在 SMN 原有的技术链基础上，还可以加入新的技术元素，如自动化技术和智能化技术，从而打破原有技术网络的内部结构，实现对 SMN 模块化技术链的改造重构，有助于打造更高端的 SMN。

10.3.3　基于质量生态圈数字化的整合优化

质量生态圈是指质量所影响的以及受到质量影响的企业、组织和相关方等，以实现多方满意和绿色生态发展为目标所组成的有机系统。基于质量生态圈数字化的 SMN 模块化质量管理整合优化如图 10.6 所示。其中，智能设备、物联网、云计算、5G 通信技术等形成的数字化技术体系通过智慧云平台为质量生态圈数字化赋能，质量生态圈数字化与 SMN 模块化质量管理相结合，为 SMN 提供创新、发展的动力；为绿色生态目标提供技术导向和支撑；并且数字技术的发展，也将促进社会、政府等相关方的高质量发展；SMN 作为载体以绿色生态、资源的有效整合为目标，以令顾客、社会、政府、经济体等多个生态系统满意；社会、政府等相关方给予数字技术和智慧云平台政策和规章的支持；绿色生态理念为 SMN 模块化质量管理提供目标导向和技术导向，指导 SMN 各个模块和数字技术向着绿色、可持续方向发展。基于质量生态圈数字化的整合优化，将推动 SMN 的高质量发展、可持续发展。

1）推动 SMN 的资源整合，实现高质量发展

首先，基于质量生态圈的 SMN 模块化质量管理数字化，把 SMN 内部流动的资金、人员、信息等基本资源整合起来，进行统一管理、统一调配，不仅能够提高 SMN 内部资源的利用效率，还能对内部有限的资源进行创造性利用，最大化

SMN 内部流通资源的潜在价值。其次，通过质量生态圈数字化赋能，还可以整合 SMN 外部的资源，扩大 SMN 的组织结构，进而提升 SMN 的结构稳定性。最后，在基于质量生态圈资源整合的同时，还可以利用数字化的技术，特别是质量大数据技术，收集并分析 SMN 内外部的质量数据，不仅能够挖掘 SMN 隐藏的质量问题，还能收集 SMN 的潜在需求，提升 SMN 各模块质量水平。

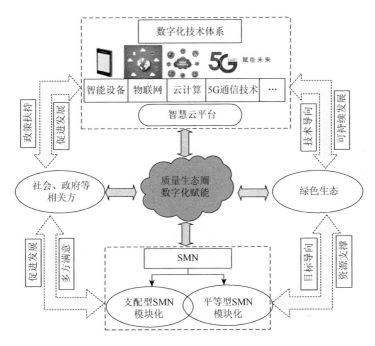

图 10.6　基于质量生态圈数字化的 SMN 模块化质量管理整合优化

2）营造 SMN 的绿色发展氛围，实现可持续发展

质量生态圈追求以人为本与环境和谐共生的生态质量，基于质量生态圈的 SMN 模块化质量管理数字化赋能，将营造绿色、环保的发展氛围，不断利用新技术与新兴产业的深度融合，淘汰落后的非环保技术，引导 SMN 向着生态化方向发展，不仅可以促进 SMN 各个模块与环境的协调，还可以有效整合各种生态资源，做到资源输出与输入的科学结合，最终实现"服务型制造企业—相关方—生态"三者的多赢局面，对推动 SMN 的可持续发展具有重要意义。

3）促进 SMN 质量管理多方满意，实现系统最优

随着顾客需求的多样化，SMN 需要提供越来越多样化、个性化的产品和服务，而在制造产品和提供服务的背后，涉及社会、政府、其他经济体等众多相关方，这些要素相互影响，逐渐形成了相互关联、跨界的质量生态圈。利用数字化的技

术将质量生态圈中的各个要素纳入 SMN 质量管理的数字资源平台中，利用智能化的算法进行优化配置，可以实现 SMN 质量管理的多方满意，实现系统最优。

10.4　本 章 小 结

考虑到新一代信息技术的发展与渗透融合，SMN 中的各价值模块合作更加深入，信息共享更加方便，数字化技术的应用能够帮助实现新的产业链整合，对 SMN 进行数字化赋能。

本章对 SMN 中的数字化技术进行了简要概括，认为质量大数据技术、自适应控制技术等数字化技术能实现分散化的资源集聚与整合，推动制造业与服务业融合，实现 SMN 模块化质量管理的模式创新。在数字化赋能下，本章提出 SMN 两种结构模式下的数字化质量管理场景：面向制造商运营的支配型 SMN 模块化质量管理数字化、面向第三方运营的平等型 SMN 质量管理数字化。两种场景是在新一代信息技术的基础上，通过以制造商主导的统一数据交互中心和面向第三方运营的智慧云平台，分别建设产业支配型和产业平等型的产业链模式，均是实现制造与服务共生发展的数字化新生态。在两种场景的基础上，本章探讨了新技术条件下 SMN 模块化质量管理数字化赋能路径优化，主要为基于质量链、技术链、质量生态圈的数字化整合，提升了 SMN 模块化质量管理的整体数字化水平。

参 考 文 献

包国宪，李文强. 2005. 虚拟企业沟通面临的挑战及对策[J]. 科技进步与对策，22（2）：129-131.

卜华白. 2010. 企业价值网络低碳共生演化的序参量控制机理研究——"后危机时代"工业发展模式转型研究[J]. 经济管理，32（10）：134-139.

曹亚琪，胡长明，冯展鹰. 2022. 以协同创新为导向的智能制造生态链构建[J]. 智能制造，（5）：83-86.

常广庶，2004. ISO9000与供应链的质量管理[J]. 特区经济，（9）：174-175.

陈广，宋志伟，陈少兵，等. 2021. 数据感知技术在电力物资供应链数据质量管理中的应用[J]. 科技管理研究，41（18）：182-191.

陈建勋，张婷婷，吴隆增. 2009. 产品模块化对组织绩效的影响：中国情境下的实证研究[J]. 中国管理科学，17（3）：121-130.

陈剑，冯蔚东. 2002. 虚拟企业构建与管理[M]. 北京：清华大学出版社.

陈留平，丁雯卉. 2017. 内部控制评价和质量管理体系审核整合探讨[J]. 会计之友，（4）：66-69.

陈瑞义，盛昭瀚，徐峰. 2014. 基于不同谈判策略的产品质量协同控制研究[J]. 管理科学，27（1）：21-30.

程东全，顾锋，耿勇. 2011. 服务型制造中的价值链体系构造及运行机制研究[J]. 管理世界，（12）：180-181.

崔庆安. 2012. 面向多极值质量特性的过程参数全局优化研究[J]. 管理科学学报，15（9）：46-57，73.

邓富民. 2004. 基于服务质量差距模型的服务质量特性构成分析[J]. 四川大学学报（哲学社会科学版），（5）：27-30.

邓富民. 2012. 基于质量损失函数的质量特性值自相关情况下的质量波动损失研究[J]. 软科学，26（9）：34-38.

刁晓纯，苏敬勤. 2008. 基于序参量识别的产业生态网络演进方式研究[J]. 科学学研究，26（3）：506-510.

董华. 2016. 模块化趋势下服务型制造网络的形成及运行[J]. 甘肃社会科学，（6）：218-223.

杜学美，赵文林，雷玮. 2019. 基于粒子群算法的项目工期—成本—质量—安全的综合优化[J]. 系统工程，37（4）：139-150.

段桂江，熊耀华. 2010. 面向复杂产品多级研制体系的协同质量计划管理系统研究[J]. 中国机械工程，21（17）：2063-2069.

方智勇，张荣耀. 2013. 基于服务模块化的服务型供应链研究[J]. 物流工程与管理，35（4）：93-96.

冯良清. 2012. 服务型制造网络节点质量行为研究[M]. 北京：经济科学出版社.

冯良清，黄大莉，夏超. 2015. 服务型制造网络模块化质量协同研究[J]. 工业工程与管理，20（3）：83-89，97.

冯良清, 李文川, 曾伟平, 等. 2019. 服务型制造网络节点质量行为关键性度量[J]. 统计与决策, 35 (2): 179-182.

冯良清, 刘卫东. 2005. 基于虚拟企业生命周期的质量管理[J]. 工业工程与管理, 10 (3): 107-109, 114.

冯良清, 马卫. 2011. 服务型制造网络价值模块节点的可拓综合评价[J]. 科技进步与对策, 28 (17): 124-128.

冯良清, 马卫. 2012a. 服务型制造网络合约化质量协调的运动规律分析[J]. 商业时代, (18): 92-93.

冯良清, 马卫. 2012b. 面向虚拟企业生命周期的集成质量管理系统与方法[J]. 系统科学学报, 20 (2): 86-88.

高华丽. 2022. 基于区块链的服务型制造供应链协同创新机理及能力提升[J]. 科技智囊, (2): 14-19.

高一聪, 冯毅雄, 谭建荣, 等. 2010. 基于 MSRE 的机械产品质量特性稳健优化设计方法[J]. 计算机集成制造系统, 16 (5): 897-904.

耿修林. 2012. 多质量特性多影响因素的因果关系诊断[J]. 数理统计与管理, 31 (1): 142-148.

苟昂, 廖飞. 2005. 基于组织模块化的价值网研究[J]. 中国工业经济, (2): 66-72.

顾晓光, 马义中, 汪建均, 等. 2014. 多元质量特性的满意参数设计[J]. 控制与决策, 29 (6): 1064-1070.

顾新建, 李晓, 祁国宁, 等. 2009. 产品服务系统理论和关键技术探讨[J]. 浙江大学学报（工学版）, 43 (12): 2237-2243.

郭瀚阳. 2020. 基于区块链的企业生产能力评估共享系统研究[D]. 广州: 广东工业大学.

韩坚, 吴澄, 范玉顺. 1998. 供应链建模与管理的技术现状和发展趋势[J]. 计算机集成制造系统, 4 (4): 9-15.

韩艳. 2005. 顾客满意度测评及实证研究[D]. 大连: 东北财经大学.

郝斌, Guerin A M. 2011. 组织模块化对组织价值创新的影响: 基于产品特性调节效应的实证研究[J]. 南开管理评论, 14 (2): 126-134, 160.

何川, 王宇. 2016. 杜紫平会见参加西博会的部分企业代表[N]. 宜宾日报, 2016-11-03 (2).

何方. 2014. 网络状组织的主体关联方式探究[J]. 科学时代, (13): 91-92.

何哲, 孙林岩, 朱春燕. 2011. 服务型制造的产生和政府管制的作用——对山寨机产业发展的思考[J]. 管理评论, 23 (1): 103-113.

何桢. 2014. 六西格玛管理[M]. 3 版. 北京: 中国人民大学出版社.

何桢, 吕海利. 2007. 多元质量特性稳健性设计方法的优化研究[J]. 管理科学, 20 (1): 2-7.

侯海涛. 2022. 供应链整合对企业绩效的影响研究——基于质量管理角度[J]. 商业经济研究, (7): 117-121.

胡晓鹏. 2004. 从分工到模块化: 经济系统演进的思考[J]. 中国工业经济, (9): 5-11.

黄凯南. 2009. 演化博弈与演化经济学[J]. 经济研究, 44 (2): 132-145.

黄拓. 2022. 人工智能技术在智能建筑中的应用[J]. 长江信息通信, 35 (1): 123-126.

纪雅杰, 马德青, 胡劲松. 2020. 消费者参考质量存在时滞效应的动态质量改进策略[J]. 山东大学学报（理学版）, 55 (9): 89-101.

江平宇, 朱琦琦. 2008. 产品服务系统及其研究进展[J]. 制造业自动化, 30 (12): 10-17.

蒋定福,熊励,岳焱. 2012. 基于协同熵的评价模型[J]. 计算机集成制造系统,18(11):2522-2529.

蒋楠,赵嵩正,吴楠. 2016. 服务型制造企业服务提供、知识共创与服务创新绩效[J]. 科研管理,37(6):57-64.

金运婷,耿秀丽. 2020. 基于模糊 DSM 的产品服务系统流程模块化设计[J]. 工业工程与管理,25(2):155-163.

井清正,孙小龙,王坤. 2015. 基于多目标规划的物流精益采购及其隶属度偏差评价法[J]. 物流科技,38(5):110-112.

亢娜. 2016. 制造企业从生产型向服务型转变的相关问题研究[J]. 现代国企研究,(8):35-36.

寇军,付宇豪. 2022. 服务型制造背景下产业链智能驱动策略研究[J]. 供应链管理,3(9):30-39.

李岸达,何桢,何曙光. 2014. 基于 Filter 与 Wrapper 的复杂产品关键质量特性识别[J]. 工业工程与管理,19(3):53-59.

李岸达,何桢,王庆. 2019. 基于多目标鲸鱼优化的关键质量特性识别方法[J]. 系统工程,37(1):134-142.

李柏洲,王雪,苏屹,等. 2021. 我国战略性新兴产业间供应链企业协同创新演化博弈研究[J]. 中国管理科学,29(8):136-147.

李春发,李冬冬,周驰. 2020. 数字经济驱动制造业转型升级的作用机理——基于产业链视角的分析[J]. 商业研究,(2):73-82.

李刚,孙林岩,高杰. 2010. 服务型制造模式的体系结构与实施模式研究[J]. 科技进步与对策,27(7):45-50.

李刚,孙林岩,李健. 2009. 服务型制造的起源、概念和价值创造机理[J]. 科技进步与对策,26(13):68-72.

李海舰,聂辉华. 2004. 论企业与市场的相互融合[J]. 中国工业经济,(8):26-35.

李浩,陶飞,文笑雨,等. 2018.面向大规模个性化的产品服务系统模块化设计[J]. 中国机械工程,29(18):2204-2214,2249.

李红魁. 2019. 基于粒子群算法的公路工程多目标成本优化研究[D]. 广州:广州大学.

李冀,莫蓉. 2012. 基于复杂加权网络的服务型制造网络分析[J]. 机械科学与技术,31(8):1232-1235.

李坚飞,李蓓,孙梦霞. 2021. 创新驱动下新零售服务供应链质量协同改进的稳态策略[J]. 中国管理科学,29(12):145-156.

李娇,敖亮,任文明. 2021. 基于 MBSE 的通用质量特性建模分析技术研究[J]. 航空工程进展,12(5):87-95.

李巧花. 2019. 基于改进蚁群算法的钻进参数多目标优化研究[D]. 西安:西安石油大学.

李泉洲,聂国健,史典阳,等. 2021. 质量大数据的发展历史和应用现状[J]. 电子产品可靠性与环境试验,39(S2):43-46.

李锐. 2020. 基于改进 NSGA-II算法的任务管理及分配系统的研究[D]. 成都:电子科技大学.

李昇平,张恩君. 2013. 基于关联度分析的静态和动态稳健性设计[J]. 机械工程学报,49(5):130-137.

李晓华. 2021. 数字技术推动下的服务型制造创新发展[J]. 改革,(10):72-83.

李玥. 2018. 基于 Col-MM 模型的组织间协同质量测量方法研究[J]. 兰州大学学报(社会科学版),46(4):148-153.

李作奎. 2009. 基于企业网络化下协同效率的经济性分析[J]. 科技与管理, 11 (5): 109-112, 117.

林文进, 江志斌, 李娜. 2009. 服务型制造理论研究综述[J]. 工业工程与管理, 14 (6): 1-6, 32.

蔺雷, 吴贵生. 2009. 制造企业服务增强的质量弥补: 基于资源配置视角的实证研究[J]. 管理科学学报, 12 (3): 142-154.

刘炳春. 2012. 服务型制造网络协调机制研究[M]. 北京: 经济管理出版社.

刘春景, 唐敦兵, 何华, 等. 2013. 基于灰色关联和主成分分析的车削加工多目标优化[J]. 农业机械学报, 44 (4): 292-298.

刘红. 2001. 制造企业竞争力评价体系研究[D]. 昆明: 昆明理工大学.

刘会, 宋华, 冯云霞. 2015. 产品模块化与供应链整合的适配性关系研究[J]. 科学学与科学技术管理, 36 (9): 93-104.

刘强, 苏秦. 2010. 供应链质量控制与协调研究评析[J]. 软科学, 24 (12): 123-127.

刘伟华, 季建华, 顾巧论. 2007. 物流服务供应链两级合作的质量监控与协调[J]. 工业工程与管理, 12 (3): 47-52.

刘雯霏, 马婷艳. 2022. 从数字化车间建设场景"破局", 以先进技术深挖工业数据价值[J]. 智能制造, (3): 23-25.

刘心报, 胡俊迎, 陆少军, 等. 2022. 新一代信息技术环境下的全生命周期质量管理[J]. 管理科学学报, 25 (7): 2-11.

刘益, 李垣. 1998. 企业竞争优势形成的综合分析模型[J]. 管理工程学报, 12 (4): 39-42.

刘远, 方志耕, 刘思峰. 2013. 复杂产品外购系统质量特性的容差优化模型[J]. 系统工程, 31 (1): 121-126.

刘远, Hiple Keith W, 方志耕, 等. 2012. 复杂产品供应链质量控制方案递阶决策模型[J]. 控制与决策, 27 (11): 1685-1693.

刘志阳, 施祖留, 朱瑞博. 2007. 基于模块化的银行卡产业价值创新研究: 从价值链到价值群[J]. 中国工业经济, (9): 23-30.

刘治宏, 刘冬梅. 2010. 供应商质量管理[J]. 企业管理, (3): 100-101.

罗建强, 杨慧. 2012. 面向服务型制造延迟策略实施对客户价值创造的影响[J]. 工业工程与管理, 17 (5): 97-103.

雒兴刚, 张忠良, 阮渊鹏, 等. 2021. 基于管理视角的服务设计问题的研究综述与展望[J]. 系统工程理论与实践, 41 (2): 400-410.

吕庆领, 唐晓青. 2004. 支持产品协同制造的质量管理信息系统[J]. 北京航空航天大学学报, 30 (4): 316-320.

麻书城, 唐晓青. 2001. 供应链质量管理特点及策略[J]. 计算机集成制造系统, 7 (9): 32-35.

马士华, 林勇, 陈志祥. 2000. 供应链管理[M]. 北京: 机械工业出版社.

马小陆, 梅宏. 2021. 基于改进势场蚁群算法的移动机器人全局路径规划[J]. 机械工程学报, 57 (1): 19-27.

马晓艳, 王昊. 2022. 人工智能技术在制造业中的应用[J]. 计算机产品与流通, (6): 30-32.

毛景立, 王建国. 2009. 基于复杂产品系统的合约化质量概念研究[J]. 科技进步与对策, 26 (10): 6-11.

闵宏. 2017. 企业模块化理论的演进——一个文献综述[J]. 技术经济与管理研究, (8): 53-57.

牟小俐, 邓毅, 汪洋. 2007. 面向 21 世纪的柔性制造模式——模块化生产[J]. 科技管理研究,

27（9）：190-192.

蒲国利，苏秦，刘强. 2011. 一个新的学科方向——供应链质量管理研究综述[J]. 科学学与科学技术管理，32（10）：70-79.

青木昌彦，安藤晴彦. 2003. 模块时代：新产业结构的本质[M]. 周国荣，译.上海：上海远东出版社.

任佩瑜，张莉，宋勇. 2001. 基于复杂性科学的管理熵、管理耗散结构理论及其在企业组织与决策中的作用[J]. 管理世界，（6）：142-147.

任杉，张映锋，黄彬彬. 2018. 生命周期大数据驱动的复杂产品智能制造服务新模式研究[J]. 机械工程学报，54（22）：194-203.

任显林，张根保. 2011. 复杂产品质量特性波动混沌传递状态空间建模[J]. 中国机械工程，22（12）：1466-1471.

阮平南，杨小叶. 2010. 网络组织形态及结构探微[J]. 改革与战略，26（2）：45-48.

单子丹，邹映，李雲竹. 2019. 基于云计算的服务型制造网络流程优化与决策模型[J]. 计算机集成制造系统，25（12）：3139-3148.

尚珊珊，尤建新. 2010. 质量成本与质量水平关系及其模型研究[J]. 统计与决策，（7）：72-75.

沈淦，李倩. 2022. 价值链理论视角下科技服务模块化探究[J]. 科技创业月刊，35（6）：1-8.

宋华岭，温国锋，李金克，等. 2009. 基于信息度量的企业组织系统协同性评价[J]. 管理科学学报，12（3）：22-36.

孙林岩. 2009. 服务型制造：理论与实践[M]. 北京：清华大学出版社.

孙林岩，高杰，朱春燕，等. 2008. 服务型制造：新型的产品模式与制造范式[J]. 中国机械工程，19（21）：2600-2604，2608.

孙林岩，李刚，江志斌，等. 2007. 21 世纪的先进制造模式——服务型制造[J]. 中国机械工程，18（19）：2307-2312.

孙晓峰. 2005. 模块化技术与模块化生产方式：以计算机产业为例[J]. 中国工业经济，（6）：60-66.

孙振华. 2019. 自适应控制技术在机械加工制造业中的应用[J]. 百科论坛电子杂志，（4）：318.

唐卿. 2022. 基于智能制造技术的智能机械制造工艺[J]. 现代制造技术与装备，58（9）：193-195.

唐晓华，张欣珏，李阳. 2018. 中国制造业与生产性服务业动态协调发展实证研究[J]. 经济研究，53（3）：79-93.

唐晓青，麻书城. 2002. 供应链质量预测方法[J]. 航空制造技术，45（7）：23-25.

陶颜. 2016. 服务模块化对金融企业创新绩效的影响：组织模块化的调节作用[J]. 财经论丛，（5）：71-78.

陶颜，魏江. 2015. 服务模块化研究脉络、基准与展望——基于国外文献的分析[J]. 外国经济与管理，37（1）：43-51.

童时中. 1995. 模块化的概念与定义[J]. 电力标准化与计量，4（4）：22-25.

万良琪，陈洪转，欧阳林寒，等. 2018. 复杂装备精密产品 Grey-PCE 多质量特性稳健优化设计[J]. 系统工程与电子技术，40（2）：472-481.

汪建均，马义中，翟云焕. 2011. 相关多质量特性的优化设计[J]. 管理工程学报，25（2）：66-73.

汪应洛，刘子晗. 2013. 中国从制造大国迈向制造强国的战略思考[J]. 西安交通大学学报（社会科学版），33（6）：1-6.

王海军，温兴琦. 2018. 资源依赖与模块化交叉调节下的产学研用协同创新研究[J]. 科研管理，

39（4）：21-31.

王海燕. 2005. 合约化质量理念探析[J]. 世界标准化与质量管理，（4）：33-34.

王化强，牛占文. 2014. 基于 LASSO 的复杂产品关键质量特性识别[J]. 系统工程，32（6）：137-141.

王欢，方志耕，邓飞，等. 2019. 考虑质量价值水平的复杂产品供应链质量成本优化方法[J]. 控制与决策，34（9）：1973-1980.

王卉. 2000. 适应性质量管理[J]. 电子标准化与质量，（4）：13-17.

王康周，江志斌，李娜. 2014. 生产服务系统优先权能力协同分配策略[J]. 系统工程理论与实践，34（11）：2808-2816.

王康周，江志斌，林文进，等. 2013. 服务型制造混合供应链管理研究[J]. 软科学，27（5）：93-95，100.

王宁，徐济超，杨剑锋. 2013. 基于 PLSR 的多级制造过程关键质量特性识别方法[J]. 运筹与管理，22（5）：226-232.

王宁，张帅，刘玉敏，等. 2019. 多工序串并联制造过程关键质量特性识别[J]. 系统工程学报，34（6）：855-866.

王雯，傅卫平. 2010. 供应链系统的动力学与复杂性建模仿真问题研究综述[J]. 系统仿真学报，22（2）：271-279.

王晓蕾，杜传忠，刘磊. 2022. 工业互联网赋能服务型制造网络的演化逻辑与路径优化研究[J]. 经济学家，（10）：108-118.

王颜新，李向阳. 2009. 基于多维质量屋的企业合作决策方法[J]. 工业工程与管理，14（5）：59-64.

王洋，段桂江. 2014. 面向质量特性波动传播分析的产品特性关联建模技术[J]. 计算机集成制造系统，20（3）：652-660.

王耀忠，黄丽华，王小卫，等. 2002. 网络组织的结构及协调机制研究[J]. 系统工程理论方法应用，11（1）：20-24.

王勇，陈俊芳. 2004. 供应链事件管理——从技术到方法[J]. 预测，23（1）：62-65.

王增强，郭茜，蒲云，等. 2013. QFD 中工程特性自相关的系统分析方法[J]. 工业工程与管理，18（6）：61-67.

魏冰. 2019. NSGA-Ⅱ算法的改进及在机组组合优化中的应用[D]. 北京：华北电力大学.

魏江，刘洋，赵江琦. 2013. 基于知识编码化的专业服务业服务模块化对创新绩效的作用机理研究[J]. 科研管理，34（9）：1-10.

温馨，赵希男，贾建锋. 2011. 基于 GPEM 主旋律分析的系统序参量识别方法研究[J]. 运筹与管理，20（3）：168-175.

吴军，邓超，邵新宇，等. 2006. 面向 PLM 的协同质量管理系统[J]. 华中科技大学学报（自然科学版），34（6）：74-76.

吴强，张园园，孙世民. 2020. 基于演化博弈的原料奶供应链质量协同控制机制[J]. 中国农业大学学报，25（2）：223-234.

吴秀鹏，张春润，伊洪冰. 2010. 组织模块化的研究综述[J]. 中国管理信息化，13（7）：91-94.

武柏宇，彭本红，谷晓芬. 2020. 基于结构洞理论的服务型制造网络动态演化分析[J]. 财贸研究，31（1）：82-92.

肖钰，李华. 2003. 基于三角模糊数的判断矩阵的改进及其应用[J]. 模糊系统与数学，17（2）：59-64.

解学梅，左蕾蕾，刘丝雨. 2014. 中小企业协同创新模式对协同创新效应的影响——协同机制和协同环境的双调节效应模型[J]. 科学学与科学技术管理，35（5）：72-81.

谢刚，冯缨，李治文. 2015. 大数据背景下客户信息质量管理成熟度模型[J]. 中国流通经济，29（5）：94-99.

谢康，赖金天，肖静华. 2015. 食品安全社会共治下供应链质量协同特征与制度需求[J]. 管理评论，27（2）：158-167.

谢荣琦，何桢，何曙光. 2014. 基于 ReliefF 和 k-modes 聚类的复杂产品关键质量特性识别[J]. 工业工程与管理，19（1）：30-34.

谢小轩，张浩，夏敬华，等. 2002. 企业应用集成综述[J]. 计算机工程与应用，38（22）：1-5.

熊伟. 2005. 质量机能展开[M]. 北京：化学工业出版社.

徐佳宾，孙晓谛. 2022. 互联网与服务型制造：理论探索与中国经验[J]. 科学学与科学技术管理，43（2）：87-112.

徐兰，方志耕. 2011. 基于质量损失的交叉质量结构参数设计方法[J]. 管理工程学报，25（3）：106-110.

徐晓飞，战德臣，叶丹，等. 1999. 动态联盟企业组织方法体系[J]. 计算机集成制造系统，5（1）：7-12.

许静，何桢，袁荣，等. 2016. 基于主成分分析与 TOPSIS 模型相结合的函数型产品质量特性的优化方法研究[J]. 工业工程与管理，21（3）：59-67.

闫俊强. 2018. 产品质量大数据发展的现状、问题及对策[J]. 质量探索，15（4）：52-57.

闫伟，何桢，李岸达. 2014. 基于 CEM-IG 算法的复杂产品关键质量特性识别[J]. 系统工程理论与实践，34（5）：1230-1236.

严建文，袁成明，张强，等. 2018. 面向服务的复杂成形装备产品架构设计与优化[J]. 中国管理科学，26（11）：153-165.

杨波，徐升华. 2010. 非对称信息条件下虚拟企业知识转移激励契约设计[J]. 情报杂志，29（1）：147-150，31.

杨眉. 2022. 工业互联网，赋能数字化转型[J]. 走向世界，（44）：20-23.

杨晓英，施国洪. 2013. 大型装备成套服务的计划与控制协同优化研究[J]. 工业工程与管理，18（5）：53-60.

杨校伟. 2019. 基于自适应遗传算法的寄生电流抑制结构设计与研究[J]. 电波科学学报，34（2）：209-215.

姚树俊，陈菊红，赵益维. 2012. 服务型制造模式下产品服务模块化演变进程研究[J]. 科技进步与对策，29（9）：78-83.

姚忠将，葛敬国. 2017. 关于区块链原理及应用的综述[J]. 科研信息化技术与应用，8（2）：3-17.

叶迪. 2021. 服务业、制造业中间品贸易自由化的协同效应——基于出口产品质量的视角[J]. 当代财经，（1）：97-111.

余东华. 2008. 模块化企业价值网络：形成机制、竞争优势与治理结构[M]. 上海：格致出版社.

郁玉兵，熊伟，曹言红. 2013. 国外供应链质量管理研究述评与展望[J]. 管理现代化，（3）：104-106.

郁玉兵，熊伟，代吉林. 2014. 供应链质量管理与绩效关系研究述评及展望[J]. 软科学，28（8）：141-144.

詹钧凯，石宇强，陈柏志，等. 2020. 多目标产品配置优化研究[J]. 机械设计与制造，（8）：40-44.

张斌，费文龙，代瑶. 2019. 多状态相关质量特性过程均值、容差和使用寿命的优化设计[J]. 统计与决策，35（20）：30-34.

张翠华，鲁丽丽. 2009. 基于供应商检验和质量努力隐匿的协同质量控制[J]. 系统管理学报，18（4）：385-390.

张翠华，任金玉，于海斌. 2005. 供应链协同管理的研究进展[J]. 系统工程，23（4）：1-6.

张富强，江平宇，郭威. 2018. 服务型制造学术研究与工业应用综述[J]. 中国机械工程，29（18）：2144-2163.

张根保. 1997. 制造企业竞争力分析及其提高策略[J]. 工业工程与管理，2（4）：24-27.

张根保，纪富义，任显林，等. 2010a. 复杂机电产品关键质量特性提取模型[J]. 重庆大学学报，33（2）：8-14.

张根保，庞继红，任显林，等. 2011. 机械产品多元质量特性重要度排序方法[J]. 计算机集成制造系统，17（1）：151-158.

张根保，任显林，刘立堃，等. 2010b. 面向制造过程的产品多关键质量特性优化模型[J]. 计算机集成制造系统，16（6）：1286-1291.

张凯，赵武，王杰，等. 2018. 面向服务型制造的产品设计信息集成方法[J]. 工程科学与技术，50（2）：204-211.

张蕾，冯良清，王娟. 2023. 服务型制造网络模块化质量属性识别[J]. 计算机集成制造系统，29（2）：419-432.

张沛云. 2021. 基于区块链技术的农业供应链金融创新研究[D]. 上海：上海财经大学.

张旭梅，黄河，刘飞. 2003. 敏捷虚拟企业：21世纪领先企业的经营模式[M]. 北京：科学出版社.

张艳，史美林. 2003. 描述虚拟企业协作关系动态演变的模型[J]. 计算机集成制造系统，9（11）：966-971.

张以彬，陈俊芳，张雄会，等. 2016. 集成的供应链质量管理[J]. 企业管理，（9）：96-98.

张异. 2010. 供应链质量管理模式在SWA中的应用[J]. 中国物流与采购，（20）：56-57.

张英芝，荣峰，申桂香，等. 2016. 基于市场竞争及自相关关系的数控机床可用性需求指标权重计算[J]. 计算机集成制造系统，22（7）：1687-1694.

张忠，金青. 2015. 基于服务型制造网络的制造企业价值创造研究[J]. 商业研究，（4）：141-146.

章帆，刘建萍. 2007. 质量行动力·质量经济分析[M]. 北京：中国计量出版社.

章穗，张梅，迟国泰. 2010. 基于熵权法的科学技术评价模型及其实证研究[J]. 管理学报，7（1）：34-42.

赵团结. 2020. 企业产品质量管理内部控制体系构建探析[J]. 财务与会计，（14）：48-51.

赵晓雷. 2006. 产业转移与服务型制造业[N]. 文汇报，2006-06-15.

赵益维，陈菊红，冯庆华，等. 2013. 服务型制造网络资源整合决策优化模型[J]. 运筹与管理，22（4）：77-84.

郑淑蓉. 2002. 供应链管理的电子商务技术支持[J]. 福建师范大学学报（哲学社会科学版），（3）：38-42.

钟瑶. 2007. 供应商产品质量控制及其评价体系的构建[J]. 商场现代化，（11）：49-50.

朱春艳，杨明顺，高新勤，等. 2012. 基于 DEMATEL 和熵的顾客需求重要度修正[J]. 工业工程与管理，17（3）：97-101.

朱立龙，何慧，徐艳萍. 2022. 协同视角下消费者参与的网购商品质量监管策略研究[J]. 宏观质量研究，10（2）：86-99.

朱瑞博. 2004. 模块化抗产业集群内生性风险的机理分析[J]. 中国工业经济，（5）：54-60.

朱瑞博. 2011. 核心技术链、核心产业链及其区域产业跃迁式升级路径[J]. 经济管理，33（4）：43-53.

朱晓宁，李岭. 2009. 基于 ISO9000 族标准的供应链质量管理实施框架[J]. 商业研究，（2）：37-40.

朱芸. 2004. 产品异质性与竞争优势研究[D]. 重庆：重庆大学.

祝树金，罗彦，段文静. 2021. 服务型制造、加成率分布与资源配置效率[J]. 中国工业经济，（4）：62-80.

邹蕾，张先锋. 2012. 人工智能及其发展应用[J]. 信息网络安全，（2）：11-13.

Ahire S L. 1997. Management science-total quality management interfaces: An integrative framework[J]. Interfaces, 27（6）：91-105.

Albert D. 2018. Organizational module design and architectural inertia: Evidence from structural recombination of business divisions[J]. Organization Science, 29（5）：890-911.

Albright T L, Roth H P. 1992. The measurement of quality costs: An alternative paradigm[J]. Accounting Horizons, 6（2）：15.

Al-Harbi K M A S. 2001. Application of the AHP in project management[J]. International Journal of Project Management, 19（1）：19-27.

Altfeld H H.2016. Commercial Aircraft Projects: Managing the Development of Highly Complex Products[M]. London: Routledge.

Amat-Lefort N, Marimon F, Mas-Machuca M. 2020. Towards a new model to understand quality in collaborative consumption services[J]. Journal of Cleaner Production, 266: 121855.

Ardalan Z, Karimi S, Naderi B, et al. 2016. Supply chain networks design with multi-mode demand satisfaction policy[J]. Computers & Industrial Engineering, 96: 108-117.

Arnheiter E D, Harren H. 2006. Quality management in a modular world[J]. The TQM Magazine, 18（1）：87-96.

Atkinson R. 1999. Project management: Cost, time and quality, two best guesses and a phenomenon, its time to accept other success criteria[J]. International Journal of Project Management, 17（6）：337-342.

Aurich J C, Wolf N, Siener M, et al. 2009. Configuration of product-service systems[J]. Journal of Manufacturing Technology Management, 20（5）：591-605.

Balakrishnan K, Mohan U, Seshadri S. 2008. Outsourcing of front-end business processes: Quality, information, and customer contact[J]. Journal of Operations Management, 26（2）：288-302.

Balamurugan C, Saravanan A, Dinesh Babu P, et al. 2017. Concurrent optimal allocation of geometric and process tolerances based on the present worth of quality loss using evolutionary optimisation techniques[J]. Research in Engineering Design, 28（2）：185-202.

Baldwin C Y, Clark K B. 1997. Managing in an age of modularity[J]. Harvard Business Review,

75（5）：84-93.

Baldwin C Y，Clark K B. 2007. Modularity in the Design of Complex Engineering Systems[M]//
Understanding Complex Systems. Berlin，Heidelberg：Springer：175-205.

Bernstein F，DeCroix G A. 2004. Decentralized pricing and capacity decisions in a multitier system
with modular assembly[J]. Management Science，50（9）：1293-1308.

Buell R W，Kim T，Tsay C J. 2017. Creating reciprocal value through operational transparency[J].
Management Science，63（6）：1673-1695.

Buergin J，Belkadi F，Hupays C，et al. 2018. A modular-based approach for just-in-time specification
of customer orders in the aircraft manufacturing industry[J]. CIRP Journal of Manufacturing
Science and Technology，21：61-74.

Cabigiosu A，Camuffo A. 2012. Beyond the "mirroring" hypothesis: Product modularity and
interorganizational relations in the air conditioning industry[J]. Organization Science，23（3）：
686-703.

Chao G H，Iravani S M R，Savaskan R C. 2009. Quality improvement incentives and product recall
cost sharing contracts[J]. Management Science，55（7）：1122-1138.

Cheng Y，Tao F，Zhao D M，et al. 2017. Modeling of manufacturing service supply-demand matching
hypernetwork in service-oriented manufacturing systems[J]. Robotics and Computer-Integrated
Manufacturing，45：59-72.

Chiang J Y，Tsai T R，Lio Y L，et al. 2015. An integrated approach for the optimization of tolerance
design and quality cost[J]. Computers & Industrial Engineering，87：186-192.

Choi M，Brand M，Kim J. 2009. A feasibility evaluation on the outsourcing of quality testing and
inspection[J]. International Journal of Project Management，27（1）：89-95.

Chopra S，Meindl P. 2002. Supply Chain Management. Strategy，Planning & Operation[M].
Dordrecht：Kluwer Academic Publishers.

Christopher M，Ryals L. 1999. Supply chain strategy：Its impact on shareholder value[J]. The
International Journal of Logistics Management，10（1）：1-10.

Cosmin D，Ana-Maria S. 2013. Cost of quality and Taguchi loss function[J]. Annals of the University
of Oradea，Economic Science Series，22（1）：1479-1485.

Cronin Jr J J，Brady M K，Hult G T M. 2000. Assessing the effects of quality，value，and customer
satisfaction on consumer behavioral intentions in service environments[J]. Journal of Retailing，
76（2）：193-218.

Crosby P B. 1979. Quality is Free[M].New York：McGraw Hill.

Cruz M，Pinedo M. 2008. Total Quality Management and Operational Risk in the Service
Industries[M]. Catonsville：INFORMS：154-169.

Daft R L，Lewin A Y. 1993. Where are the theories for the "new" organizational forms? An editorial
essay[J]. Organization Science，4（4）：i-vi.

de Blok C，Meijboom B，Luijkx K，et al. 2014. Interfaces in service modularity：A typology
developed in modular health care provision[J]. Journal of Operations Management，32（4）：
175-189.

de Mattos C S，Fettermann D C，Cauchick-Miguel P A. 2021. Service modularity：Literature overview of concepts, effects, enablers, and methods[J]. The Service Industries Journal, 41 (15/16): 1007-1028.

Deb K, Pratap A, Agarwal S, et al. 2002. A fast and elitist multiobjective genetic algorithm: NSGA-II [J]. IEEE Transactions on Evolutionary Computation, 6 (2): 182-197.

Demirkesen S, Ozorhon B. 2017. Measuring project management performance: Case of construction industry[J]. Engineering Management Journal, 29 (4): 258-277.

Dong B L, Qi G N, Gu X J, et al. 2008. Web service-oriented manufacturing resource applications for networked product development[J]. Advanced Engineering Informatics, 22 (3): 282-295.

Dyer J H, Nobeoka K. 2000. Creating and managing a high-performance knowledge-sharing network: The Toyota case[J]. Strategic Management Journal, 21 (3): 345-367.

Eastham J, Tucker D J, Varma S, et al.2014. PLM software selection model for project management using hierarchical decision modeling with criteria from PMBOK® knowledge areas[J]. Engineering Management Journal, 26 (3): 13-24.

Ene S, Ozturk N. 2018. Multi-objective green supply chain network optimization[J]. Global Journal of Business, Economics and Management: Current Issues, 7 (1): 15-24.

Feng L Q, Huang D L, Jin M Z, et al. 2020. Quality control scheme selection with a case of aviation equipment development[J]. Engineering Management Journal, 32 (1): 14-25.

Feng L Q, Huang D L, Xia C. 2013. Quality constraint mechanism of modular outsourcing on the mass loss[J]. Information Technology Journal, 12 (19): 5245-5251.

Feng L Q, Zeng K K, Shu F L. 2016. Study on the quality control of reputation-based on incentive service-oriented manufacturing network[J]. Open Journal of Social Sciences, 4 (7): 10-16.

Flynn B B, Schroeder R G, Sakakibara S. 1994. A framework for quality management research and an associated measurement instrument[J]. Journal of Operations Management, 11 (4): 339-366.

Foster Jr S T. 2008. Towards an understanding of supply chain quality management[J]. Journal of Operations Management, 26 (4): 461-467.

Friedman D. 1998. On economic applications of evolutionary game theory[J]. Journal of Evolutionary Economics, 8 (1): 15-43.

Furlan A, Cabigiosu A, Camuffo A. 2014. When the mirror gets misted up: Modularity and technological change[J]. Strategic Management Journal, 35 (6): 789-807.

Gamboa Q F, Cardin O, L'Anton A, et al. 2015. Implementation of a process orchestration model in a service oriented holonic manufacturing system[J]. IFAC-PapersOnLine, 48 (3): 1111-1116.

Gao Y, Zhao P, Turng L S, et al. 2013. Intelligent Optimization Algorithms[M]. New York: John Wiley & Sons.

Gaska T, Watkin C, Chen Y. 2015. Integrated modular avionics-past, present, and future[J]. IEEE Aerospace and Electronic Systems Magazine, 30 (9): 12-23.

Geetha K, Ravindran D, Kumar M S, et al. 2013. Multi-objective optimization for optimum tolerance synthesis with process and machine selection using a genetic algorithm[J]. The International Journal of Advanced Manufacturing Technology, 67 (9): 2439-2457.

Giret A, Garcia E, Botti V. 2016. An engineering framework for service-oriented intelligent manufacturing systems[J]. Computers in Industry, 81: 116-127.

Goh J，Hall N G. 2013. Total cost control in project management via satisficing[J]. Management Science，59（6）：1354-1372.

Govindan K，Khodaverdi R，Vafadarnikjoo A. 2016. A grey DEMATEL approach to develop third-party logistics provider selection criteria[J]. Industrial Management & Data Systems，116（4）：690-722.

Gray J V，Siemsen E，Vasudeva G. 2015. Colocation still matters：Conformance quality and the interdependence of R&D and manufacturing in the pharmaceutical industry[J]. Management Science，61（11）：2760-2781.

Gronholdt L，Martensen A，Kristensen K. 2000. The relationship between customer satisfaction and loyalty：Cross-industry differences[J]. Total Quality Management，11（4/5/6）：509-514.

Grushka-Cockayne Y，De Reyck B. 2009. Towards a single European sky[J]. Interfaces，39（5）：400-414.

Handley S M，Gray J V. 2013. Inter-organizational quality management：The use of contractual incentives and monitoring mechanisms with outsourced manufacturing[J]. Production and Operations Management，22（6）：1540-1556.

Hassan N，Davrajh S，Bright G. 2011. Prioritization of part scheduling with modular quality control in hybrid manufacturing cells for mass customization[C]//IEEE AFRICON '11，Victoria Falls：1-6.

He Z，Zhu P F，Park S H. 2012. A robust desirability function method for multi-response surface optimization considering model uncertainty[J]. European Journal of Operational Research，221（1）：241-247.

Hemmesi K，Farajian M，Boin M. 2017. Numerical studies of welding residual stresses in tubular joints and experimental validations by means of X-ray and neutron diffraction analysis[J]. Materials & Design，126：339-350.

Hobo M，Watanabe C，Chen C. 2006. Double spiral trajectory between retail，manufacturing and customers leads a way to service oriented manufacturing[J]. Technovation，26（7）：873-890.

Hoegl M，Weinkauf K，Gemuenden H G. 2004. Interteam coordination，project commitment，and teamwork in multiteam R&D projects：A longitudinal study[J]. Organization Science，15（1）：38-55.

Hoetker G. 2006. Do modular products lead to modular organizations？[J]. Strategic Management Journal，27（6）：501-518.

Hosseini-Motlagh S M，Choi T M，Johari M，et al. 2022. A profit surplus distribution mechanism for supply chain coordination：An evolutionary game-theoretic analysis[J]. European Journal of Operational Research，301（2）：561-575.

Houlihan J B.1985. International supply chain management[J]. International Journal of Physical Distribution & Materials Management，15（1）：22-38.

Hua J P，Tembe W D，Dougherty E R. 2009. Performance of feature-selection methods in the classification of high-dimension data[J]. Pattern Recognition，42（3）：409-424.

Huang S X，Zeng S，Fan Y S，et al. 2011. Optimal service selection and composition for service-oriented manufacturing network[J]. International Journal of Computer Integrated Manufacturing，24（5）：416-430.

Hyötyläinen M, Möller K. 2007. Service packaging: Key to successful provisioning of ICT business solutions[J]. Journal of Services Marketing, 21 (5): 304-312.

Ignatius J, Rahman A, Yazdani M, et al. 2016. An integrated fuzzy ANP-QFD approach for green building assessment[J]. Journal of Civil Engineering and Management, 22 (4): 551-563.

Illés B, Tamás P, Dobos P, et al. 2017. New challenges for quality assurance of manufacturing processes in industry 4.0[J]. Solid State Phenomena, 261: 481-486.

Jacobs M, Vickery S K, Droge C. 2007. The effects of product modularity on competitive performance: Do integration strategies mediate the relationship? [J]. International Journal of Operations & Production Management, 27 (9/10): 1046-1068.

Jeang A. 2015. Project management for uncertainty with multiple objectives optimisation of time, cost and reliability[J]. International Journal of Production Research, 53 (5): 1503-1526.

Jia J Y, Lai Y Z, Yang Z, et al. 2022. The optimal strategy of enterprise key resource allocation and utilization in collaborative innovation project based on evolutionary game[J]. Mathematics, 10 (3): 400.

Jin M, Li Y T, Tsung F. 2010. Chart allocation strategy for serial-parallel multistage manufacturing processes[J]. IIE Transactions, 42 (8): 577-588.

Johansson M, Sternad M. 2005. Resource allocation under uncertainty using the maximum entropy principle[J]. IEEE Transactions on Information Theory, 51 (12): 4103-4117.

Johns T G. 1999. On creating organizational support for the project management method[J]. International Journal of Project Management, 17 (1): 47-53.

Johnson M D, Gustafsson A, Andreassen T W, et al. 2001. The evolution and future of national customer satisfaction index models[J]. Journal of Economic Psychology, 22 (2): 217-245.

Joshi S. 2022. A review on sustainable supply chain network design: Dimensions, paradigms, concepts, framework and future directions[J]. Sustainable Operations and Computers, 3: 136-148.

Jung J Y, Wang Y J. 2006. Relationship between total quality management (TQM) and continuous improvement of international project management(CIIPM)[J]. Technovation, 26(5/6): 716-722.

Jüttner U, Christopher M, Baker S. 2007. Demand chain management-integrating marketing and supply chain management[J]. Industrial Marketing Management, 36 (3): 377-392.

Kaplan A, Haenlein M. 2019. Siri, Siri, in my hand: Who's the fairest in the land? On the interpretations, illustrations, and implications of artificial intelligence[J]. Business Horizons, 62 (1): 15-25.

Kuei C H, Madu C N, Lin C. 2001. The relationship between supply chain quality management practices and organizational performance[J]. International Journal of Quality & Reliability Management, 18 (8): 864-872.

Kuei C H, Madu C N, Lin C. 2008. Implementing supply chain quality management[J]. Total Quality Management & Business Excellence, 19 (11): 1127-1141.

Kueng P. 2000. Process performance measurement system: A tool to support process-based organizations[J]. Total Quality Management, 11 (1): 67-85.

Langlois R N. 2002. Modularity in technology and organization[J]. Journal of Economic Behavior &

Organization，49（1）：19-37.

Lau A K W，Yam R C M，Tang E P Y. 2007. Supply chain product co-development，product modularity and product performance[J]. Industrial Management & Data Systems，107（7）：1036-1065.

Lee D H，Kim K J，Köksalan M. 2012. An interactive method to multiresponse surface optimization based on pairwise comparisons[J]. IIE Transactions，44（1）：13-26.

Lee D J，Thornton A C. 1996. The identification and use of key characteristics in the product development process[C]//International Design Engineering Technical Conferences and Computers and Information in Engineering Conference，Irvine，97607：V004T04A001.

Lee J N. 2001. The impact of knowledge sharing，organizational capability and partnership quality on IS outsourcing success[J]. Information & Management，38（5）：323-335.

Lee J，Kao H A，Yang S，2014. Service innovation and smart analytics for industry 4.0 and big data environment[J]. Procedia CIRP，16：3-8.

Levner E，Ptuskin A. 2015. An entropy-based approach to identifying vulnerable components in a supply chain[J]. International Journal of Production Research，53（22）：6888-6902.

Li H，Ji Y J，Gu X J，et al. 2012. Module partition process model and method of integrated service product[J]. Computers in Industry，63（4）：298-308.

Li H，Ma J，Xiao Y Q，et al. 2011. Research on generalized product and its modularization process [C]// Proceedings of 2011 International Conference on System Science，Engineering Design and Manufacturing Information，Guiyang：290-293.

Li L，Liu F，Li C B. 2014. Customer satisfaction evaluation method for customized product development using entropy weight and analytic hierarchy process[J]. Computers & Industrial Engineering，77：80-87.

Liu P D，Zhang X. 2011. Research on the supplier selection of a supply chain based on entropy weight and improved ELECTRE-III method[J]. International Journal of Production Research，49（3）：637-646.

Liu R，Kumar A，van der Aalst W. 2007. A formal modeling approach for supply chain event management[J]. Decision Support Systems，43（3）：761-778.

Liu X Q，Fang Z G，Zhang N，et al. 2019. An evolutionary game model and its numerical simulation for collaborative innovation of multiple agents in carbon fiber industry in China[J]. Sustainable Computing：Informatics and Systems，24：100350.

Liu Z，Qian Q S，Hu B，et al. 2022. Government regulation to promote coordinated emission reduction among enterprises in the green supply chain based on evolutionary game analysis[J]. Resources，Conservation and Recycling，182：106290.

Lo S M，Shen H P，Chen J C. 2017. An integrated approach to project management using the Kano model and QFD：An empirical case study[J]. Total Quality Management & Business Excellence，28（13/14）：1584-1608.

Lorenz T，Jost A. 2006. Towards an orientation framework in multi-paradigm modeling[C]//Proceedings of the 24th International Conference of the System Dynamics Society，Albany：2134-2151.

Lyneis J M，Ford D N. 2007.System dynamics applied to project management：A survey，assessment， and directions for future research[J]. System Dynamics Review, 23 (2/3): 157-189.

Maillat D, Crevoisier O, Lecoq B. 1994. Innovation Networks and Territorial Dynamics: A Tentative Typology[M]. Berlin: Springer-Verlag.

Martinez M T, Fouletier P, Park K H, et al. 2001. Virtual enterprise–organisation, evolution and control[J]. International Journal of Production Economics, 74 (1/2/3): 225-238.

Martínez-Olvera C. 2008. Entropy as an assessment tool of supply chain information sharing[J]. European Journal of Operational Research, 185 (1): 405-417.

Might R J, Fischer W A. 1985. The role of structural factors in determining project management success[J]. IEEE Transactions on Engineering Management, (2): 71-77.

Mikkola J H. 2006. Capturing the degree of modularity embedded in product architectures[J]. Journal of Product Innovation Management, 23 (2): 128-146.

Mikkola J H, Gassmann O. 2003. Managing modularity of product architectures: Toward an integrated theory[J]. IEEE Transactions on Engineering Management, 50 (2): 204-218.

Morariu C, Morariu O, Borangiu T. 2013. Customer order management in service oriented holonic manufacturing[J]. Computers in Industry, 64 (8): 1061-1072.

Mowshowitz A. 1997. Virtual organization[J]. Communications of the ACM, 40 (9): 30-37.

Nagorny K, Colombo A W, Schmidtmann U. 2012. A service-and multi-agent-oriented manufacturing automation architecture: An IEC 62264 level 2 compliant implementation[J]. Computers in Industry, 63 (8): 813-823.

Nikoofal M E, Gümüş M. 2018. Quality at the source or at the end? Managing supplier quality under information asymmetry[J]. Manufacturing & Service Operations Management, 20 (3): 498-516.

Nilsson F, Darley V. 2006. On complex adaptive systems and agent-based modelling for improving decision-making in manufacturing and logistics settings: Experiences from a packaging company[J]. International Journal of Operations and Production Management, 26 (12): 1351-1373.

Nylund H, Andersson P H. 2010. Simulation of service-oriented and distributed manufacturing systems[J]. Robotics and Computer-Integrated Manufacturing, 26 (6): 622-628.

Olmos-Sanchez D A, Bocquet J C. 2016. Towards a methodology to improve supply chain performance through the analysis of outsourcing production processes: Application to aeronautics sector[C]//Operational Research OR58 Annual Conference, Portsmouth.

Olorunniwo F, Hsu M K, Udo G J. 2006. Service quality, customer satisfaction, and behavioral intentions in the service factory[J]. Journal of Services Marketing, 20 (1): 59-72.

Ou C S, Liu F C, Hung Y C, et al. 2010. A structural model of supply chain management on firm performance[J]. International Journal of Operations & Production Management, 30(5): 526-545.

Pagell M. 2004. Understanding the factors that enable and inhibit the integration of operations, purchasing and logistics[J]. Journal of Operations Management, 22 (5): 459-487.

Pappas N, Sheehan P. 1998. The New Manufacturing: Linkages between Production and Service Activities, in Working for the Future: Technology and Employment in the Global Knowledge Economy[M]. Victoria: Melbourne University Press.

Park I K, Choi G S. 2015. A variable-precision information-entropy rough set approach for job searching[J]. Information Systems，48：279-288.

Petrisor I，Cozmiuc D. 2020. Global Supply Chain Management Organization at Siemens in the Advent of Industry 4.0[M]. Pennsylvania：IGI Global：1095-1114.

Pich M T，Loch C H，De Meyer A. 2002. On uncertainty，ambiguity，and complexity in project management[J]. Management Science，48（8）：1008-1023.

Pongcharoen P，Hicks C，Braiden P M. 2004. The development of genetic algorithms for the finite capacity scheduling of complex products，with multiple levels of product structure[J]. European Journal of Operational Research，152（1）：215-225.

Porter M E，Heppelmann J E. 2015. How smart，connected products are transforming companies[J]. Harvard Business Review，93（10）：96-114.

Preiss K，Goldman S L，Nagel R N. 1991. 21st Century Manufacturing Enterprises Strategy：An Industry-Led View[R]. Iacocca Institute：Lehigh University.

Psomas E，Vouzas F，Kafetzopoulos D. 2014. Quality management benefits through the "soft" and "hard" aspect of TQM in food companies[J]. The TQM Journal，26（5）：431-444.

Pyzdek T，Keller P. 2013. The Handbook for Quality Management：A Complete Guide to Operational Excellence[M]. New York：McGraw-Hill.

Quintanilla F G，Cardin O，L'anton A，et al. 2016. A modeling framework for manufacturing services in service-oriented holonic manufacturing systems[J]. Engineering Applications of Artificial Intelligence，55：26-36.

Raharjo H，Xie M，Brombacher A C. 2011. A systematic methodology to deal with the dynamics of customer needs in quality function deployment[J]. Expert Systems with Applications，38（4）：3653-3662.

Rahman S. 2006. Quality management in logistics：An examination of industry practices[J]. Supply Chain Management：An International Journal，11（3）：233-240.

Ren S J F，Ngai E W T，Cho V. 2010. Examining the determinants of outsourcing partnership quality in Chinese small-and medium-sized enterprises[J]. International Journal of Production Research，48（2）：453-475.

Robinson C J，Malhotra M K. 2005. Defining the concept of supply chain quality management and its relevance to academic and industrial practice[J]. International Journal of Production Economics，96（3）：315-337.

Rüßmann M，Lorenz M，Gerbert P，et al. 2015. Industry 4.0：The future of productivity and growth in manufacturing industries[J]. Boston Consulting Group，9（1）：54-89.

Sadjady H，Davoudpour H. 2012. Two-echelon，multi-commodity supply chain network design with mode selection，lead-times and inventory costs[J]. Computers & Operations Research，39（7）：1345-1354.

Sanchez R. 1995. Strategic flexibility in product competition[J]. Strategic Management Journal，16（S1）：135-159.

Sanchez R，Mahoney J T. 1996. Modularity，flexibility，and knowledge management in product and organization design[J]. Strategic Management Journal，17（S2）：63-76.

Sangaiah A K，Gopal J，Basu A，et al. 2017. An integrated fuzzy DEMATEL，TOPSIS，and ELECTRE approach for evaluating knowledge transfer effectiveness with reference to GSD project outcome[J]. Neural Computing and Applications, 28 (1): 111-123.

Saucedo-Martínez J A, Pérez-Lara M, Marmolejo-Saucedo J A, et al. 2018. Industry 4.0 framework for management and operations: A review[J]. Journal of Ambient Intelligence and Humanized Computing, 9 (3): 789-801.

Schilling M A. 2000. Toward a general modular systems theory and its application to interfirm product modularity[J]. Academy of Management Review, 25 (2): 312-334.

Serban A I. 2015. Managing transformation: Business process reengineering or total quality management[J]. International Journal of Academic Research in Business and Social Sciences, 5 (5): 81-86.

Shannon C E. 1948. A mathematical theory of communication[J]. The Bell System Technical Journal, 27 (3): 379-423.

Shen W M, Hao Q, Wang S Y, et al. 2007. An agent-based service-oriented integration architecture for collaborative intelligent manufacturing[J]. Robotics and Computer-Integrated Manufacturing, 23 (3): 315-325.

Shuiabi E, Thomson V, Bhuiyan N. 2005. Entropy as a measure of operational flexibility[J]. European Journal of Operational Research, 165 (3): 696-707.

Simchi-Levi D, Kaminsky P, Simchi-Levi E. 2009. Designing and Managing the Supply Chain[M]. Beijing: Renmin University of China Press.

Simon H A. 1962. The architecture of complexity[J]. Proceedings of the American Philosophical Society, 106 (6): 467-482.

Sinha K K, Van de Ven A H. 2005. Designing work within and between organizations[J]. Organization Science, 16 (4): 389-408.

Song W Y, Chan F T S. 2015. Multi-objective configuration optimization for product-extension service[J]. Journal of Manufacturing Systems, 37: 113-125.

Song W Y, Ming X G, Han Y, et al. 2013. A rough set approach for evaluating vague customer requirement of industrial product-service system[J]. International Journal of Production Research, 51 (22): 6681-6701.

Song W Y, Wu Z Y, Li X Z, et al. 2015. Modularizing product extension services: An approach based on modified service blueprint and fuzzy graph[J]. Computers & Industrial Engineering, 85: 186-195.

Song Y, Su Q. 2015. The relationship between quality management and new product development: Evidence from China[J]. Operations Management Research, 8 (1): 1-14.

Song Z T, Sun Y M, Wan J F, et al. 2017. Data quality management for service-oriented manufacturing cyber-physical systems[J]. Computers & Electrical Engineering, 64: 34-44.

St Pierre E, Tuv E. 2011. Robust, non-redundant feature selection for yield analysis in semiconductor manufacturing[C]//Perner P. Industrial Conference on Data Mining. Berlin, Heidelberg: Springer: 204-217.

Starr M K. 1965. Modular production—A new concept [J]. Harvard Business Review, 43 (6): 131-142.

Stevens G C. 1989. Integrating the supply chain[J]. International Journal of Physical Distribution & Materials Management, 19 (8): 3-8.

Sturgeon T J. 2003. What really goes on in Silicon Valley? Spatial clustering and dispersal in modular production networks[J]. Journal of Economic Geography, 3 (2): 199-225.

Su Z, Poulin D. 1996. Partnership management within the virtual enterprise in a network[C]//IEMC 96 Proceedings. International Conference on Engineering and Technology Management. Managing Virtual Enterprises: A Convergence of Communications, Computing, and Energy Technologies, Vancouver: 645-650.

Sundbo J. 2002. The service economy: Standardisation or customisation?[J]. The Service Industries Journal, 22 (4): 93-116.

Tajbakhsh A, Hassini E. 2015. A data envelopment analysis approach to evaluate sustainability in supply chain networks[J]. Journal of Cleaner Production, 105: 74-85.

Tapiero C S. 2007. Consumers risk and quality control in a collaborative supply chain[J]. European Journal of Operational Research, 182 (2): 683-694.

Tavana M, Zareinejad M, Di Caprio D, et al. 2016. An integrated intuitionistic fuzzy AHP and SWOT method for outsourcing reverse logistics[J]. Applied Soft Computing, 40: 544-557.

Tsai S B, Chen K Y, Zhao H R, et al. 2016. Using a mixed model to explore evaluation criteria for bank supervision: A banking supervision law perspective[J]. PLoS One, 11 (12): e0167710.

Ulrich K. 1995. The role of product architecture in the manufacturing firm[J]. Research Policy, 24 (3): 419-440.

Van Assche A. 2004. A theory of modular production networks[J]. SSRN Electronic Journal.

Vandermerwe S, Rada J. 1988. Servitization of business: Adding value by adding services[J]. European Management Journal, 6 (4): 314-324.

Wang P P, Ming X G, Li D, et al. 2011. Modular development of product service systems[J]. Concurrent Engineering, 19 (1): 85-96.

Wang Y M. 2012. A fuzzy-normalisation-based group decision-making approach for prioritising engineering design requirements in QFD under uncertainty[J]. International Journal of Production Research, 50 (23): 6963-6977.

Watkins C B, Walter R. 2007. Transitioning from federated avionics architectures to integrated modular avionics[C]//2007 IEEE/AIAA 26th Digital Avionics Systems Conference, Dallas: 2.A.1-1-2.A.1-10.

Wei W, Fan W H, Li Z K. 2014. Multi-objective optimization and evaluation method of modular product configuration design scheme[J]. The International Journal of Advanced Manufacturing Technology, 75 (9/10/11/12): 1527-1536.

Welp E G, Meier H, Sadek T, et al.2008. Modelling approach for the integrated development of industrial product-service systems[C]//Mitsuishi M, Ueda K, Kimura F. Manufacturing Systems and Technologies for the New Frontier. London: Springer, 2008: 525-530.

Weyer S, Schmitt M, Ohmer M, et al. 2015. Towards Industry 4.0 - Standardization as the crucial challenge for highly modular, multi-vendor production systems[J]. IFAC-PapersOnLine, 48 (3): 579-584.

Xu W J, Zhou Z D, Pham D T, et al. 2012. Quality of service in manufacturing networks: A service framework and its implementation[J]. The International Journal of Advanced Manufacturing Technology, 63 (9/10/11/12): 1227-1237.

Xu Z C, Yin Y L, Li D H, et al. 2018. Owner's risk allocation and contractor's role behavior in a project: A parallel-mediation model[J]. Engineering Management Journal, 30 (1): 14-23.

Yadav O P, Bhamare S S, Rathore A. 2010. Reliability-based robust design optimization: A multi-objective framework using hybrid quality loss function[J]. Quality and Reliability Engineering International, 26 (1): 27-41.

Yan J Q, Ye K, Wang H Q, et al. 2010. Ontology of collaborative manufacturing: Alignment of service-oriented framework with service-dominant logic[J]. Expert Systems with Applications, 37 (3): 2222-2231.

Yang D Q, Xiao T J. 2017. Coordination of a supply chain with loss-averse consumers in service quality[J]. International Journal of Production Research, 55 (12): 3411-3430.

Yoo S H, Cheong T. 2018. Quality improvement incentive strategies in a supply chain[J]. Transportation Research Part E: Logistics and Transportation Review, 114: 331-342.

Yousefie S, Mohammadi M, Monfared J H. 2011. Selection effective management tools on setting European Foundation for Quality Management (EFQM) model by a quality function deployment (QFD) approach[J]. Expert Systems with Applications, 38 (8): 9633-9647.

Zhang Z F. 2012. Manufacturing complexity and its measurement based on entropy models[J]. The International Journal of Advanced Manufacturing Technology, 62 (9): 867-873.

Zhang Z F, Wang Z H. 2009. Empirical study on orderliness evaluation of production system based on aging–quality entropy[J]. Production Engineering, 3 (1): 95-101.

Zhang Z F, Xiao R B. 2009. Empirical study on entropy models of cellular manufacturing systems[J]. Progress in Natural Science, 19 (3): 389-395.

Zhen L. 2012. An analytical study on service-oriented manufacturing strategies[J]. International Journal of Production Economics, 139 (1): 220-228.

Zhou Y M. 2013. Designing for complexity: Using divisions and hierarchy to manage complex tasks[J]. Organization Science, 24 (2): 339-355.

Zhu K J, Zhang R Q, Tsung F. 2007. Pushing quality improvement along supply chains[J]. Management Science, 53 (3): 421-436.

Zhu L L, You J X. 2011. Moral hazard strategy and quality contract design in a two-echelon supply chain[J]. Journal of Systems Science and Systems Engineering, 20 (1): 70-86.